# 資2024
## Aスタート、大転換を読み解く

前田昌孝

日経プレミアシリーズ

# はじめに

２０２４年も株式市場にはいろいろなことが起きそうです。１月に少額投資非課税制度が大幅に衣替えし、非課税期限が無期限で投資上限も大きい新ＮＩＳＡがスタートします。年間の投資上限はつみたて投資枠と成長投資枠を合わせて３６０万円と、一般の家計には十分すぎるほどの大きさです。「貯蓄から投資へ」の推進役になるでしょう。

11月５日には東証が取引時間を30分延長し、終了時刻を午後３時30分にする予定です。現在、一般の投資家が取引できる立会市場は午前９時から11時30分までと、午後０時30分から３時までの合計５時間ですが、延長後は５時間30分になり、投資家の売買機会が増えます。

同時に現在、午後３時以降に集中している上場企業の決算発表が、前倒しになって、東証の取引時間中の発表が増える可能性があります。現状でも決算発表を受けて最初に反応する市場が私設取引システム（ＰＴＳ）であったり、翌朝まで売買できなかったりする点が問題になっています。東証はタイムリー・ディスクロージャーの観点からも、取締役会で決算を確定させたら、遅滞なく発表してほしいと呼び掛けています。

株式公開買い付け（ＴＯＢ）のルールも17年ぶりに見直される見通しです。これまでは市場外取引や取引所の時間外取引を通じて株式の大量買い付けをしようとする場合にＴＯＢが義務付けられていたのですが、見直し後は市場内取引でもＴＯＢを実施しなければならなくなるもようです。

岸田文雄首相が唱える資産運用業改革も一定の進展をみそうです。海外の資産運用会社の参入を促すため、英語だけでビジネスができる「資産運用特区」が創設される見込みです。金融庁は資産運用会社の古いビジネス慣行やトップ人事のあり方に強い懸念を持っているため、さまざまな是正措置が打ち出されるでしょう。

現在、上場企業は四半期ごとに決算短信を発表し、四半期報告書を財務局に提出していますが、4月からはこのうち四半期報告書が廃止されます。今後は半期報告書だけを提出すればよくなり、負担が軽減されます。四半期決算そのものを廃止すべきだとの声もありますが、反対も多く、議論はあまり進展していません。

温暖化ガス排出量などの開示基準が２０２４年度中に決まります。適用は２０２５年になる見通しですが、２０２４年3月末には日本基準の公開草案が公表されるので、各方面で議論を呼ぶでしょう。

プライム市場の上場維持基準を満たしていないのに、もともと東証1部に上場していたとの理由でプライム市場に残留している「暫定組」企業に対する経過措置の終了も迫ってきます。経過措置は２０２５年2月末に終わります。3月期決算会社の場合は２０２５年3月期末時点で上場維持基準が満たせなければ、改善計画を出し、その1年後の２０２６年3月期末になっても計画が未達ならば、監理銘柄に指定され、最後は整理銘柄となって上場が廃止されます。

日本の経済政策や金融政策に関しては、日銀の動きが焦点になりそうです。２０２３年秋の段階では「再びデフレに後戻りする可能性がある」との判断から、大規模金融緩和政策が維持されています。十分な賃上げが実施され、物価上昇が続くとの判断に変われば、引き締め方向での政策転換がありそうです。「金利のある世界」になれば、株式市場や債券市場にはさまざまな影響が出ると思われます。

東証ではグロース市場の改革論議が始まっています。新興企業を育てる場としての機能を十分に果たせていないためです。日本のベンチャーキャピタルが弱体で、企業が中途半端な状態で上場してくることと表裏一体の話なのですが、実効性ある改革論が打ち出されるかどうか、関心を集めています。

2023年の半ばから始まったことも、2024年には年間を通じて変化が実感できそうです。一部のオンライン証券が2023年秋から国内株式の売買手数料を無料化しました。これまでもNISA口座での取引は無料でしたが、今回は若年層に人気があるミニ株（単元未満株）の手数料も無料にしたため、メリットを受ける個人投資家は多そうです。

オンライン証券のなかには2024年から始まる新NISAでは、外国株や海外ETF（上場投資信託）の売買手数料も無料にするところもあります。

2023年9月7日には東証にアクティブETFが6本、上場しました。何らかの指数への連動を目指すこれまでのETFとは異なり、投資のプロが銘柄を選ぶアクティブ運用の投信が上場商品になったイメージです。一般のアクティブ運用投信に比べてコスト（信託報酬）が低く、リアルタイムでの取引もできるため、海外では人気を集めています。日本での動向が注目されます。

このほか本書の守備範囲ではありませんが、内外には経済的要因や地政学的要因など、株式相場に影響を与えそうなことは山積しています。これも守備範囲ではありませんが、十二支に絡めた相場格言もあります。辰《たつ》年の２０２４年は「辰巳《たつみ》天井」が当てはまります。その後のことはともかく、天井まで相場は上昇するという意味でしょう。

本書では株式相場の見通しを語るのは控えていますが、株式投資をするにあたって投資家が知っておくべきことを最大限、盛り込みました。基本的に最新の情報をもとに、ゼロから書き下ろしており、一昨年と昨年に出版した『株式投資２０２２』や『株式投資２０２３』の焼き直しではありません。

相場が上がるとか下がるとか、どの銘柄が有望かとかいう情報も大切かもしれませんが、その背景を検証し、市場機能に関するもっと幅広い知識を身に着け、いろいろな気付きをえて、賢い投資をしてほしいと願っています。

# 目次

## 第2章　1月スタート新NISA

## 第3章　PBR向上策の光と影

## 第4章　資産所得倍増プランの虚実

# 第6章　2024年、株高の条件は整うか

# 第 1 章

# 日経平均
# 33年ぶりの高値

## 1　バフェット氏来日が転機

### 6兆円買い越した外国人

2023年もあと2カ月ほど残しているから、年末までに株式相場がどう動くかは何とも言えないが、これまでのところ、日経平均株価の年間高値は7月3日に記録した3万3753円33銭である。1990年3月9日の終値3万3993円12銭以来、約33年ぶりの水準だった。1989年12月29日に記録した過去最高値の3万8915円87銭まで、あと5000円余りに迫った（図表1－1）。

株価上昇をけん引したのは、外国人投資家だった。東京証券取引所が原則として毎週木曜日に発表している株式の投資部門別売買状況によると、外国人は3月第5週（27～31日）に買い越し（株式の取得が売却を上回ること）に転じ、以後、6月第2週（12～16日）まで11週連続で買い越した。この間の買い越し額を合計すると、6兆1757億円にも達していた

図表1-1　2023年の日経平均と円相場

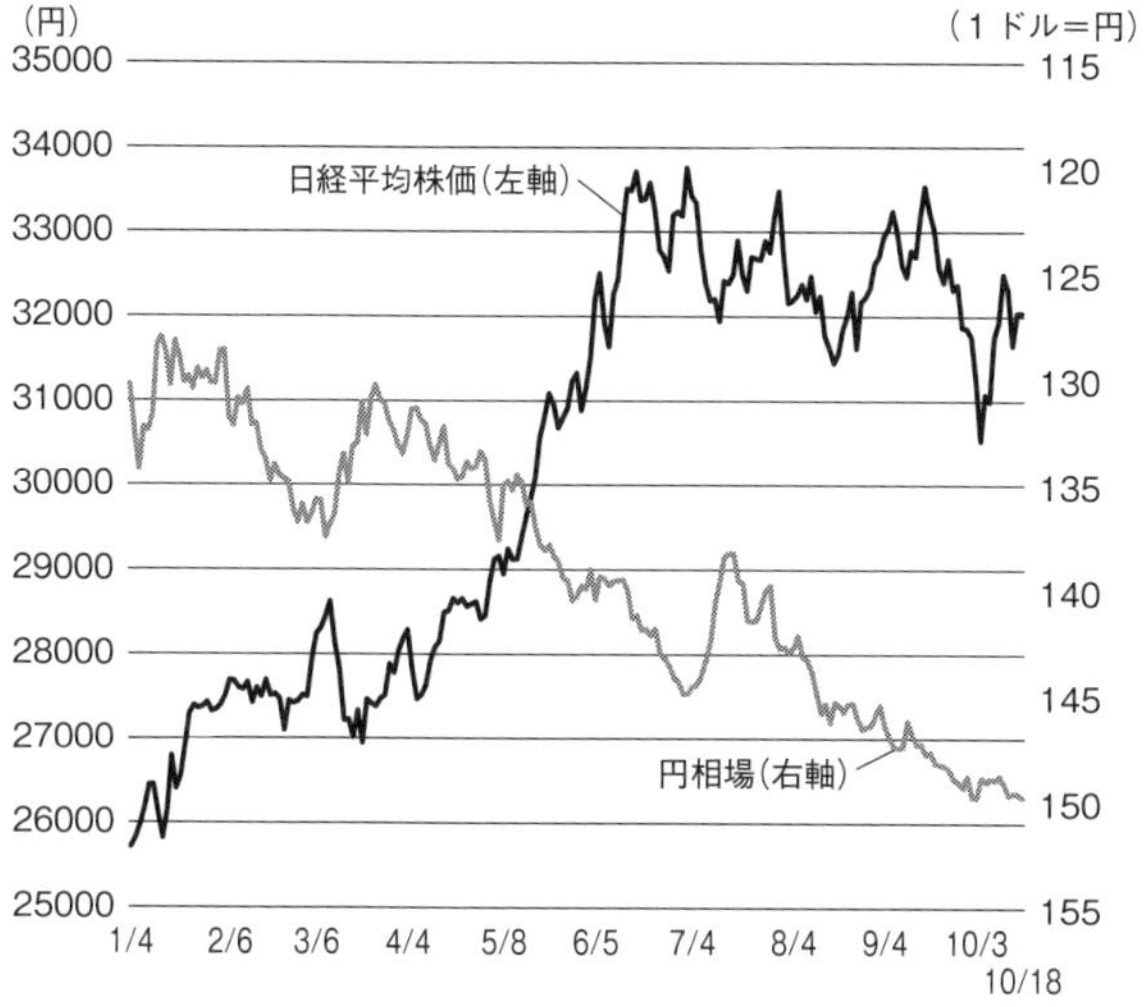


(出所) 日本経済新聞社、日銀

(図表1－2)。

この旺盛な買いのきっかけになったのが、4月の米国の著名投資家ウォーレン・バフェット氏の来日だった。バフェット氏は保険業を中心とする投資会社バークシャー・ハザウェイの会長兼最高経営責任者（CEO）を務めている。同社は3年余り前の2020年8月末に、日本の大手商社5社の株式をそれぞれ5%ほど取得したことを公表し、日本の市場関係者を驚かせていた。

図表1-2　2023年の外国人と個人の株式売買動向

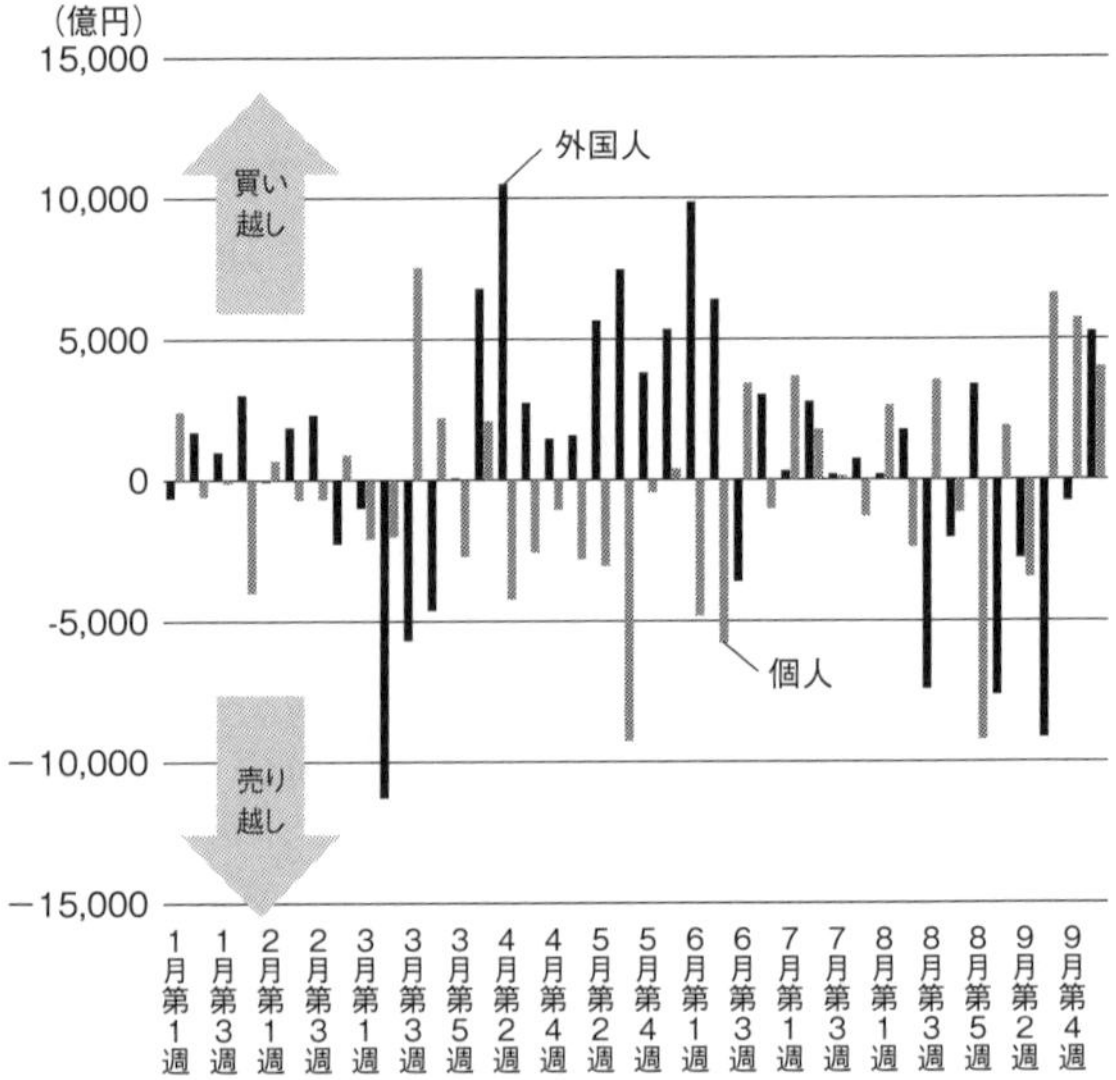


（注）東京、名古屋2市場の合計
（出所）東京証券取引所「投資部門別売買状況」

## 日本の優位性に着目

今回の来日は、東日本大震災後の２０１１年11月に、傘下企業を通じての出資先でもある超硬工具メーカーのタンガロイ（福島県いわき市）の新工場完成式典に出席するために初来日して以来のこと。投資の現場を自分の目で確認するという本来の投資家らしい行動ではあるが、そうはいっても御年93歳（誕生日は8月30日なので、来日時点では92歳）である。はるばる太平洋を渡ってやってきて、出資先の商社の首脳と会談したり、メディアのインタビューに応じたり、多忙な日程をこなしていった。

バフェット氏の発言の要点を振り返ると、①大手商社への保有比率を7・4％に高めた②日本株への追加投資を検討する③商社との協業の可能性を考える、といったことだった。その後の5月6日にバークシャー・ハザウェイが開いた定時株主総会では約4万人の参加者を前に「台湾より日本のほうがよい投資先だ」「これからも日本企業の投資先を探していく」などと語った。中国の脅威が高まるなか、日本の地政学的な優位性も考慮に入れたということであろう。

世界のプロの投資家は「バフェット氏が買ったから買う」などという単純な判断をするわけではない。しかし、かつては世界にそれなりにいた日本株の専門家はいまや「絶滅危惧種」に近い。本書の第3章で詳しく触れるが、東証が3月末に上場企業に対し、株価純資産倍率（PBR）向上の要請をしたことも、外国人の間に「日本企業が変わるかもしれない」との期待を呼んだ。ちょっと買ってみようと動いた外国人もいた。

図表1-3　長期的な外国人の株式売買動向

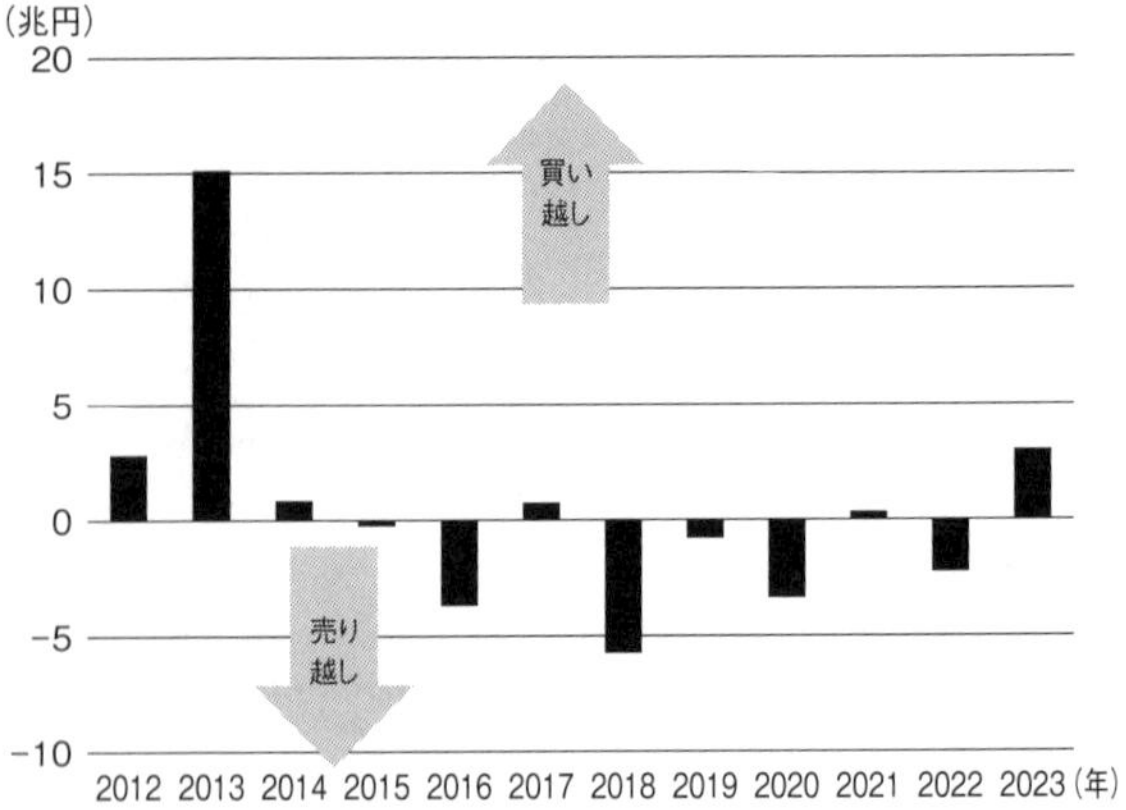


(注) 東京、名古屋2市場の合計。2023年は10月第1週まで
(出所) 東京証券取引所「投資部門別売買状況」

## 最高値更新は近くて遠い

バフェット氏の日本株に対する前向きな発言は、日本国内では「苦節30年。日本株はいよいよよみがえり、日経平均は早晩、最高値を更新する」との見方も生んだ。メディアでは「バフェット氏が次に買う日本株はどれか」といった特集記事が相次ぎ、宝探しブームのようにもなった。

しかし、海外の機関投資家のなかには、日本がそんなに急速に変われるわけがないと考え、食指を動かさないところも多かった。外国人の買越額も年間合計の金額を見ると、図表1－3に示すように、アベノミクス相場が本格的に始まった2013年の15兆1196億円に比べればかなり少ない。

日経平均も7月3日に年初来高値を付けた後は、大崩れはしないものの、浮揚力は乏しくなっている。「やはり最高値更新はしばらく先なのではないか」というのが、2023年10月時点での市場を覆う空気だ。

## 2　急増する30歳代の投資家

### 株式や投信の保有額が大幅増

投下資金は知れているから、株式相場の水準にどれくらいの影響を与えているのかはわからないが、2023年に多くの市場関係者を驚かせたのは、20歳代から30歳代にかけての若年投資家の急速な台頭だ。確認できる統計データの多くは2022年、あるいは2022年度の状況を示しているが、2023年に入ってこの傾向は一段と拍車がかかっている可能性

**図表1-4　年代別の貯蓄に占める株式と株式投信の割合**

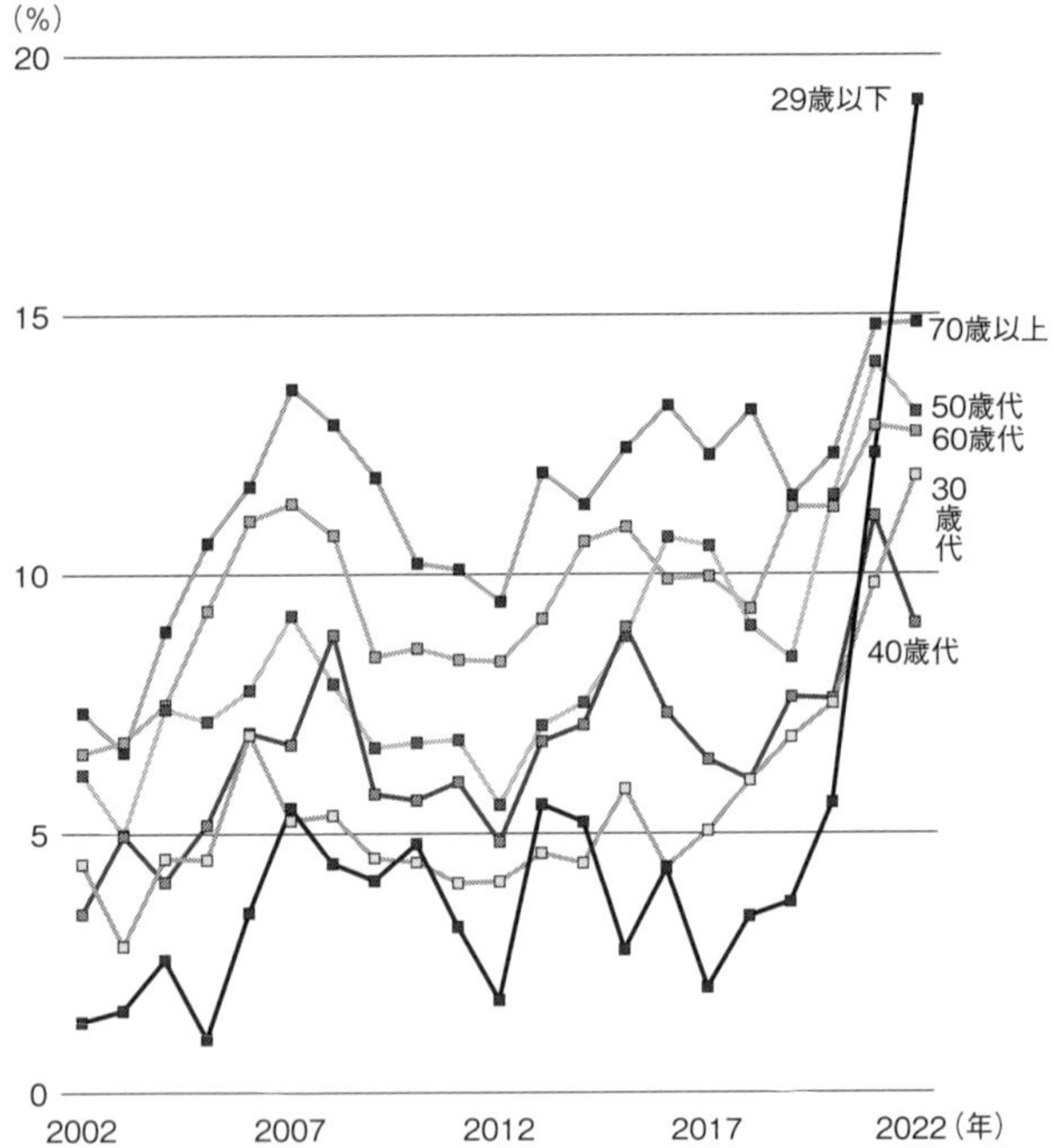


(注) 2人以上の世帯。2021年と2022年は公社債投信も含む
(出所) 総務省「家計調査」(貯蓄・負債編)

図表1-5 年代別の株式と株式投信の保有額の変化

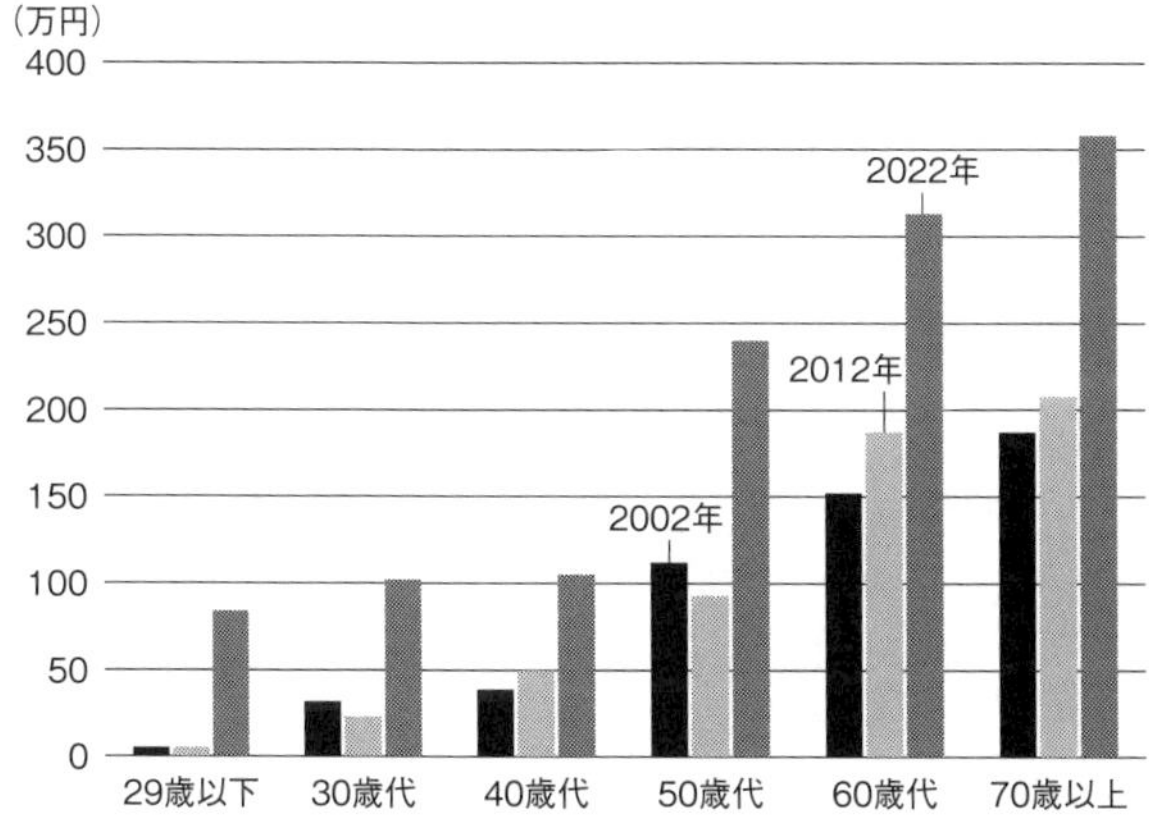


(注) 2人以上の世帯。2022年は公社債投信も含む
(出所) 総務省「家計調査」(貯蓄・負債編)

がある。

まずは総務省統計局がまとめている家計調査の貯蓄・負債編をみてみよう。２人以上世帯だけのデータだから、未婚の人が多い29歳以下の状況は調査対象が偏っている可能性があるが、図表１－４のグラフに示すように若年層の金融資産保有額に占める株式と投資信託の割合が急増している。

２０２１年と２０２２年の投資信託の金額には公社債投信が含まれているため、２０２０年までのデータとの完全な連続性はない。ただ、たとえば世帯主が30歳代の場合、２０２２年は平均８５８

万円の金融資産のうち、11・9％に当たる102万円が株式と投資信託だった。5年前の2017年には634万円の金融資産うち、株式と投資信託は5・1％に当たる32万円だけだった。比率では2・3倍、金額では3倍強がリスク資産に向かっていることになる（図表1－5）。

29歳以下の2人以上世帯の変化はもっと激しい。2017年には金融資産397万円のうち、2・0％に当たる8万円が株式と投資信託に向かっているだけだった。2022年には金融資産439万円のうち、19・1％に当たる84万円が株式と投資信託だ。調査対象が少ないため、統計にぶれが生じやすく、この傾向がどこまで本物かはもう少し見定める必要があるが、大きな変化が起きているのは間違いない。

## 個別株投資の人口普及率

個別株を保有している若年層も急増している。証券保管振替機構（ほふり）が公表している「年齢別株主数分布状況」によると、3月期決算の企業の株式を持っている30歳代の株主数（名寄せ後）は2023年3月期に108万2626人だった。2015年3月期から2

**図表1-6 各年代の人口に占める株式保有者の割合**

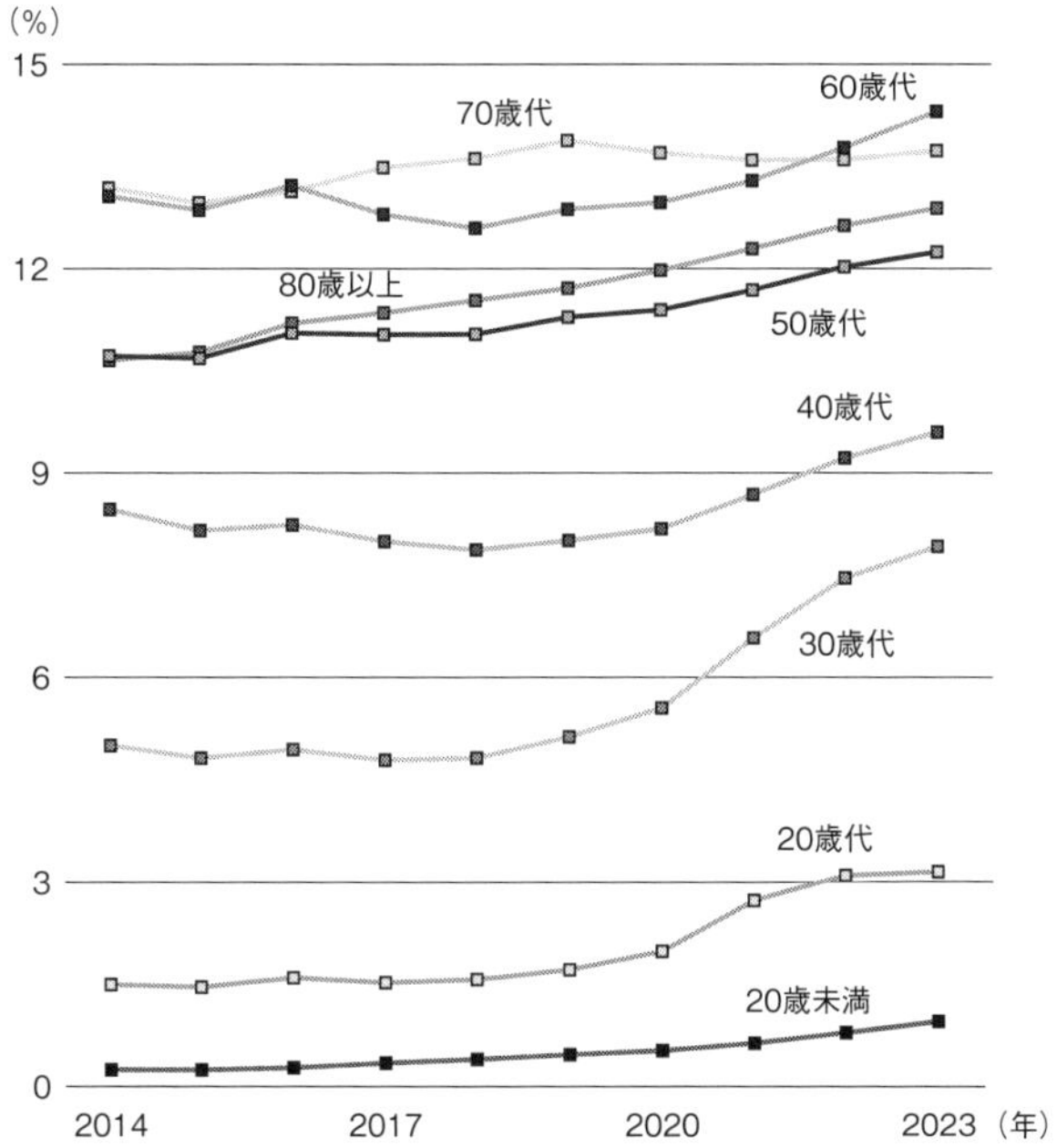


(注) 各年の3月期決算会社の年代別名寄せ後株主数（年齢不明株主を除く）を前年10月1日現在の年代別人口で割ったもの
(出所) 証券保管振替機構、総務省「人口推計」

020年3月期までは70万人台で推移していたから、2020年以降の3年間で約30万人も増加した。

30歳代の人口に対する個人株主の割合は、2020年3月期が5・6%、2021年3月期が6・6%、2022年3月期が7・5%、2023年3月期が7・9%だった。図表1－6が示す通りである。

20歳代の株主も2020年3月期の24万9686人から2023年3月期の39万9838人へ約15万人増加した。20歳代の人口に占める割合も2020年3月期の2・0%から2023年3月期には3・2%になった。

個人株主数や人口に占める個人株主の割合は、年齢を重ねるごとに増えていく。全年齢合わせての名寄せ後の個人株主数（3月期決算企業の株式を保有している株主のみ）は2020年3月期の1237万5364人から、2023年3月期の1346万8802人へ109万3438人増加した。この増加分の47・5%に当たる51万9237人は「39歳以下（20歳未満も含む）の株主」で占めている。

上場企業の側から見ると、株主の平均年齢はじわじわと若返っているのではないか。

**図表1-7 単元未満株のみを保有する株主数**

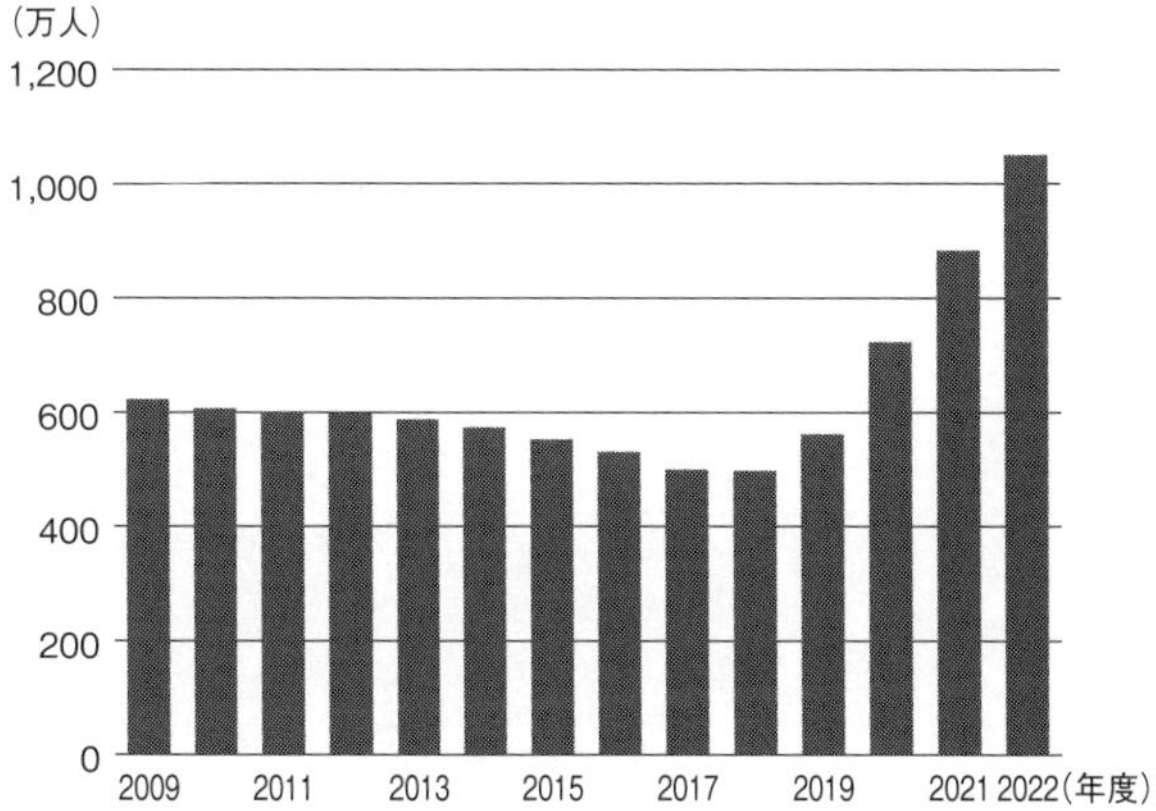


（出所）全国証券取引所「株式分布状況調査・資料編」

## ミニ株オンリーの株主の急増

若年層の投資家の台頭は単元未満株だけを保有するミニ株オンリーの株主の急増ぶりにも示されている。取引所での売買単位は１００株だから、単元未満株は99株以下である。名寄せ前（一人が複数企業の株式を持っている場合は、企業の数だけ株主がいると数える）の数字ではあるが、全国証券取引所の株式分布調査・資料編によると、２０２２年度のミニ株オンリーの株主数は延べ１０５０万６６４０人だった。

過去からの推移は図表１－７が示している。２０１８年度に４９７万７９３８人

図表1-8　主なオンライン証券の単元未満株取引

| 証券会社 | 名称 | 対象銘柄 | 取引価格 | 手数料 |
|---|---|---|---|---|
| SBI証券 | S株 | 画面に表示 | 始値または終値 | 買い付け、売却とも無料 |
| 楽天証券 | かぶミニ | リアルタイム746、始値1602 | リアルタイムまたは始値 | 買い付け、売却とも無料だが、リアルタイム取引はスプレッド（0.22%）を上乗せ |
| auカブコム証券 | プチ株 | 国内市場上場株 | 前後場の始値 | 売り買いとも0.55%（積み立ては無料） |
| マネックス証券 | ワン株 | 国内市場上場株 | 後場始値 | 買い付け無料、売却0.55% |
| 大和コネクト証券 | ひな株 | 約420 | リアルタイム | スプレッド（0.50%） |

（注）2023年10月13日現在（対象銘柄数は8月時点の情報）
（出所）各社ホームページ

だったのが、2019年度に561万7258人、2020年度に723万923人、2021年度に883万1587人と「爆発的」に増えている。

ミニ株ブームを引き起こしているのは、オンライン証券による単元未満株の売買サービスだ。かつてはサービスがあっても手数料が割高で、あらかじめ申し込んでおいた注文が寄り付き（午前または午後の取引開始時点）に執行されるだけといった方式が主流だった。図表1－8に示すように最近は手数料を無料にしたり、リアルタイムでの売買ができるようにしたり、各社が顧客獲得を競っている。

株式投資へのハードルが下がったことや、新型コロナウイルスの流行下で在宅勤務が認められて平日の日中の売買がしやすくなったことが、若年層を駆り立てたようだ。

## 3　NTTが株式を25分割

### 単元株を1万6000円で買える

「魚心あれば水心」ということではないかもしれないが、2023年は上場企業も株式分割などで株価水準を引き下げ、投資家が株式を売買しやすいように積極的に動いた。代表例が2023年7月1日に1株を25株に分割したNTT（日本電信電話）だ。

もともと巨大な企業だから、発行している株式数も多かったが、それを25分割したことによって、発行済み株式数は905億株にもなった。代わりに株価水準が25分の1になった。分割直前の株価（日本株は3日目決済だから、6月28日の株価）は4405円だったが、分割直後の6月29日の終値は171円20銭になった。

図表1-9　2023年のNTTの株価（週足）

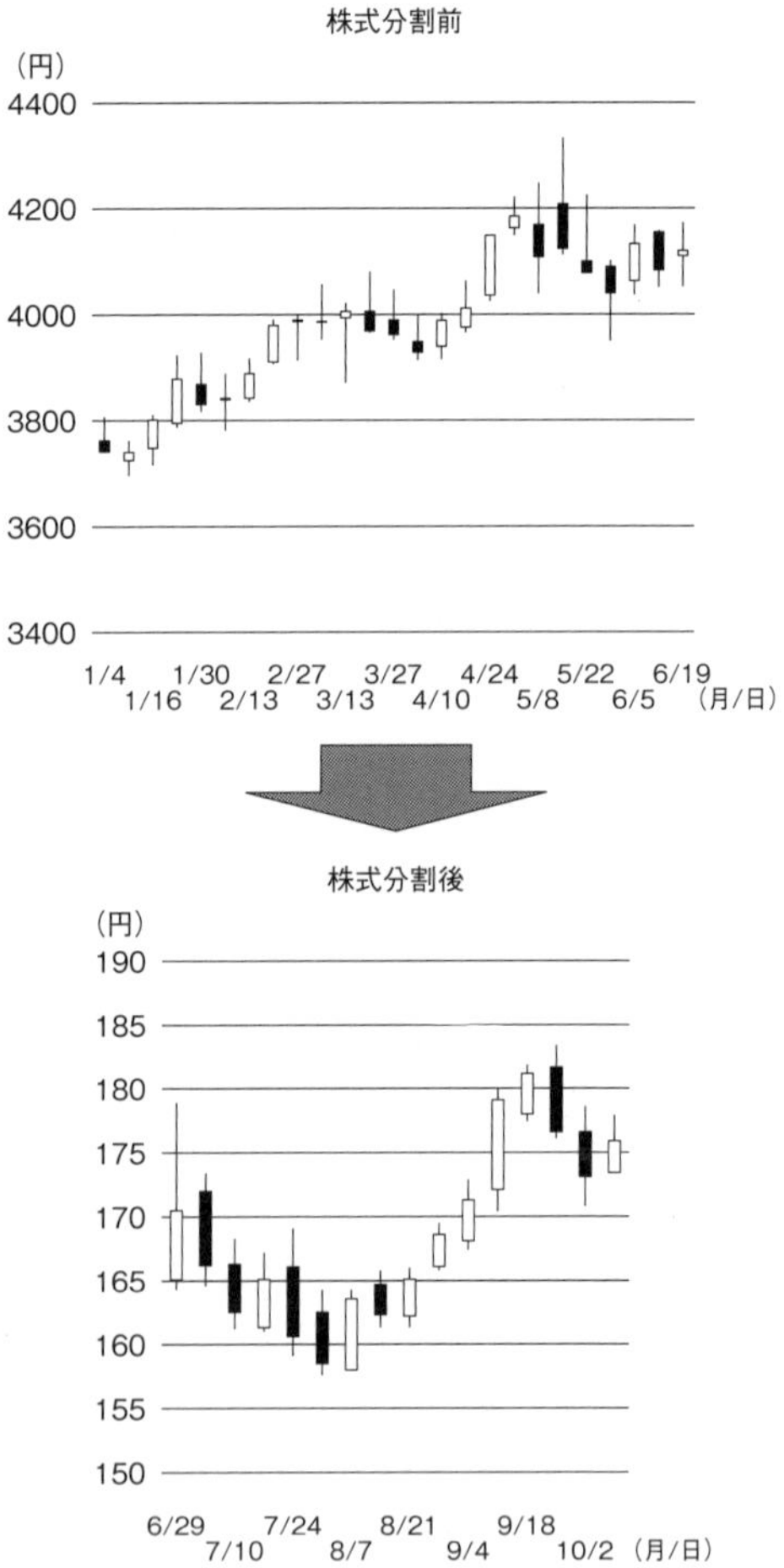


（出所）QUICK

ＮＴＴ株を1単元株（１００株）買おうとすると、従来は売買手数料を別としても44万円あまりの資金が必要だったが、分割後は1万７１２０円ですむことになった。10月13日現在の株価も１７５円90銭だから、1万７５９０円で１００株を買うことができる。株価がどんなふうに推移してきたかは図表１－９が示している。

東証は上場企業に対し、かねて1単元株の金額を5万円から50万円の範囲内に収めるように要請していた。東証は7月28日に下限の5万円を撤廃すると発表したが、ＮＴＴの動きは東証の下限撤廃よりも前だった。

## 株主層の若返りが狙い

なぜこんなことをしたのか。ＮＴＴの島田明社長は6月22日に開いた定時株主総会で、「より幅広い株主が投資しやすい環境を整備する」と説明した。１９８７年2月の株式上場から36年が経過して株主層の高齢化が進み、相続に伴って株式が売られるなど、個人株主の基盤が崩れつつあったことへの対応という面が強そうだ。

「子どもがお年玉で買えるＮＴＴ株にしたい。投資に対するリテラシー教育があっていいと思う」。ＮＴＴの首脳がこう語ったと6月23日の日本経済新聞電子版が伝えている。もちろん少額投資非課税制度（ＮＩＳＡ）が２０２４年から拡充され、個人の投資意欲が盛り上がる可能性があることも視野に入っているだろう。

ちょっと変則で、毎年付与するわけではない点に注意してほしいが、保有期間が2年以上3年未満の１００株以上の株主に１５００ポイント、５年以上6年未満の１００株以上の株主に３０００ポイントのｄポイント（1ポイントが1円に相当するＮＴＴグループのポイントサービス）を進呈するという株主優待制度も据え置いた。つまり、従来の約25分の１の投資額で、以前と同じ株主優待が受けられるわけだ。

## ほかにも相次いだ株式分割

東証が２０２２年10月27日に投資単位が50万円以上の上場企業に対して、投資単位の引き下げを検討するように要請したこともあり、２０２３年には有力企業のなかからも株式分割を実施するところが相次いだ。２０２３年中に分割を実施、あるいは実施予定と発表した上場企業（不動産投資信託を除く）は10月13日現在で１３４社。このうち図表１－10に掲載し

図表1-10 2023年の主な株式分割銘柄（時価総額1000億円以上）

| 最終売買日 | 企業名 | 証券コード | 分割比率 | 分割期日 |
|---|---|---|---|---|
| 12月28日 | ロート製薬 | 4527 | 1→2 | 1月1日 |
| 2月24日 | ファーストリテイリング | 9983 | 1→3 | 3月1日 |
| 2月24日 | 物語コーポレーション | 3097 | 1→3 | 3月1日 |
| 3月16日 | 円谷フィールズホールディングス | 2767 | 1→2 | 3月22日 |
| 3月29日 | SHOEI | 7839 | 1→2 | 4月1日 |
| 3月29日 | オリエンタルランド | 4661 | 1→5 | 4月1日 |
| 3月29日 | ダイフク | 6383 | 1→3 | 4月1日 |
| 3月29日 | ディスコ | 6146 | 1→3 | 4月1日 |
| 3月29日 | バンダイナムコホールディングス | 7832 | 1→3 | 4月1日 |
| 3月29日 | 第一興商 | 7458 | 1→2 | 4月1日 |
| 3月29日 | ファナック | 6954 | 1→5 | 4月1日 |
| 3月29日 | リンナイ | 5947 | 1→3 | 4月1日 |
| 3月29日 | 信越化学工業 | 4063 | 1→5 | 4月1日 |
| 3月29日 | 東京エレクトロン | 8035 | 1→3 | 4月1日 |
| 3月29日 | 明治ホールディングス | 2269 | 1→2 | 4月1日 |
| 6月28日 | フジミインコーポレーテッド | 5384 | 1→3 | 7月1日 |
| 6月28日 | ALSOK | 2331 | 1→5 | 7月1日 |
| 6月28日 | エスケー化研 | 4628 | 1→5 | 7月1日 |
| 6月28日 | NTT | 9432 | 1→25 | 7月1日 |
| 6月28日 | 富士ソフト | 9749 | 1→2 | 7月1日 |
| 7月10日 | M&A総研ホールディングス | 9552 | 1→3 | 7月13日 |
| 7月27日 | ANYCOLOR | 5032 | 1→2 | 8月1日 |
| 8月29日 | エービーシー・マート | 2670 | 1→3 | 9月1日 |
| 8月29日 | パルグループホールディングス | 2726 | 1→2 | 9月1日 |
| 9月27日 | SCREENホールディングス | 7735 | 1→2 | 10月1日 |
| 9月27日 | アドバンテスト | 6857 | 1→4 | 10月1日 |
| 9月27日 | サカイ引越センター | 9039 | 1→2 | 10月1日 |
| 9月27日 | デンソー | 6902 | 1→4 | 10月1日 |
| 9月27日 | マツキヨココカラ&カンパニー | 3088 | 1→3 | 10月1日 |
| 9月27日 | ヤクルト本社 | 2267 | 1→2 | 10月1日 |
| 9月27日 | 村田製作所 | 6981 | 1→3 | 10月1日 |
| 9月27日 | 帝国ホテル | 9708 | 1→2 | 10月1日 |
| 9月27日 | パーソルホールディングス | 2181 | 1→10 | 10月1日 |
| 9月27日 | ホンダ | 7267 | 1→3 | 10月1日 |
| 9月27日 | ローム | 6963 | 1→4 | 10月1日 |
| 9月27日 | 寿スピリッツ | 2222 | 1→5 | 10月1日 |
| 9月27日 | JR東海 | 9022 | 1→5 | 10月1日 |
| 9月27日 | 東京エレクトロン デバイス | 2760 | 1→3 | 10月1日 |
| 11月16日 | クスリのアオキホールディングス | 3549 | 1→3 | 11月21日 |
| 12月27日 | マブチモーター | 6592 | 1→2 | 1月1日 |
| 12月27日 | 京セラ | 6971 | 1→4 | 1月1日 |

（注）実施、あるいは発表済みの銘柄のみ。時価総額の基準日は2023年10月4日

た41社は10月4日現在の時価総額1000億円以上となっている。

時価総額1兆円以上の企業は大きい順にNTT、ファーストリテイリング、東京エレクトロン、オリエンタルランド、信越化学工業、ホンダ、デンソー、村田製作所、ファナック、JR東海、アドバンテスト、ディスコ、京セラ、バンダイナムコホールディングス、ヤクルト本社、マツキヨココカラ&カンパニー、ローム、明治ホールディングス、ダイフクの19社だ。

本書の第2章で説明する2024年からの新NISAでは、1年間に買える個別株の上限は240万円になるため、その範囲内で何銘柄かを買えるように意識して株式分割をした企業も多い。ただ、超値がさのファーストリテイリング（ユニクロを展開している企業）は1株を3株に分割した後も株価水準が3万円台で、1単元株を購入するのに300万円以上が必要だ。さらなる分割をするのかどうか、注目が集まっている。

株式分割の効果については本書の第6章で東証の集計データなども踏まえながら説明している。株主構成の若返りに向けて力を発揮する可能性がある。

## 4 企業の成長に市場が注目

### 米国の金融政策に左右される

2023年の株式相場をいちばん左右したのは何だったたか。バフェット氏の来日もさることながら、やはりもっとも投資家が注目していたのは、2022年に続き、米国の金融政策のゆくえだった。急激な利上げも一因となって3月10日に中堅地銀のシリコンバレーバンク（SVB）が破綻し、一時は利上げ局面が終わるのではないかとの観測も呼んだ。

しかし、消費者物価指数（CPI）の上昇が収まる確信も持てないため、中央銀行である米連邦準備理事会（FRB）は5月と7月にも利上げに踏み切った。米国の政策金利（フェデラルファンド金利誘導目標）は2022年3月に0~0・25%から0・25~0・50%に変更されたのを皮切りに、2023年7月までに合計11回引き上げられ、7月27日以降は5・25~5・50%になった。

## 図表1-11　米国の政策金利、日米金利差、円相場、日経平均株価

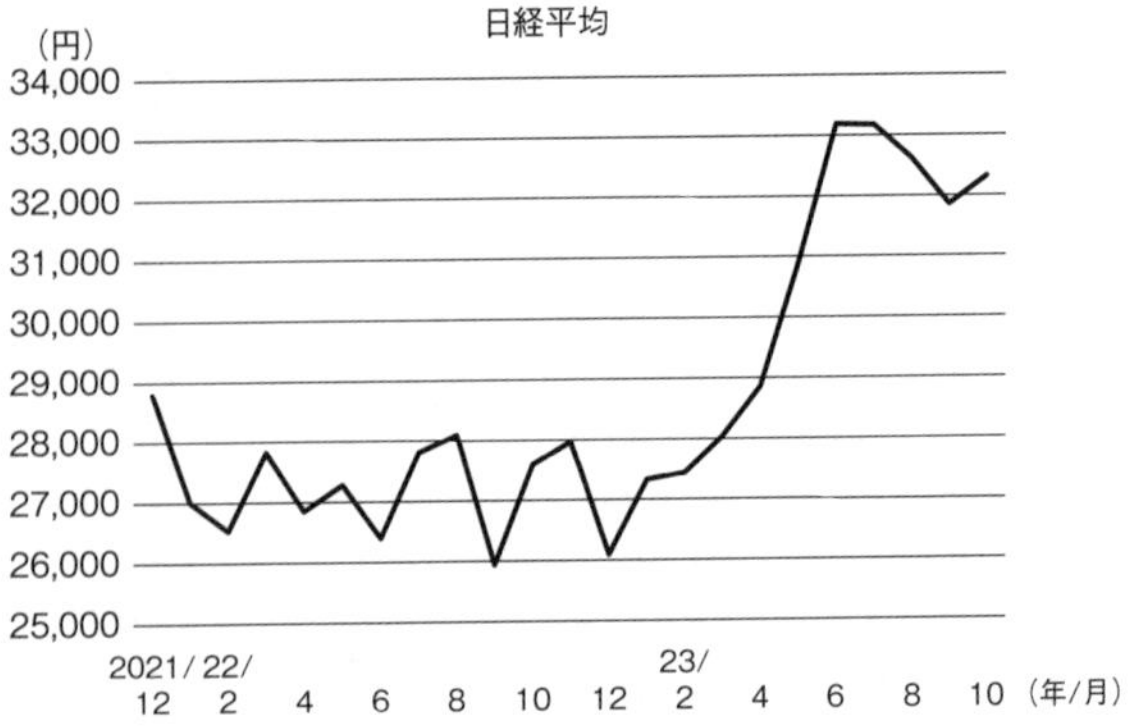


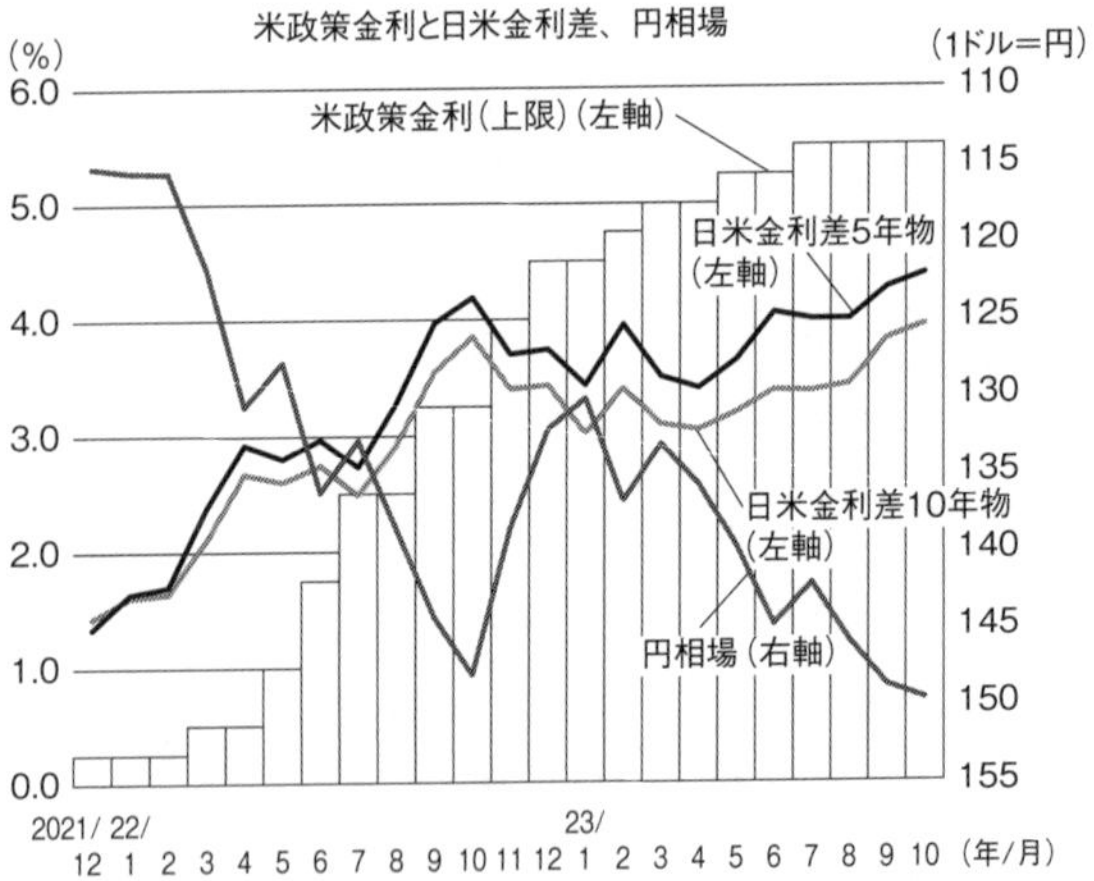


(出所) 日本経済新聞社、財務省、米財務省、日銀

米国が利上げをすれば、超低金利政策が続く日本との利回り格差が広がり、通貨の円には下落圧力がかかる。円安は輸入物価の上昇につながり、もっぱら日本国内で事業をしている企業には収益の圧迫要因になる。以前、円安は輸出産業にプラスと言われていた。しかし多くの企業は海外現地生産をしており、プラス効果は薄れている。

図表1－11は2022年からの米国の政策金利、日米金利差、円相場、日経平均株価の動向を示している。パウエルFRB議長は景気指標次第ではさらなる利上げをする姿勢を崩していない。強い景気指標が発表されると利上げ懸念を生んで株価が下落し、弱い景気指標が発表されると利上げ打ち止め期待から株価が上昇する。2023年秋の東京株式相場はこんなムードのなかで一進一退を繰り返している。

**企業業績は踊り場の後、拡大へ**

振り返れば、3月中旬の日経平均は2万7000円前後だった。そこから外国人の買いの主導で6月16日に3万3706円08銭まで上昇、その後いったん3万2500円台まで下げる場面があったが、7月3日に年初来高値の3万3753円33銭まで上げたというのが、2

図表1-12　証券大手3社の企業業績見通し（2023年9月）

| | 売上高 | | | 経常利益 | | | 純利益 | | |
|---|---|---|---|---|---|---|---|---|---|
| 年度 | 22 | 23 | 24 | 22 | 23 | 24 | 22 | 23 | 24 |
| 野村証券（9月6日） | | | | | | | | | |
| 全産業（266社） | 17.2 | 1.7 | 2.3 | 7.7 | 6.9 | 6.7 | 6.5 | 6.3 | 5.5 |
| 製造業（144社） | 17.4 | 4.3 | 3.2 | 2.7 | 9.7 | 9.4 | ▲ 3.1 | 12.8 | 7.4 |
| 非製造業（122社） | 16.9 | ▲ 1.6 | 1.2 | 15.8 | 2.8 | 2.6 | 23.0 | ▲ 2.5 | 2.4 |
| 大和証券（9月7日） | | | | | | | | | |
| 全産業（200社） | 16.8 | 3.0 | 2.5 | 7.4 | 6.2 | 6.9 | 6.8 | 5.9 | 7.0 |
| 製造業（106社） | 17.6 | 3.9 | 3.0 | ▲ 1.1 | 10.0 | 8.8 | ▲ 5.7 | 11.9 | 9.0 |
| 非製造業（94社） | 15.2 | 1.2 | 1.7 | 21.4 | 1.1 | 4.1 | 29.2 | ▲ 2.0 | 3.9 |
| SMBC日興証券（9月15日） | | | | | | | | | |
| 全産業（227社） | 17.1 | 3.0 | 2.7 | 9.0 | 3.8 | 6.8 | 8.1 | 3.3 | 6.3 |
| 製造業（129社） | 17.3 | 3.5 | 2.8 | 0.1 | 10.1 | 7.8 | ▲ 4.1 | 9.8 | 8.1 |
| 非製造業（98社） | 16.7 | 1.9 | 2.3 | 22.7 | ▲ 4.2 | 5.3 | 29.6 | ▲ 5.2 | 3.6 |

（注）単位%、▲は減、金融は除く。SMBC日興証券の増収率は卸売り9社も除く

０２３年前半の東京株式市場の流れだ。

年後半は一転して調整局面に入り、米国の長期金利急騰を受けた10月４日には日経平均が３万０５２６円88銭まで下落した。市場の一角からは「早晩、３万円を割るのでは」といった声も出ていたが、実際には10月12日に３万２０００円台を回復するなど、底堅さもうかがえる。

株価を下支えしている要

因の一つは、企業業績が割と好調なことだ。図表1－12は証券大手3社が9月に発表した企業業績見通しだ。全産業（金融を除く）の経常利益の欄などを見ると、2022年度に大幅増益を達成した後、2023年度は伸び悩むが、2024年度に再加速する姿を描いている傾向がわかる。

株価は業績を先取りして動く傾向があるので、2023年度に踊り場を迎えることはもう投資家の関心事ではなく、2024年度の再加速に目が向かっているのであろう。単に業績が上向いているというだけでなく、8月31日に日立製作所の株価が一時9739円と、バブル崩壊前の1988年8月1日に付けた上場来高値の9714円（株式併合などを考慮）を上回ったことは、強力に進めてきた構造改革に対して、市場が高い評価を付けた一つの例である。

## 金融政策正常化への期待も

2023年の株式相場をけん引したもう一つの要素は、銀行株の上昇だ。図表1－13は銀行株指数（東証業種別33業種の銀行業）の2022年からの推移を示している。図表1－14

図表1-13　東証銀行業指数とTOPIX

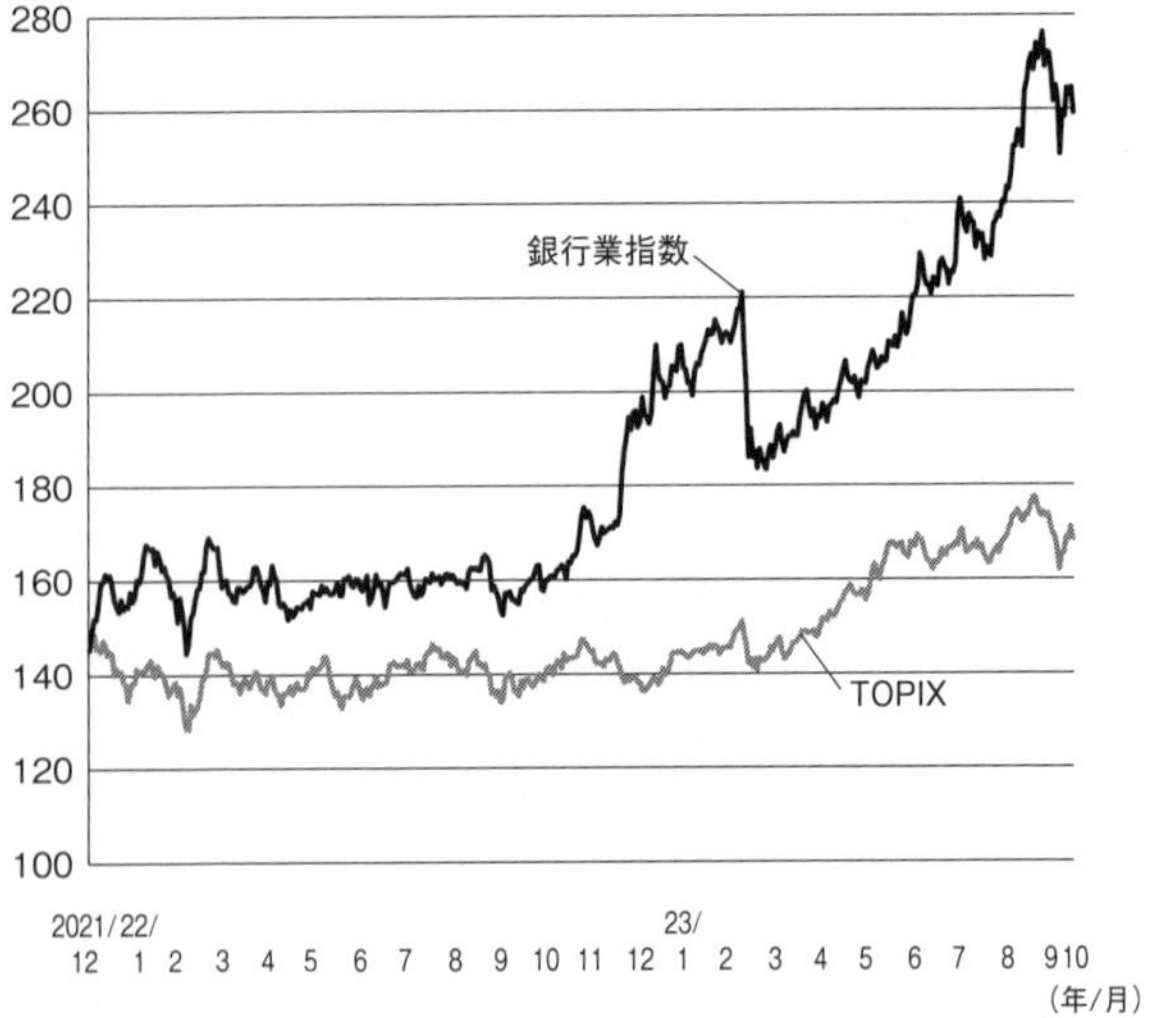


(注) TOPIXのチャートは始点を銀行業指数（2021年末=145.43）に合わせて引いている
(出所) 東京証券取引所

はメガバンク3グループの最近の業績と、株価の年初来上昇率を一覧にしたものだ。

銀行業指数を参考のために描いた東証株価指数（TOPIX）と比較すると、2022年12月中旬までは「つかず離れず」だった。ところがその後の日銀の金融政策の変更を受けて急伸した。2023年3月の米SVBの破綻を受けて大幅安になる場面もあったが、改めて持ち直してTOPIXとの「格差」を広げて

**図表1-14 メガバンク3グループの業績と株価**

| | 経常収益（上段）、経常利益（下段） | | | 株価の年初来騰落率 |
|---|---|---|---|---|
| | 2023年3月期 | 2022年3月期 | 増減率 | |
| 三菱UFJフィナンシャル・グループ | 92,810 | 60,759 | 52.8 | 39.2 |
| | 10,207 | 15,376 | ▲ 33.6 | |
| 三井住友フィナンシャルグループ | 61,422 | 41,111 | 49.4 | 37.7 |
| | 11,609 | 10,406 | 11.6 | |
| みずほフィナンシャルグループ | 57,788 | 39,631 | 45.8 | 36.1 |
| | 7,896 | 5,598 | 41.0 | |

（注）単位億円、％、▲は減益。株価騰落率は2023年10月13日現在
（出所）決算短信

いる。

メガバンクの首脳陣は日銀の超低金利政策が修正されることによって、ビジネス機会が大きく広がると踏んでいる。２０２３年４月１日に三井住友銀行の頭取に就任した福留朗裕氏は日本経済新聞のインタビューで「金利が上がれば利ざやが拡大する。さらに、低体温経済から普通のダイナミズムが働く経済に変わる時、顧客が動き出す。調達の組み替えや金利上昇のヘッジなど、運用や調達で相談が必要な顧客が増えてくる。顧客の事業ポートフォリオの見直しが加速する可能性がある」と語った（４月３日付電子版）。

日銀は10年国債の金利をコントロールする政策（２０１６年９月に導入した「長短金利操作付き量的・質的金融緩和政策」）を遂行している。２０２２年12月

20日の金融政策決定会合では長期金利（10年物国債の利回り）の変動上限を0・25％から0・50％に引き上げ、2023年7月28日の会合では0・50％の上限超えを許容するとともに、最終的な防衛ラインを1・0％に設定した。

一連の動きを市場参加者は金融政策正常化への第一歩と受け止めている。さらなる「正常化」をにらみ、銀行株が値上がりしていると考えられる。

## 5 「あと5000円」近くて遠いか

### 米国では25年で最高値回復

日経平均の過去最高値は1989年の大納会（年間の最終取引日）だった12月29日に記録した3万8915円87銭である。2023年の年間高値はとりあえず7月3日に付けた3万3753円33銭となっている。その差は5162円54銭。肉薄しているとまでは言えないが、あと一歩か二歩で届きそうな距離ではある。2024年にかけてはこの間隔を縮められ

**図表1-15 「暗黒の木曜日」前後からのダウ平均**

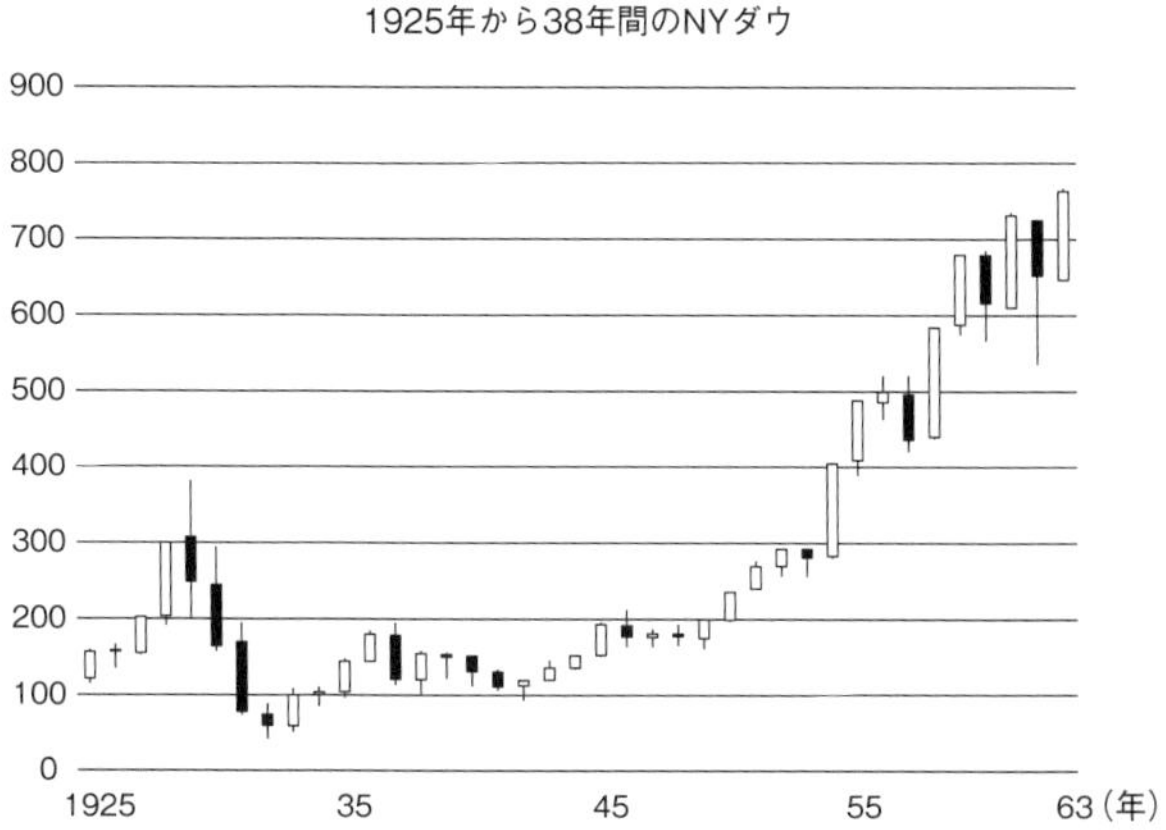


（出所）マーケットエッセンシャル

るかどうかがポイントになりそうだ。

それにしても時間がかかっている。すでに33年と10カ月ほどが経過しているのに、まだ最高値の手前で逡巡しているのである。米国の株式市場では１９２９年の「暗黒の木曜日」と呼ぶ大暴落から始まった相場の長期低迷が、歴史的な調整局面だった。それでも図表１－15のチャートに示すように、25年後の１９５４年には最高値を更新した。

米国の「暗黒の木曜日」は１９２９年10月24日のことだったが、ニューヨーク・ダウ工業株30種平均はこれに先立つ９月３日に３８１ドル17セントの高値を

**図表1-16　バブル崩壊前後からの日経平均**

（注）2023年は10月13日現在
（出所）QUICK

付けていた。暴落後の安値は１９３２年７月８日に記録した41ドル22セント。その後、ダウ平均は緩やかな回復過程に入っていき、１９５４年11月23日に３８２ドル74セントと25年前につけた最高値を上回った。

　日経平均のバブル崩壊後の安値はリーマン・ショックの翌年の２００９年３月10日につけた７０５４円98銭だった。しかし、図表１－16に示すように１９８９年末の最高値から34年が過ぎようとしているのに、まだ最高値を上回れない。米国のダウ平均は１９２９年高値から34年後の

1963年には767ドル21セントまで上昇した。1929年高値の2・01倍だ。日経平均が当時のダウ平均と同じように動いていれば、2023年末ごろには7万8000円ぐらいになっていてもおかしくないのに。

残るシナリオは急落後の安値から高値更新までにかかった年数が同じ程度になるかどうかだ。ダウ平均は安値をつけた1932年7月から高値を回復した1954年11月まで22年4カ月かかった。日経平均は2009年3月に安値をつけたので、22年4カ月を加えると、2031年7月に3万8915円87銭を上回ることになる。さすがにそこまで遅くはないと信じたい。

## 1989年当時との構造的な違い

日本経済の回復や株式相場の浮揚に向けての今後の課題についての記述は本書の第6章に譲るとして、本章では過去の事実を中心に、1989年当時との市場構造の違いを簡単に振り返っておきたい。

第一に株式相場のリード役がまったく異なっている。全国証券取引所の株式分布状況調査

**図表1-17　投資部門別の株式保有割合の変化**

| | 1989年度 | 2022年度 |
|---|---|---|
| 政府・地方公共団体 | 0.3 | 0.2 |
| 投資信託と年金信託を除く銀行 | 21.3 | 14.5 |
| 投資信託 | 3.7 | 9.6 |
| 年金信託 | 0.9 | 0.8 |
| 生命保険会社 | 11.8 | 3.0 |
| 損害保険会社 | 3.9 | 0.9 |
| その他の金融機関 | 1.9 | 0.8 |
| 証券会社 | 2.0 | 2.9 |
| 事業法人等 | 29.5 | 19.6 |
| 外国法人等 | 4.2 | 30.1 |
| 個人・その他 | 20.5 | 17.6 |
| 合計 | 100.0 | 100.0 |

（注）単位%。上場企業が保有する金庫株（自己株）は、それぞれの企業が属する投資部門の保有株としてカウントされている。日銀がETFを通じて保有する株式は投資信託に含まれている（2022年度は推定約7%）
（出所）全国証券取引所「株式分布状況調査」

の結果をみてもわかるように、１９８９年度は銀行、事業法人等の保有比率が高く、その中身は株式の持ち合いなど政策投資だった。生命保険会社や損害保険会社も政策投資の株式を大量に保有していた。銀行の保有分のなかには、特定金銭信託や指定金外信託（ファンドトラスト）を通じた企業の財テク資金も含まれていた。その状況は図表１－17が示している。２０２２年度は広い意味での金融機関の株式保有比率が32・５％（１９８９年度は45・５％）に低下した。そのなかには日銀が上場投資信託（ＥＴＦ）を通じて保有している分と、公的年金積立金を運用している年金積立金管理運用独立行政法人（ＧＰＩＦ）の保有分も含まれている。日本株の時価総額に占める割合はそれぞれ７％程度なので、金融機関が保有している株式のうち、純粋民間保有分は最大でも18・５％程度と推定される。

事業法人も自社株買いが活発になっているとはいえ、持ち合い解消で手放すほうが多く、株式保有比率は33年間で10ポイント近く低下した。個人投資家も株主の高齢化に伴い、株式を売却するケースが多く、株式保有比率は33年間で３ポイント弱低下した。代わりに台頭したのが外国人投資家だ。日本株を積極的に買ったというよりも、機関投資家による運用資金が世界的に増え、インデックス運用の一環として、日本株を世界市場に占める時価総額ウエートと同程度に保有しているということだろう。

## 個人のコロナ特需衰えず

ただ、売買代金シェアの面では外国人投資家の割合が頭打ちになり、個人投資家が底入れから回復の傾向を示している。図表１－18は国内株式市場の委託売買代金に占める個人と外

図表1-18　株式委託売買代金に占める割合

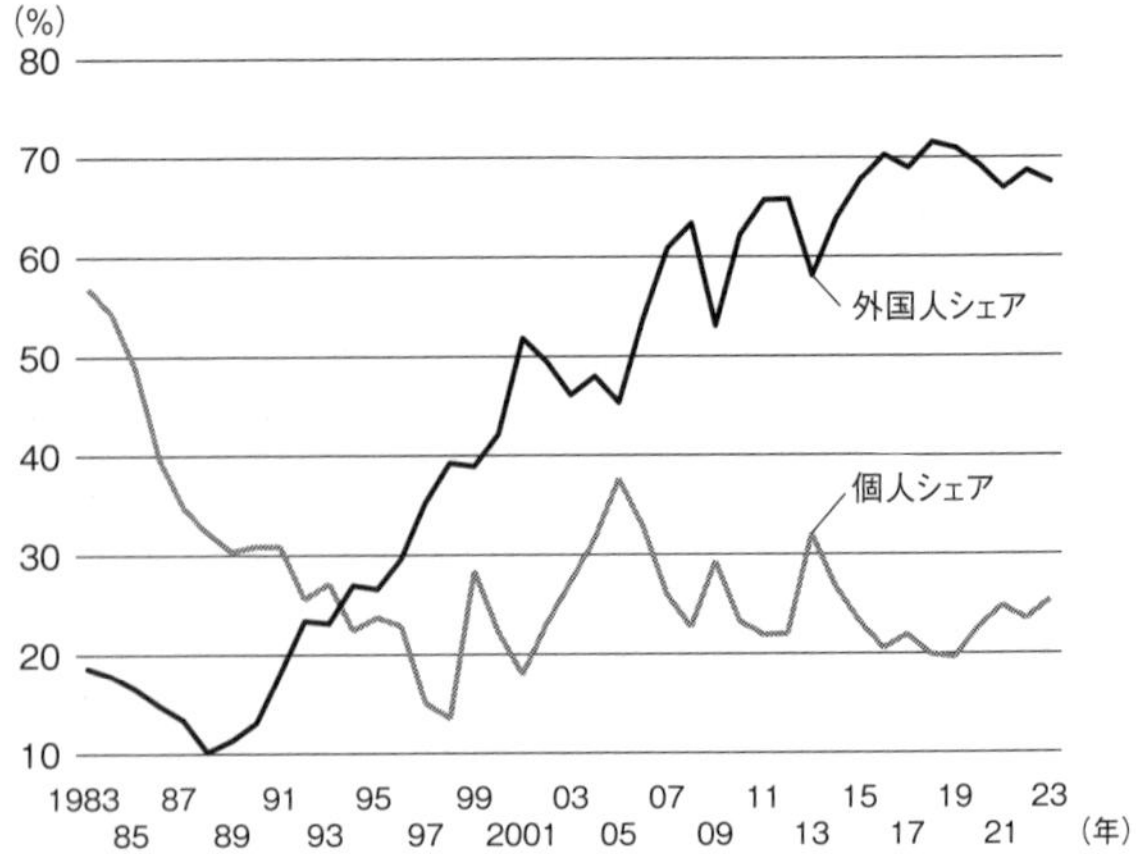


（注）暦年（2023年は10月第1週まで）
（出所）東京証券取引所「投資部門別売買状況」

国人のシェアを１９８３年にさかのぼって示している。外国人は１９８０年代後半のバブル相場では10％台にとどまっていたが、１９９４年に27・０％と、個人の22・４％を初めて上回り、その後も上昇基調が続いて２０１８年には71・５％に達した。

　しかし、その後は売買代金の絶対額が減ったわけではないが、シェアは個人投資家の復活に押されるようなかたちで伸び悩み、２０２３年は10月第１週（２〜６日）までの累計で67・５％になっている。

　個人投資家の売買代金シェアは１９

**図表1-19　株式の個人売買代金**

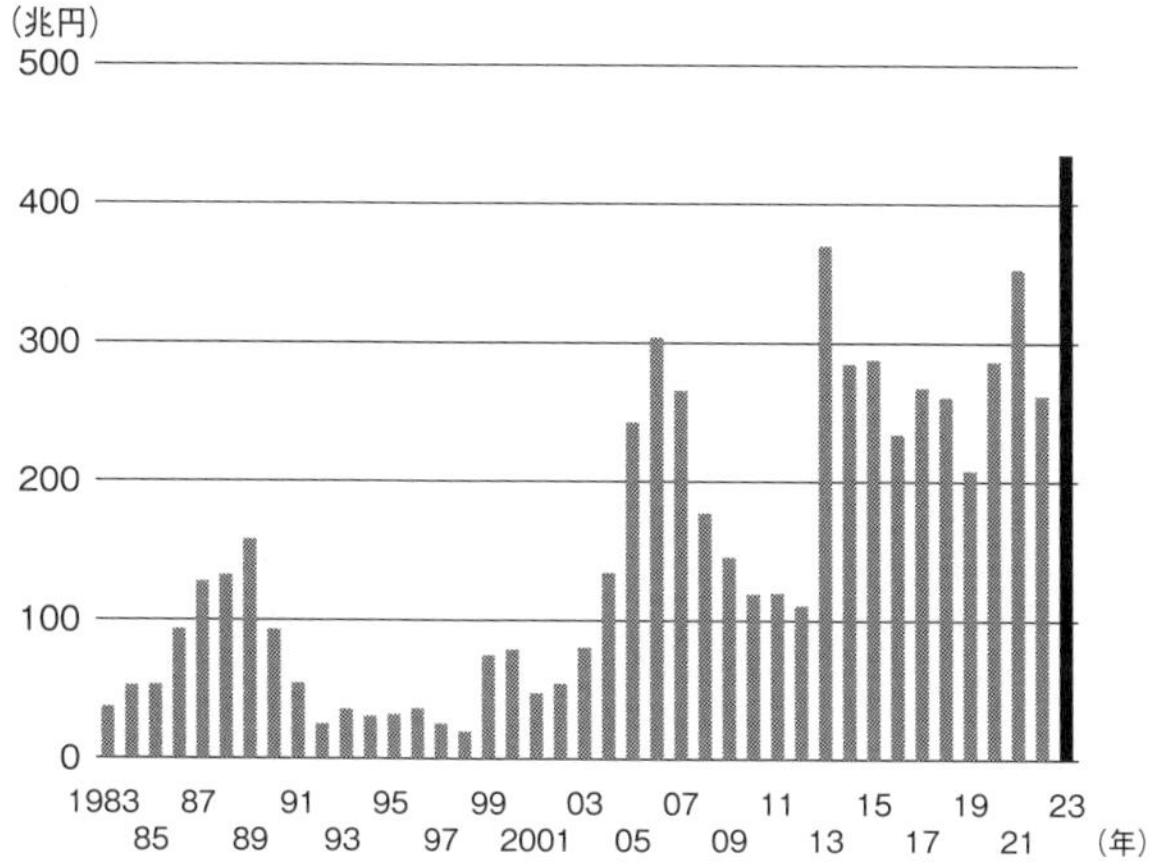


(注) 2023年は10月第1週までの実績を年率換算
(出所) 東京証券取引所「投資部門別売買状況」

８９年のバブル相場の頂点では30・４％だった。１９８３年の56・９％から大幅に低下したのは、バブル相場が機関投資家主導のいわゆる「特金・ファントラ」相場だったからである。バブル崩壊後は日本が金融不安に襲われた１９９８年にわずか13・５％まで低下した。その後は若干持ち直し、一進一退が続いている。

最近では２０１９年の19・６％を底に復活気味で、２０２３年は10月第１週までの累計で25・４％になった。新型コロナウイルスの流行下で在宅勤務が広がり、会社員らが平日の昼間に株式の売買注文を出せるようになったことも大きな要因だ。そのコロナ特需は２０２３年に入ってコロナの収束が意識されるようになっても、衰えていない。

図表１－19に示すように、２０２３年の個人の株式売買代金はこれまでの最高だった２０１３年の３６９兆８８４４億円を上回り、４００兆円台に乗せる可能性がある。

# 第 2 章

# 1月スタート新NISA

## 1　成長投資枠とつみたて投資枠

### 普通の家計には十分の投資枠

２０２４年1月から少額投資非課税制度「ＮＩＳＡ」が大幅に衣替えする。一般の個人の立場から見て何が変わるのかというと、投資信託への積み立てと、個別株や個別投信への投資が同時にできるようになることと、非課税で売却できる期限がなくなることだ。1年間に非課税で投資できる金額の上限は、元本ベースで３６０万円だが、夫婦２人ならば７２０万円になる。普通の世帯の家計の収支を踏まえれば、十分といってもよさそうだ。

金融庁のホームページに掲載されている新ＮＩＳＡの概要は図表２－１の通りだ。表中で説明が必要だと思われるのは、第一に上から3段目の「非課税保有限度額（総枠）」の欄に、「簿価残高方式で管理（枠の再利用が可能）」と書かれていること。これは何年か投資を続けた結果、元本ベースでの株式や投信の保有額が１８００万円に達すると、その年はそれ以上

**図表2-1　2024年から始まる新NISAの概要**

| | つみたて投資枠　併用可 | 成長投資枠 |
|---|---|---|
| 年間投資枠 | 120万円 | 240万円 |
| 非課税保有期間 | 無期限化 | 無期限化 |
| 非課税保有限度額<br>（総枠） | 1,800万円<br>※簿価残高方式で管理（枠の再利用が可能） | |
| | | 1,200万円（内数） |
| 口座開設期間 | 恒久化 | 恒久化 |
| 投資対象商品 | 長期の積立・分散投資に適した一定の投資信託<br>〔現行のつみたてNISA対象商品と同様〕 | 上場株式・投資信託等<br>〔①整理・監理銘柄②信託期間20年未満、毎月分配型の投資信託及びデリバティブ取引を用いた一定の投資信託等を除外〕 |
| 対象年齢 | 18歳以上 | 18歳以上 |
| 現行制度との関係 | 2023年末までに現行の一般NISA及びつみたてNISA制度において投資した商品は、新しい制度の外枠で、現行制度における非課税措置を適用。現行制度から新しい制度へのロールオーバーは不可 | |

（出所）金融庁ホームページ

の投資ができなくなるが、買ってきた株式や投信を一部売却すると、翌年、年間投資枠の範囲内でまた株式や投信を非課税で買えるようになることを意味している。

第２に同じ欄に「１２００万円（内数）」との記述がある。これは成長投資枠を利用する個別株や個別投信への投資は、元本ベースでの保有額が１２００万円に達するまでしかできないという意味だ。個別株や個別投信への投資は年間２４０万円までなので、上限いっぱいの投資をし続ければ、５年で枠がいっぱいになってしまう。もちろん一部を売却すれば、翌年、投資枠が復活する。

**毎月5万円なら30年間積み立て可能**

また、ここに「内数」と書いてあるのは、成長投資枠を利用せず、つみたて投資枠だけを利用するのならば、非課税保有限度額は1800万円であるということを意味している。つみたて投資枠の年間投資枠は120万円なので、毎月10万円の積み立てが上限（金融機関によっては月々の積み立てを減額し、ボーナス時に上乗せするといったアレンジも可能）になる。

この場合、1800万円の非課税保有限度額（成長投資枠も利用している場合は、成長投資枠での保有分を差し引く）を使い切るまで、15年間かかることになる。

毎月5万円ずつの積み立てならば、年間投資額は60万円なので、1800万円の保有限度額に達するまで30年間、非課税での投資ができる。毎月3万円ずつの積み立てならば、年間投資額は36万円なので、非課税での投資可能年数は50年に延びる。

積み立て投資をしているからといって、途中で購入してきた投信を売却してはいけないといった縛りはない。ただ、売却したからといって、売却したのと同じ年に年間投資枠が売却分だけ復活するわけではない。毎月10万円ずつ6カ月積み立てをし、そこで売却しても、その年の残りの投資枠は60万円のままで、120万円にはならない。

積み立て対象の投信は1本だけではなく、金融庁が認定した対象商品（2023年までのつみたてNISA対象商品と同様）のなかから、複数本選ぶことができる。対象投信の変更や月々の積み立て額の変更はいつでも可能だ。

## 成長投資枠には新たな制約

2023年までの一般NISAの投資枠を2倍にし、非課税での投資期限を取り払ったかたちで引き継ぐ新NISAの成長投資枠は、いいことづくめのように見えるが、新たな制約が加わるので注意が必要だ。

1つは整理・監理銘柄に指定されている個別株には投資できなくなることだ。整理銘柄は上場廃止が決まった銘柄で、指定から1カ月後に実際に上場廃止される。監理銘柄は上場銘柄が上場維持基準に該当する恐れがある場合に、投資家に注意を促すために取引所が指定する。監理銘柄になったら次に整理銘柄になることが運命づけられているわけではない。上場維持基準に抵触する恐れがなくなれば、指定が解除される。

「そんなものはいくら上場されているからといって健全な投資対象にはならないだろう」という観点から、成長投資枠の対象外になるように思えるかもしれないが、税務当局の観点は別だと思われる。民事再生法や会社更生法の適用を申請して上場廃止になる場合には、株価が極端に低下し、1円か2円になることもある。株価1円の銘柄を100万円分買って、株価2円で売れれば、100万円の売却益が得られるが、短期的に得られたそんな利益が非課税にされたらたまらないということだろう。

もう1つは投資対象にできる投信から、一定の投信が除外されることだ。表の上から5段目の「投資対象商品」の欄にかっこ書きがあり、「信託期間20年未満、毎月分配型の投資信託及びデリバティブ取引を用いた一定の投資信託等を除外」と記載してある。

筆者はこの区分には異論を持っているが、ここでその点を指摘すると、話がややこしくなるので、やめておく。

「信託期間20年未満を除外」というのは、いわゆるテーマ型投信を除外するという意味だ。

株式市場ではたとえば「ロボット」「宇宙開発」「電気自動車」といった旬のテーマに関する事業をしている企業の株式が投資家の人気を集めることがある。株価が上がれば上がるほど、こうした企業は世の中で話題になりやすいから、関連の株式だけを組み入れる投信には大きな売れ行きが期待できる。

しかし、一時的な人気を利用して売りまくろうといった狙いで設定される投信は、一般に値上がりし続けるようなものではなく、それがわかっているベテランの投資家は、買ったときから「いつ売ろうか」と考えるのが普通だ。こうした投信は持ち続けて資産形成の対象になるとは考えにくいから、非課税投資の対象外にするということだろう。

## 毎月分配型も非課税投資から除外

一般に毎月分配型投信といわれる毎月決算型投信も成長投資枠の対象外だから、非課税で投資することができない。金融庁はかつて月々の分配額の多さを競って、金融機関が次々と毎月分配型投信を市場に投入したことを、不健全だったと考えている。投資家が払い込んだ元本の払い戻しにすぎない特別分配金（非課税分配金ともいわれる）を、毎月分配の名のもとに支払っていたケースが極めて多かったからだ。

現在は、特別分配金の支払いによって毎月、多額の分配をしているように見せかける投信は大幅に減っている。毎月決算はするものの、分配は組み入れている株式の値上がりなどで基準価格が上昇したときだけに限っている「毎月分配型」の投信も多い。

しかし、金融庁は「毎月分配型の投信は資産形成につながらない」との主張を繰り返している。

いずれにしても、何が成長投資枠の対象投信なのかは、「新しいＮＩＳＡの成長投資枠対象商品リスト」として、投資信託協会のホームページで公表されている。投信の購入時に顧客に渡される資料にも明記してあるはずだ。２０２３年10月2日現在では非上場の投信が１６８２本、上場投信（ＥＴＦ）、不動産投信（リート）などが２７７本リストアップされている。購入時にはきちんと確認したほうがよさそうだ。

## 2 賢い活用法と成功への心構え

### 金融庁のホンネは全世界型一択

あるファイナンシャルプランナー（FP）によると、新NISAの制度設計に当初から携わってきた金融庁の担当官が、2023年9月5日に開かれた「きんゆう女子」（幅広い金融知識を学ぶ目的で集まっている20～30歳代の女性を中心としたコミュニティー）向けの講演会で、次のような話をしたという。

「NISAを作った最初から関わっており、NISAについては誰よりも知っている。NISAはつみたてNISA一択です。新しくできる成長枠でもつみたてNISAで買えるものを買いましょう。選ぶのは全世界一択。iDeCo（イデコ、個人型確定拠出年金）は厚生労働省がやっており、こちらは60歳まで下ろせないので、皆さんはNISA一択です」

講演を聞いた印象では、投信積み立ての対象は、コスト（信託報酬）が安いことがなによりも大切で、アクティブ運用投信（運用担当者が銘柄を選んで運用する投信）はかなりお嫌いのようで、何本かがつみたてＮＩＳＡの対象商品に認定されているのは、おまけ程度の話だと語ったという。

金融行政を推進する立場の職員がここまで発言するのは、ちょっと大胆な気もするが、おりしも２０２３年９月８日には全世界の株式を組み入れる投信で最も純資産総額が大きい三菱ＵＦＪ国際投信（２０２３年10月1日から三菱ＵＦＪアセットマネジメントに社名変更）の「eMAXIS Slim 全世界株式（オール・カントリー）」の信託報酬が年０・１１３３０％（税込み）以内から年０・０５７７５％（同）以内に引き下げられた。

いっぺんに約半分にしたのは、7月10日に野村アセットマネジメントが設定した「はじめてのＮＩＳＡ・全世界株式インデックス（オール・カントリー）」に対抗するためだ。野村アセットの商品の信託報酬は税込みで０・０５７７５％。両商品ともＭＳＣＩ全世界株指数（配当込み、円ベース）への連動を目指すインデックス投信なので、常に最低コストにすることを表明している三菱ＵＦＪアセットは、逡巡しながらも追従せざるをえなかったようだ。

全世界株式を組み入れるインデックス投信は、商品名を簡略化して「オルカン」とも呼ば

図表2-2　MSCI全世界株指数（配当込み、円ベース）

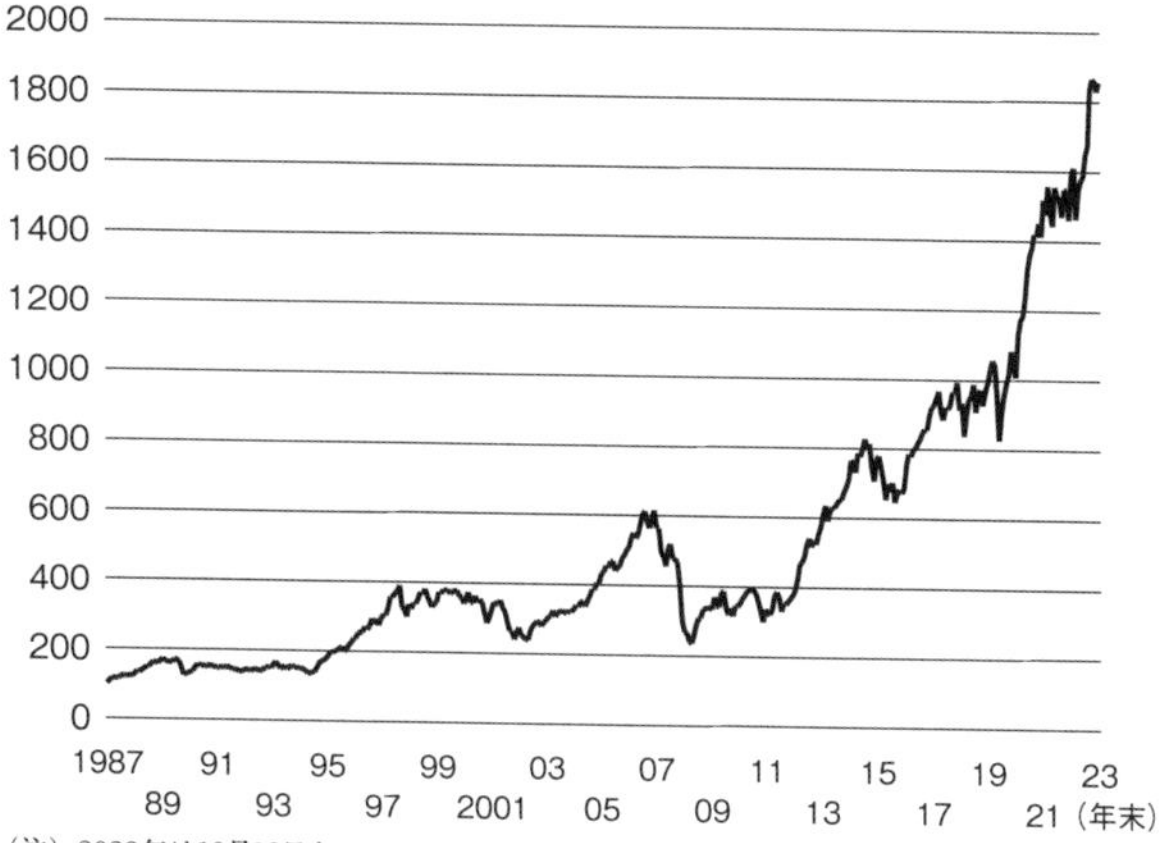


（注）2023年は10月13日まで
（出所）MSCI

れている。ＭＳＣＩ全世界株指数（配当込み、円ベース）の推移は図表２－２のようになっている。２００８年のリーマン・ショックなど急落した場面もあるが、これまでのところ、基調的には右肩上がりだ。何しろ金融庁のホンネは「オルカン」一択のようだ。

## アクティブ運用投信にも積み立てを

同一の投信に長期間、積み立て投資をしていくことのリスクは本章第5節「ドルコスト平均法にもリスクあり」で触れるが、世界の株式相場が長期的に上昇基調をたどるという前提を信じるのならば、全世界株式に投資する低コストのインデックス投信への積み立てが選択肢の一つであることは確かだろう。

もし、現在の世界の株式相場の水準が、1989年末の日本株のような超高値だったとしても、超長期の積み立てならば、超高値から急落した後の安い局面で株式を買い続けることができ、その後の株価上昇で値上がり益を確保できる可能性があるからだ。もちろん相場が将来、どう動くかなどは誰にも予想ができないから、リターンが得られるかどうかは確率の問題に過ぎない。しかし、割安だと感じる局面で買い続けられれば、将来のチャンスは大きいのではないかという気分に浸れる。

ただ、新NISAを賢く使うためには、運用方針が一貫しているアクティブ運用投信も積み立て対象に選ぶことをお勧めしたい。つみたて投資枠の対象商品として認定されているアクティブ運用投信の本数は少ないが、別にそのなかから選ぶ必要はない。成長投資枠で買えるアクティブ運用投信にはもっとさまざまなタイプがあり、そのなかからお気に入りを選んで毎月、買い続けることが可能だ。

日本の代表的なアクティブ運用投信は図表2－3の通りである。平均的な運用成績がイン

## 図表2-3 日本株の代表的なアクティブ運用投信

| ファンド名 | 運用会社 | 純資産総額（億円） | 運用成績（年率、%） | | |
|---|---|---|---|---|---|
| | | | 1年 | 5年 | 10年 |
| ひふみプラス | レオス・キャピタルワークス | 5139 | 20.10 | 4.05 | 11.75 |
| フィデリティ・日本成長株・ファンド | フィデリティ | 4842 | 19.27 | 6.21 | 8.48 |
| さわかみファンド | さわかみ | 3785 | 18.96 | 4.98 | 7.88 |
| スパークス・新・国際優良日本株ファンド | スパークス | 1707 | 27.48 | 5.79 | 13.60 |
| ひふみ投信 | レオス・キャピタルワークス | 1544 | 19.89 | 3.86 | 11.57 |
| トヨタ自動車／トヨタグループ株式F | 三井住友DS | 1538 | 50.60 | 11.73 | 9.13 |
| ニッセイ日本株ファンド | ニッセイ | 1363 | 32.70 | 6.72 | 8.26 |
| 日本好配当リバランスオープン | SBI岡三 | 1069 | 41.68 | 10.75 | 12.17 |
| ノムラ・ジャパン・オープン | 野村アセット | 974 | 33.11 | 7.27 | 8.68 |
| スパークス・企業価値創造日本株ファンド | スパークス | 884 | 2023/5/15設定 | | |
| 日本好配当株投信 | 野村アセット | 841 | 39.11 | 9.05 | 10.34 |
| DC・ダイワ・バリュー株・オープン | 大和アセット | 799 | 33.80 | 5.85 | 7.12 |
| インバウンド関連日本株ファンド | 三井住友TAM | 786 | 15.13 | 3.43 | |
| いちよし中小型成長株ファンド | いちよし | 727 | 8.17 | 0.72 | |
| 東京海上・ジャパン・オーナーズ株式オープン | 東京海上 | 710 | 6.88 | 6.18 | 15.63 |
| 年金積立 Jグロース | 日興アセット | 706 | 23.56 | 7.85 | 11.11 |
| JPMザ・ジャパン | JPモルガン | 689 | 22.45 | 5.22 | 5.72 |

（注）純資産総額は2023年10月16日現在。運用成績は2023年9月末現在
（出所）QIUCK資産運用研究所

デックスを下回ることが統計的にも明白なアクティブ運用投信を選ぶ合理的な理由はないと考える人もいるだろう。しかし、アクティブ運用の塊といってもいい米著名投資家のウォーレン・バフェット氏の運用を細かく分析すると、投資対象の銘柄を選び抜く過程で、実にさまざまなことを考えていることがわかる。

投資から得られるリターンは金銭的なことだけではない。人生の充実につながるようなさまざまな知識や経験を身に着けることは、金銭的なリターンの確保よりも意味があることかもしれないからだ。

アクティブ運用投信もいろいろだから、すべてが当てはまるわけではないが、良質な商品ならば、プロの運用担当者が実体経済や企業活動をどう分析しているのかを知ることができる。ファンドの運用報告会に出席して、運用会社や投資先企業の幹部から、さまざまな生の声を聞くことも勉強になる。投資先企業の工場見学会などに参加できるチャンスもある。

ブラックボックスのようなインデックス投信で、無機質なリターンの確保をただ目指すだけでいいのかどうかは、よく考えたほうがいい。

## 個別株投資はGARPの視点で

GARPとはグロース・アット・リーズナブル・プライスの略である。「そんな銘柄が簡単に見つかれば、誰も苦労はしない」という声があることは重々承知している。また筆者は投資対象銘柄を選び抜こうが、サルに相場表に向けてダーツを投げさせて決めようが、得られるリターンは変わらないと考えているので、GARPを探り当てようという主張と整合性がないと思われるかもしれない。

しかし、NISAにどう対応するかという観点だけに絞っていえば、どうすれば税制上のメリットを多く享受するかのゲームの一種だから、「長期的に値上がりするだろう」と感じる銘柄に資金を振り向けるのが賢いのではないか。もちろん、短期的に株価が2倍、3倍になる銘柄を買ったほうがいいのは確かだが、それこそ見つけるのは至難の業だろう。

市場で話題になっている人気銘柄を買うという考え方は、NISAへの対応という意味ではちょっと疑問に感じる。大勢の投資家が参加して、上へ行くか下へ行くかの綱引きをしているわけだから、思惑に反して下落するリスクもかなりある。NISAを利用して購入した

### 図表2-4　損益通算の範囲

| グループ | 金融商品 |
|---|---|
| グループ1 | 上場株・公募株式投信・特定公社債・公募公社債投信 |
| グループ2 | 非上場株式・一般公社債（非上場株の配当と譲渡損との損益通算は不可） |
| グループ3 | 先物・オプション等（FX、CFD、バイナリーオプション、株価指数先物、商品先物など） |
| グループ4 | 外貨預金の為替差損益・暗号資産（外貨預金の利息は損益通算不可） |
| グループ5 | 預貯金等 |
| グループ6 | 金地金取引（他の譲渡所得との通算は可） |

（注）一般的なケース
（出所）各種情報をもとに筆者作成

とき、値下がりした場合の実質的な損失は2倍だ。

というのも、ＮＩＳＡ口座で買った銘柄の売却損は税制上の損失とはみなされないからだ。日本の金融税制では損益通算の範囲は図表2－4にように決まっている。ＮＩＳＡ口座で取引している株式や投信はどこにも含まれない。

つまり、ＮＩＳＡ口座の枠外で買った上場株式の売却益や配当、公募株式投信の売却益や分配金、さらにはもともと非課税投資ができない国債、地方債、外国国債、公募公社債の売却益や利子との損益通算ができないのだ。

買った株式が値上がりするかどうかは神のみぞ知る話。とはいえ、値上がりしたときのメリットが大きい一方、値下がりしたときは、その損失をそのまま受け入れるしかないことを念頭に置いて、銘柄選びに知恵を絞ることが重要だ。

## 3 金融機関の選択も結果を左右

### 若年層ならオンライン証券一択

NISA口座は一人1口座しか開くことができない。ある年にA銀行にNISA口座を開いたけれども、個別株投資ができないなどちょっと問題があるのでB証券に乗り換えたいと思った場合でも、すでにA銀行のNISA口座で投信などを買っていた場合は年内にB証券に移ることはできない。

10月1日になったら、A銀行にNISA口座変更届出書を提出したうえで、B証券で口座開設手続きをすることになる。B証券のNISA口座での取引は翌年から始められるようになる。

**図表2-5　大手２社の口座数争い**

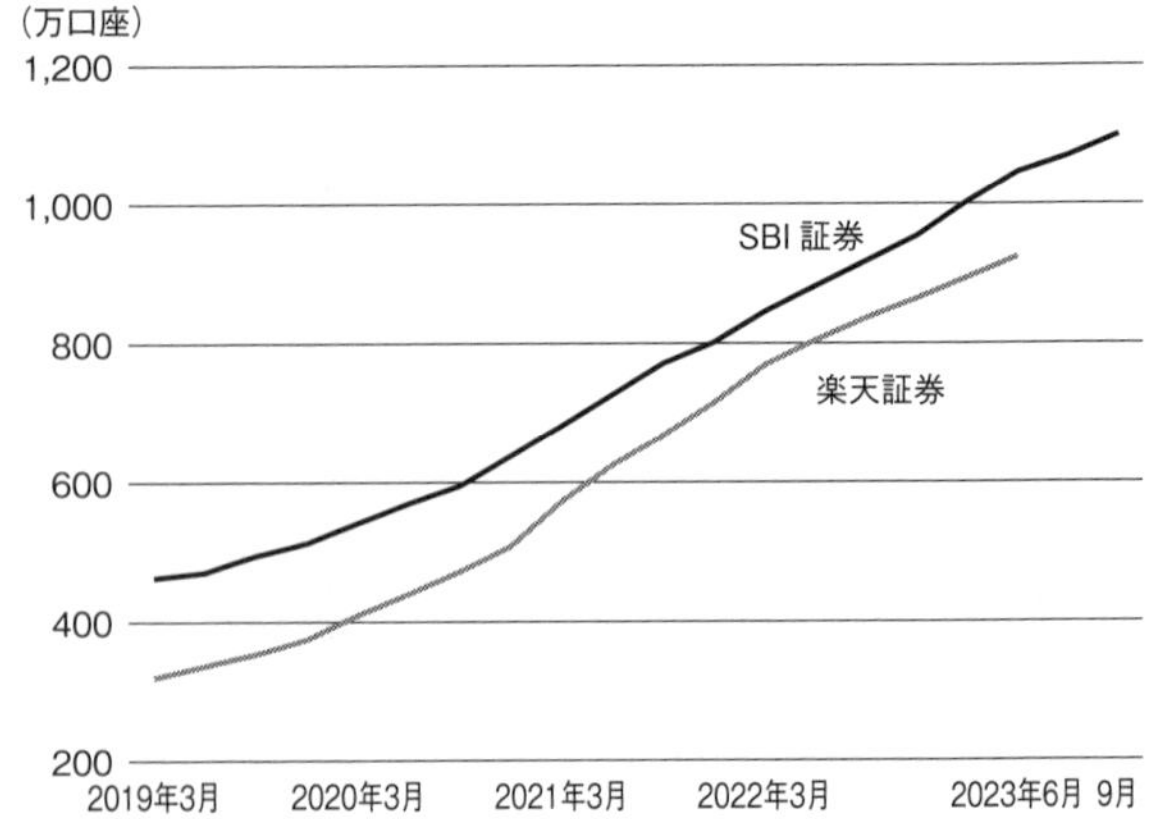


（注）SBI証券の口座数にはSBIネオトレード証券、SBIネオモバイル証券、FOLIOの口座数も含む
（出所）決算説明資料、プレスリリース

もしＡ銀行のＮＩＳＡ口座で何も買っていなければ、9月末までにＡ銀行に廃止届を出し、Ｂ証券に口座を開けば、そのときからＢ証券で取引できる。

新ＮＩＳＡは非課税限度額が大きいので、一般の世帯ならば、すべての投資を受け入れることが可能だろう。途中で金融機関を変更するのも面倒なので、最初から、さまざまな商品が購入できるなど柔軟性が高い金融機関に口座を開くことが最良の選択だ。

何でもオンラインで処理することに慣れている若年層ならば、ＳＢＩ証券

### 図表2-6 SBI証券と楽天証券の直近と10年前の売り上げ構成

| 純営業収益の中身 | | 直近決算期 | | 10年前 | |
|---|---|---|---|---|---|
| | | SBI証券 | 楽天証券 | SBI証券 | 楽天証券 |
| | | 2023年3月期 | 2022年12月期 | 2013年3月期 | 2013年3月期 |
| 手数料収入合計 | | 77,240 | 40,174 | 23,378 | 16,464 |
| 内訳 | 委託手数料 | 39,450 | 29,769 | 17,305 | 12,848 |
| | 引受などの手数料 | 2,838 | 427 | 297 | |
| | 投信などの販売手数料 | 2,802 | 1,209 | 1,858 | 1,065 |
| | その他の受け入れ手数料 | 32,148 | 8,767 | 3,918 | 2,550 |
| トレーディング損益 | | 51,551 | 22,237 | 6,731 | 1,235 |
| 金融収益 | | 46,192 | 28,032 | 13,007 | 6,173 |
| その他の営業収益 | | 69 | 4,996 | 286 | 674 |
| 営業収益計 | | 175,053 | 95,441 | 43,402 | 24,548 |
| 金融費用 | | 8,986 | 4,909 | 2,820 | 1,079 |
| その他の売上原価 | | 4,495 | | 86 | |
| 純営業収益 | | 161,570 | 90,532 | 40,495 | 23,469 |

（注）単位100万円。楽天証券は2018年に決算期を3月から12月に変更した
（出所）決算説明資料

や楽天証券などのオンライン証券に口座を開くのがベストではないか。この2社はＮＩＳＡ口座での国内株（単元未満株を除く）の売買手数料がもともと無料だったが、２０２３年秋からは単元未満株の売却時に課していた手数料も無料になった（楽天証券のリアルタイム取引はスプレッドが上乗せされる）。

この2社は図表２－５に示すように、激しく口座数の獲得競争をしている。純営業収益に占める売買手数料（委託手数料）の割合は、ＳＢＩ証券で24・4％（２０２３年３月

図表2-7　米オンライン証券が手数料を無料化する直前の部門別収益構成

| | チャールズ・シュワブ | TDアメリトレード | Eトレード |
|---|---|---|---|
| 決算期 | 2018 | 2018 | 2018 |
| 金融収益 | 57.5% | 23.3% | 64.3% |
| 顧客資産からの収益 | 31.9% | 38.5% | 15.0% |
| 取引からの収益 | 7.5% | 36.1% | 19.2% |
| （うち委託手数料） | 3.9% | 17.6% | 10.4% |
| その他 | 3.1% | 2.1% | 1.6% |
| 純営業収益 | 10,132 | 5,452 | 2,873 |

（注）純営業収益の単位は100万ドル。TDアメリトレードは2020年10月にチャールズ・シュワブが買収、Eトレードも2020年10月にモルガン・スタンレーが買収
（出所）当時の各社公表資料

期）、楽天証券で32・9％（２０２２年12月期）を占めている（図表２－６）。

米国で２０１９年に手数料無料化を仕掛けたチャールズ・シュワブの営業収益に占める売買手数料の割合が、図表２－７の通り、わずか３・９％だったことに比べると、捨て身の作戦にみえる。ＳＢＩ証券と楽天証券はさらに２０２４年からの新ＮＩＳＡでは米国株と海外ＥＴＦの売買手数料も無料にするという。規模のメリットをとことん追求して勝ち残ろうという戦略ではないだろうか。

金融機関の担当者といろいろと相談しながら取引をしたいということならば、既存の銀行や証券会社も選択肢になる。ただ、銀行では成長投資枠での個別株投資ができないこと、対面営業の証券会社では

取扱商品の幅が狭いことなどに注意が必要だろう。さまざまな手数料もオンライン証券ほどには安くない。

## 信頼できるかどうかが極めて重要

2023年も第4章に書いたように、金融商品の販売をめぐって金融機関が行政処分を受ける一幕があった。リテール（個人顧客相手）の金融商品の売買ビジネスの特徴は、情報の非対称性が内在していることだ。買い手側の顧客が持っている知識や情報に比べ、売り手側の金融機関が持っている知識や情報のほうが相当多く、顧客が金融機関の手玉にとられやすいことを意味している。

特に銀行の場合は預金口座を通じて顧客の金融資産の金額や、給与収入や年金収入の金額を把握していることが多い。本当かどうかはわからないが、「退職金が支払われる前日に、銀行の営業担当者が投信の勧誘にやってくる」とは、よく言われることだ。

金融庁の施策だが、銀行も証券会社も運用会社も一応、フィデューシャリー・デューティーを負っている。フィデューシャリー・デューティーは一般には受託者責任と翻訳され、一般顧客から預かった資金を運用する投信の運用会社が負うものだが、金融庁はもっと概念を広げ、金融機関全体に適用した。和訳も「顧客本位の業務運営」となっている。

とはいえ、本当に金融機関が顧客の利益を第一に考えているのかというと、疑問を感じることも少なくない。金融機関がホームページなどで「お客さま本位の業務運営の方針」などを掲げていても、実際に顧客に接する営業担当者に対するインセンティブの与え方によっては、顧客の利益よりも金融機関に都合がいい商品を販売しがちだし、個々の営業担当者のなかには「回転営業」（ひんぱんに商品を乗り換えさせて手数料を稼ぐこと）など無理な営業活動をする人もいる。

金融機関自体の経営状態が悪ければ、おのずと顧客の利益より自らの利益ということになりかねない。

新NISA口座での取引は生涯にわたる取引になる可能性もあるので、低コストの商品の品ぞろえが不十分な金融機関、小口顧客に誠実な対応をしない金融機関、経営状態が悪い金融機関、ミスの多い金融機関などは避けるのが無難だ。オンライン証券もシステムトラブルが多いところは、経営上のさまざまな問題を抱えているとみていいだろう。

**図表2-8 つみたて投資対象ファンドの純資産総額を大きい順に並べると**

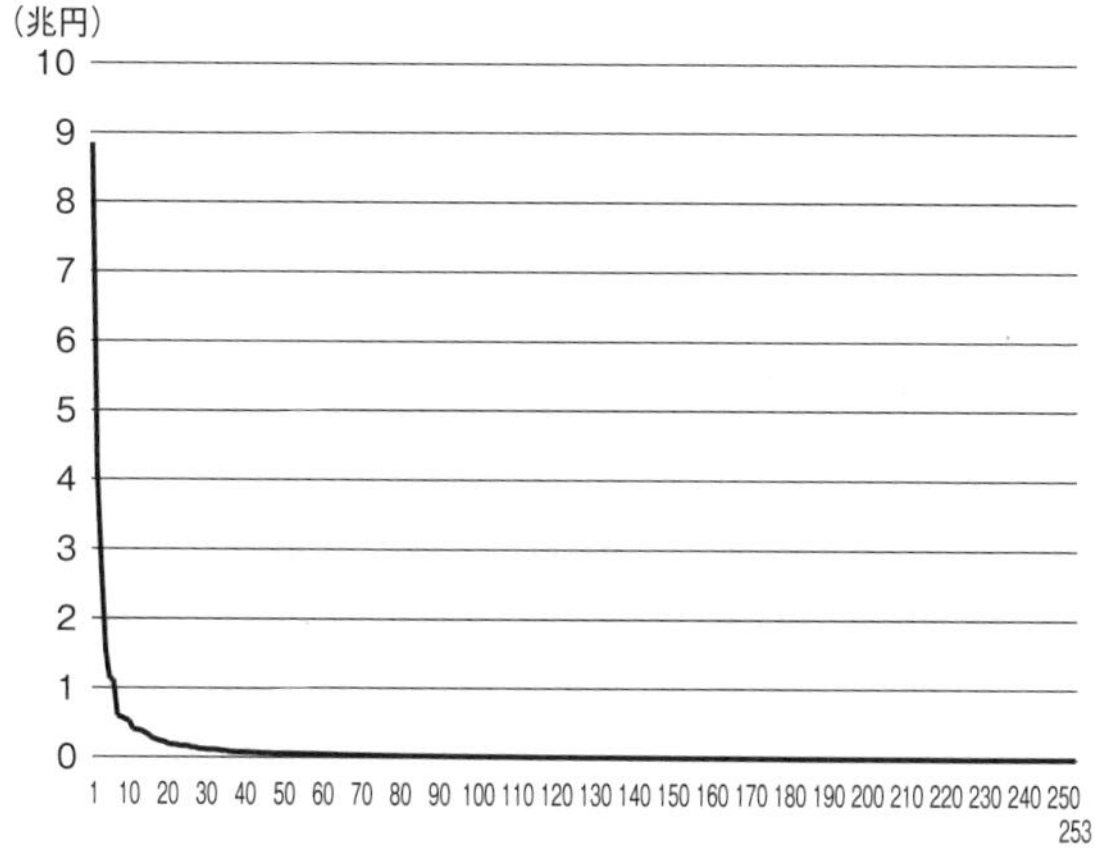


（注）2023年10月13日現在
（出所）QUICK資産運用研究所のデータをもとに筆者作成

## 長期の運用に耐える商品か

もう一つNISA口座の取引で考えておかなければならないのは、選ぼうとしている積み立て対象の投信が、本当に向こう何十年も運用してもらえるだけの商品かどうかだ。一定の純資産総額をキープできれば、運用会社もそれなりの体制を整えて運用責任を果たしてくれると思われるが、人気がない商品は長期的にどうなるかわからない。

図表2－8はつみたてNISA対象投信の純資産総額がどんな分布に

図表2-9　つみたてNISA対象ファンド純資産総額別の本数

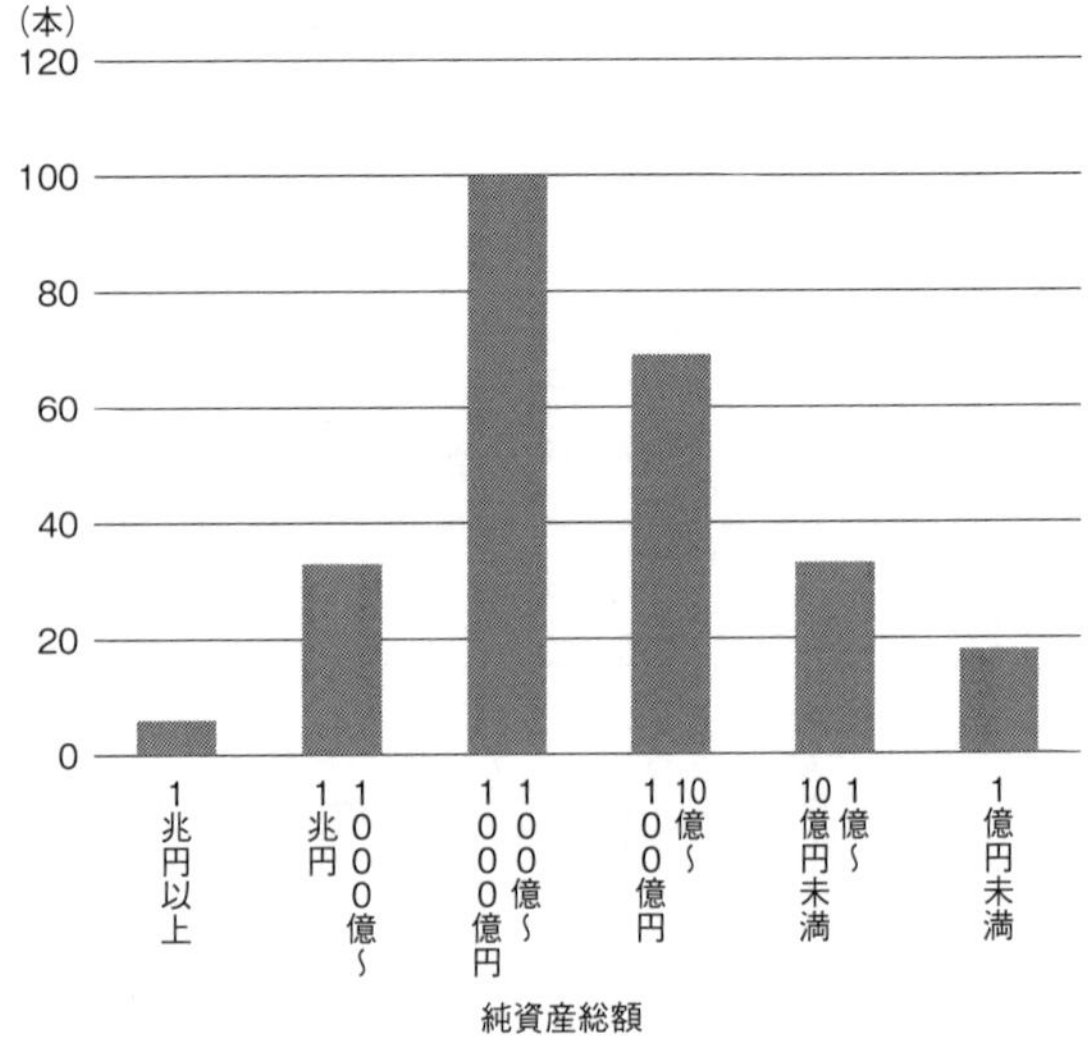


（注）2023年10月16日現在
（出所）QUICK資産運用研究所のデータをもとに筆者作成

なっているかを示している。２０２３年10月４日現在、全部で２５４本あるが、いかに一部の商品に資金が集中しているかがうかがえる。図表２−９は純資産総額ごとのファンドの本数を棒グラフで表したが、「１億円未満」とか「１億〜10億円」といった商品は採算に合うのかどうか疑わしい。

２０２３年までのつみたてＮＩＳＡでは非課税期間が20年と決まっていたが、新ＮＩ

SAのつみたて投資枠は無期限だ。だから運用会社は無期限の運用責任を負っていると考えなければならない。積み立て途中で、商品の性格が変わるのではないかと思わせるような措置を講じるのも、好ましいこととはいえない。

2023年6月にはセゾン投信を設立し、3つのファンドを育て上げてきた中野晴啓会長兼最高経営責任者（CEO）が、過半の株式を握る親会社のクレディセゾンの意向で突然、解任される一幕があった。投資家への直接販売だけでは規模拡大に限界があるため、直販にこだわる中野氏には外れてもらい、販売会社経由で大量に売る商品に衣替えしようと考えたのである。

しかし、販売会社に委ねれば、販売方針によって、顧客の資金の出入りが激しくなりがち。積み立て中心で月々、着実に資金が流入してくる商品とは性格が異なる恐れもある。商品の供給者が、常に顧客の利益を第一に行動しなければならない責任（受託者責任）の重要性を本当に理解しているのかどうかは、NISA口座を開く前の重要なチェックポイントだ。

## 4　過去データからみる成否の確率

### あくまでも参考情報の域を出ない

リスク商品への投資をためらう顧客に対し、販売会社が過去の運用実績を示しながら背中を押すのはよくあることだ。投信の良しあしを星の数で示す投信格付けも、よく商品のPRに活用されるが、格付けも基本的には過去の運用実績をもとに作成している。

ただ、投信の販売用資料にも書いてある通り、過去の運用実績は将来のリターンを約束するものではない。実際にたとえば設定から5年目までの運用実績と5年目から10年目までの運用実績との間には何の関係もなかったといった分析もある。

だから、本章で紹介するのはあくまでも参考情報の域を出ない。図表2－10のチャートが示すように、つみたてNISAが導入された2018年1月の末日から直近の2023年9月末までに配当込み東証株価指数（TOPIX）が2673・82から3898・26へ45・

**図表2-10 つみたてNISA導入後のTOPIXとMSCI全世界株指数**

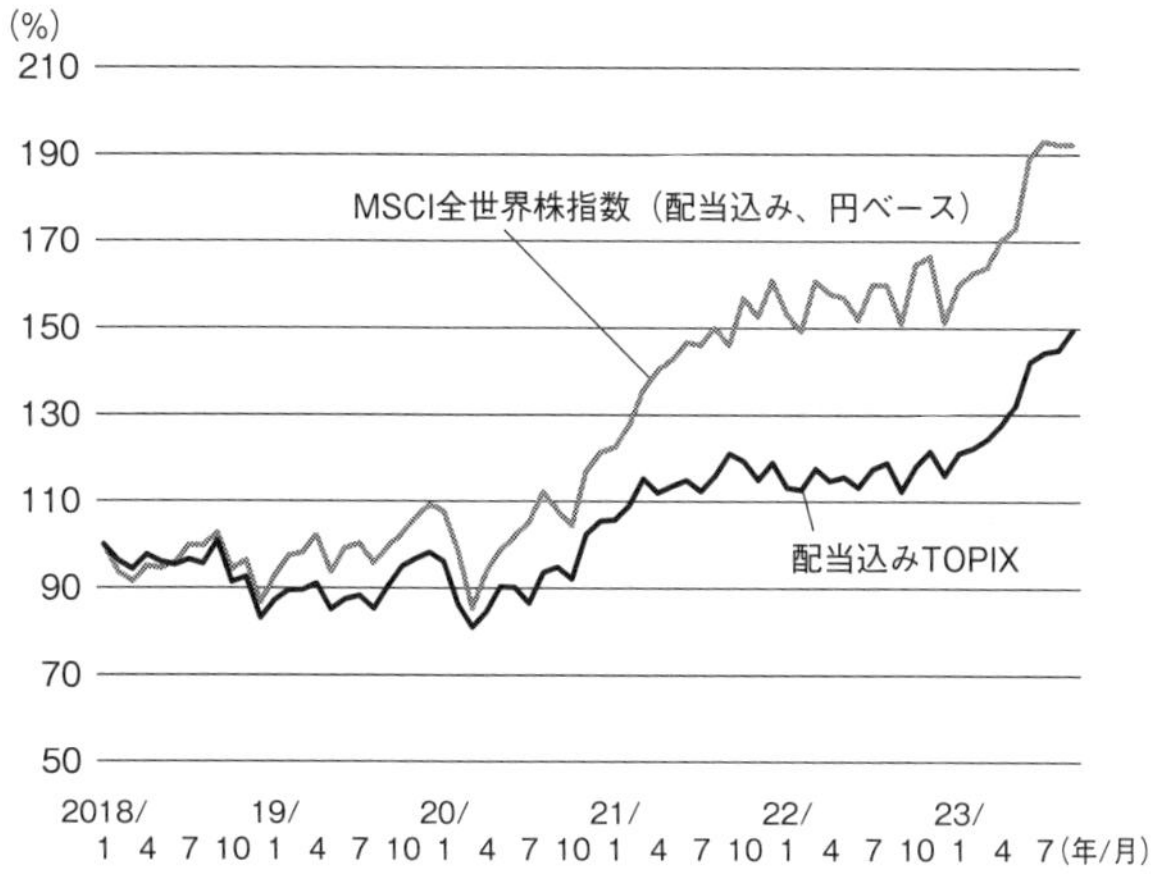


（注）両指数とも2018年1月末を100として指数化
（出所）QUICK、MSCI

8%、MSCI全世界株指数（配当込み、円ベース）が967・861から1830・002へ89・1%それぞれ上昇したことも、過去の運用実績をよく見せる要因になっている。

過去の相場が上昇したこと自体を悪いというわけではないが、国際通貨基金（IMF）によると、2018年から2023年にかけて日本の名目国内総生産（GDP）は556兆円から588兆円へ5・7%増加したにすぎないし、世界の名目GDPの合計値も86兆956億ドルから104兆4764億ドルへ21・3%増加しただけだ（2

023年はIMFの予想値)。

過去5年間の株式相場の上昇の勢いがこれからも続くかどうかは誰も予想できないことではあるが、将来に向けては、これまでの上昇の反動が出てくる可能性なども視野に入れながら、慎重に見積もっておくことに越したことはない。

## 過去5年間の上昇率の分布

前置きはこれくらいにしよう。つみたてNISA対象の254投信のうち、2023年9月末現在で過去5年間の運用実績があるのは192本だ。2018年1月時点でつみたてNISAの対象ではなかった商品も含まれているが、5年間の年率リターンの分布は図表2-11のようになっている。

一般に投信のリターン分布のグラフを作ると、中央が最も高い釣り鐘型の正規分布に近いかたちになることが多い。つみたてNISA対象投信だけのグラフが釣り鐘型にならないのは、インデックス型の投信が多く、株価指数の上昇率と同じところに集中してしまうためだ。

最も集中しているところは年率7%で、28本のインデックス投信と、7本のアクティブ運

図表2-11　つみたてNISA対象投信のリターン分布

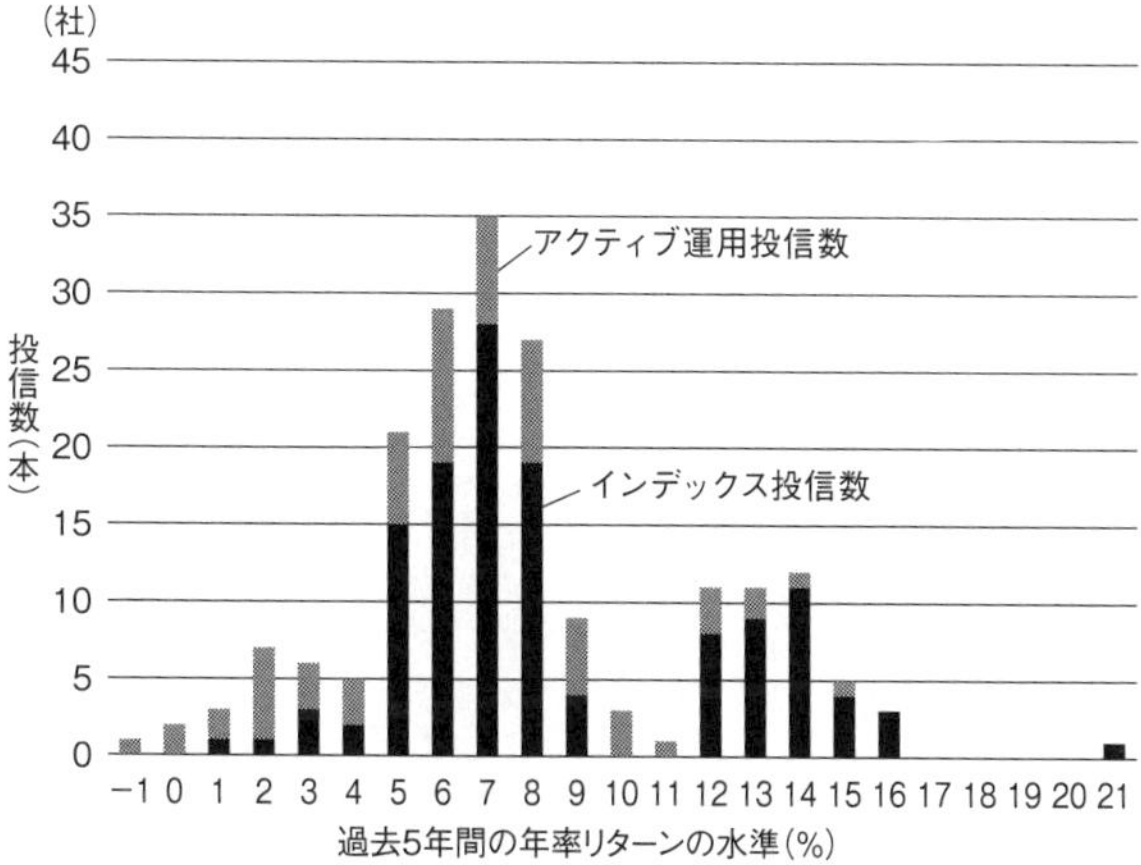


(注) 2023年9月末現在。対象はインデックス投信128本とアクティブ運用投信64本の合計192本。リターンは税引き前分配金再投資ベース
(出所) QUICK資産運用研究所のデータをもとに筆者作成

用投信が該当している。インデックス投信は日経平均株価型またはＴＯＰＩＸ型が多い。年率５〜６％の水準にはバランス型投信が集まっている。

例外もあるが、年率12％の水準には全世界株式型のインデックス投信が集まり、年率13〜14％の水準には先進国株式型のインデックス投信が集まり、年率15％の水準には米国の株価指数に連動するインデックス投信が集まっている。外国株を組み入れるインデックス投信は円安進行によるメリットも大きく受けている。

成績分布はつみたて投資ではなく、最初に一括投資して5年後の成果をみているものだが、たとえば5年間の年率リターンが7％と14％とでは、年率換算する前の累積リターンは片や40％、片や93％と大差ができる。いくら「過去の実績は未来を約束しない」といわれても、多くの個人投資家が「日本株よりも外国株がいい」と考えてしまうのはやむをえないかもしれない。

もう一つ、過去5年のリターン分布で気が付くのは、プロが銘柄を選別して運用するアクティブ運用投信に、リターンが低かったり、マイナスになったりする商品が少なくないことだ。筆者はその原因はプロの運用力が低いためではなく、株式相場の性格がアクティブ運用に向いていなかったためだと考えているが、金融当局はどうやら「アクティブは資産形成に役立たない」と決めつけているようだ。

アクティブにはアクティブの役割があるはずである。その議論が深まることもなく、「新NISAでの投資はつみたて投資枠も成長投資枠もオルカン（全世界株式型のインデックス投信）一択」というムードが広がっている現状は、何か大切なものを忘れているような気がしてならない。

## 積み立て投資のリターンの計算法

前項では5年間のリターンを年率ではじき出したが、これは一括投資のリターンだ。つみたてNISAで人気がある代表的な3指数に連動する投信を対象に、2023年9月末現在の評価益が累計投資元本の何パーセント増しになっているかを、積み立て開始月別に示すと、図表2－12のようになる。

ごく最近に積み立てを始め、まだ数カ月しか経過していない場合を除いて、評価損になっているケースはない。ただ、次節でも触れるが、ある時点での評価益がプラスになるかどうかは、その時点での投信の時価次第だ。1つのインデックス投信だけに資金を集中させていれば、株式相場の急落などでその指数が大幅に安くなった場合、金融資産全体が大きくシュリンクする可能性があるので、注意が必要である。

積み立て投資のリターンを年率換算するための計算は、ちょっとやっかいだ。たとえば10万円が5年後に20万円に膨らんだとしても、最初から元本10万円を投じて20万円の「元利金」を受け取る一括投資と、毎年2万円ずつ5年間で10万円積み立てて、積み立て開始から5年

図表2-12　つみたてNISAスタート時期と評価益

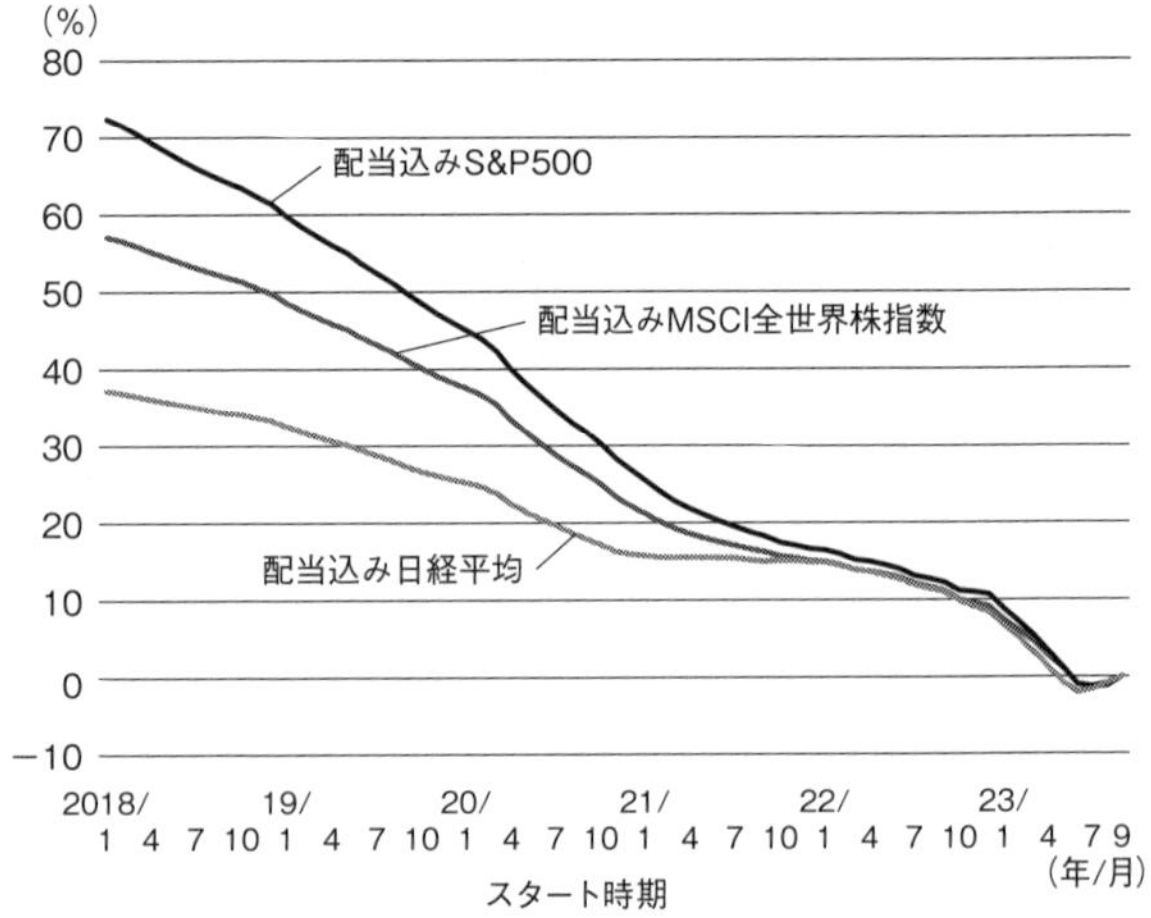


（注）2023年9月末の「元利金」の累積投資元本に対する増減益率
（出所）日本経済新聞、S&Pダウ・ジョーンズ・インディシーズ、MSCI

後に20万円の「元利金」を受け取る積み立て投資とは異なっている。後者のほうが利回りは高い。

前者の利回りは5年間で元本が2倍になったのだから、1年で何倍になったかを計算するには2の5乗根を計算すればいい。小数点以下の数字がどこまでも続く無理数のようだが、小数第5位を四捨五入すると、1・1487倍になる。増加分だけを百分率表示すると、年率14・87％という結果になる。

後者の場合にどう計算するかはステップを追って考えたい。1年でr

倍になったと仮定すると、初年の年初に投じた2万円は5年後にはｒの5乗倍になる。2年目の年初に投じた2万円は4年後にはｒの4乗倍になる。3年目の年初に投じた2万円は3年後にはｒの3乗倍になる。4年目の年初に投じた2万円は2年後にｒの2乗倍になる。5年目の年初に投じた2万円は年末にはｒ倍になる。

ｒを算出するには、2万円に「ｒの5乗」と「ｒの4乗」と「ｒの3乗」と「ｒの2乗」と「ｒ」の合計を掛けた値が20万円になるという式を作り、ｒについて解かなければならない。ただ、ここからｒを求めるのは机上の計算では難しい。パソコンで計算すると、ｒは1・24007という結果が出てくる。増加分だけの百分率表示で年率24・07％である。表計算ソフトにはｒを求める関数も用意されているので、上手に使いたい。

## 5　ドルコスト平均法にもリスクあり

### 「オルカン」買えば分散か

多くの資産形成の教科書は、長期・分散・積み立てがいかに重要かを強調している。株式や投信などのリスク商品は短期的にはプラスマイナスの変動が大きいが、長期的にはいいときと悪いときとがならされて、平均的なリターンが確保できるとか、一つのかごに卵を全部盛るとかごを落としたときに全部、割ってしまうので、気をつけよという具合だ。

積み立て投資に関しては、毎月1回の等株数投資と等金額投資との違いが出てきて、等株数投資だと平均取得価格は毎月の購入時点の株価の平均値になる（毎月1株ずつの購入を想定すれば、そうなることが簡単に理解できる）が、等金額投資だと株価が安いときには多くの株数を、株価が高いときには少ない株数を買うことになるので、平均取得価格が等株数投資に比べて低くなるといった話が紹介される。

新NISAのつみたて投資枠を使った投信積み立てでは、毎月一定額を投信の購入に充てるので、等金額投資である。こうした投資手法は「ドルコスト平均法」として知られている。

ところで、たとえばつみたてNISAで人気があるオルカン（MSCI全世界株指数への連動を目指すインデックス投信）を腹いっぱい買えば、分散投資になるのだろうか。確かに指数に組み入れている全世界の株式を購入することになるのだから、米アップルとかトヨタ自動車の株式を個別に買うことに比べれば、投資資金は分散される。ハイテクばかりとか、銀行ばかりとか、同じ業種の株式をいろいろ買うことに比べても、分散効果は得られるだろう。

しかし、オルカンは投信だから、なかに組み入れられている株式を個別に売却できるわけではない。リーマン・ショックのときのように、全世界の株式がほぼ同時に急落することも考えられる。だから「つみたて投資枠」も「成長投資枠」も全部使って、オルカンに全力投入するといった手法は、分散投資とはいえないのではないか。

日本には昔から「財産3分法」といった言葉がある。財産を株式と債券（あるいは預金）と不動産に分けて保有しようという考え方だ。このほか、投資対象商品としては外国債券

（あるいは外貨預金）や金（ゴールド）を加えてもいいかもしれない。

昨今の金融・資本市場をすべてがカネ余りを背景にした流動性相場だとみなしてしまうと、いくら資金を分散しても、すべてがいっぺんに値下がりする可能性がないではないが、それでも性格が異なる資産に分散しておけば、一つが値下がりしても他に救われる可能性はあるだろう。

## 家計にとっての分散投資とは

もう一つここで指摘しておきたいことは、家計にとっての分散投資は機関投資家にとっての分散投資とはちょっと違うのではないかということだ。機関投資家は運用開始時と運用終了時が決まっていて、運用終了時は保有するすべての金融商品をその時点の市場価格で評価して、運用実績を振り返る。すべての金融商品をいっぺんに換金するのと同じだ。

しかし、家計は運用終了時が決まっているわけではない。何らかのおカネが必要になったからといって、保有する金融商品をいっぺんに換金するわけではない。儲かっている商品や損をしている商品がいろいろあって、そのなかで「これは今回、換金しよう」とか「これは持ち続けよう」とか考えることが多いのではないか。

そうすると、例えばオルカン一本だと、いくらオルカンの投資先が分散されていようが、おカネが必要なときはオルカンの一部、または全部を換金せざるをえない。換金する商品を選べないということは、家計にとっての分散投資にはならないのではないだろうか。

しかも、長い人生のなかでは、まとまったおカネが必要なイベントがいくつもある。換金の選択肢が複数あったほうが対応しやすいだろう。もちろん資産を複数の金融商品に厳密に等分して保有する必要などはまったくないが、オルカンだけを買うのでは、家計にとって分散投資にならない点には注意したい。

## 等金額投資の落とし穴

ドルコスト平均法による投資にもいくつかの落とし穴がある。1つ目は全世界の株式を組み入れるインデックス投信（オルカン）にしても他の投信にしても、ずっと買い続けていれば、金融資産の中身がそればかりになりかねないことだ。たとえば30歳から65歳まで毎月3万円ずつ1つの投信に積み立て投資をし続ければ、元本だけで1260万円を投入することになる。

運用益がどれくらいになるかは神のみぞ知る話ではあるが、年3％で回ると仮定すれば「元利金」は2224万円に、年5％で回ると仮定すれば3408万円になる計算だ。とはいえ、本当に「元利金」がいくらになるかは換金時の相場次第である。資産を一つの金融商品に集中させてしまうリスクが顕在化するともいえる。

「他の金融商品に積み立て対象を分散させておけばいいのではないか」と言われるかもしれない。ところが、新NISAのつみたて投資枠のメニューのなかには、株式と明確に価格特性が異なる商品が見当たらない。バランス型投信は何本か対象になっているが、全世界株型投信とバランス型投信の両方への積み立てが分散投資とはいえないのではないか。

2つ目は計画的な積み立てを習慣づけることは、資産形成のためには大切なことではあるが、家計運営のなかで毎月の積立額を確保することが最優先になってしまい、家計のバランスが崩れる恐れがあることだ。投信積み立てをしながら、クレジットカードのリボルビング払いをしている世帯もあると聞く。いくら将来に向けての資産形成が重要とはいえ、健全な家計運営を犠牲にするのは本末転倒といえるだろう。

3つ目は毎月の勤労収入の一部を投信積み立てに回す世帯には関係のない話だが、すでにまとまった投資資金を保有している家計が、投信に等金額投資をすることは、必ずしも平均買いコストの引き下げにつながるわけではない。

資産形成の手法などを研究しているフィンウェル研究所の野尻哲史代表は、まとまった資金を時期を分けて投信などに振り向けることは等金額投資ではなく、分割投資だと説明している。いっぺんに買うよりもたとえば3回に分けて買ったほうが、高値づかみをするリスクの分散には役立つかもしれないが、相場の上昇を見込むのならば、最初に全額を投入したほうが投資効率はいい。

## 長期投資でもリスクは減らない

長期投資をすれば、いいときと悪いときとがならされて、リターンが安定するとよくいわれるが、筆者の分析では決してそんなことはない。たとえば、いいときには1年間のリターンが市場平均リターンの1・1倍、悪いときには1・1分の1（0・90909 1倍）になる投資があるとする。

**図表2-13　10年投資と30年投資の年率リターンの分布**

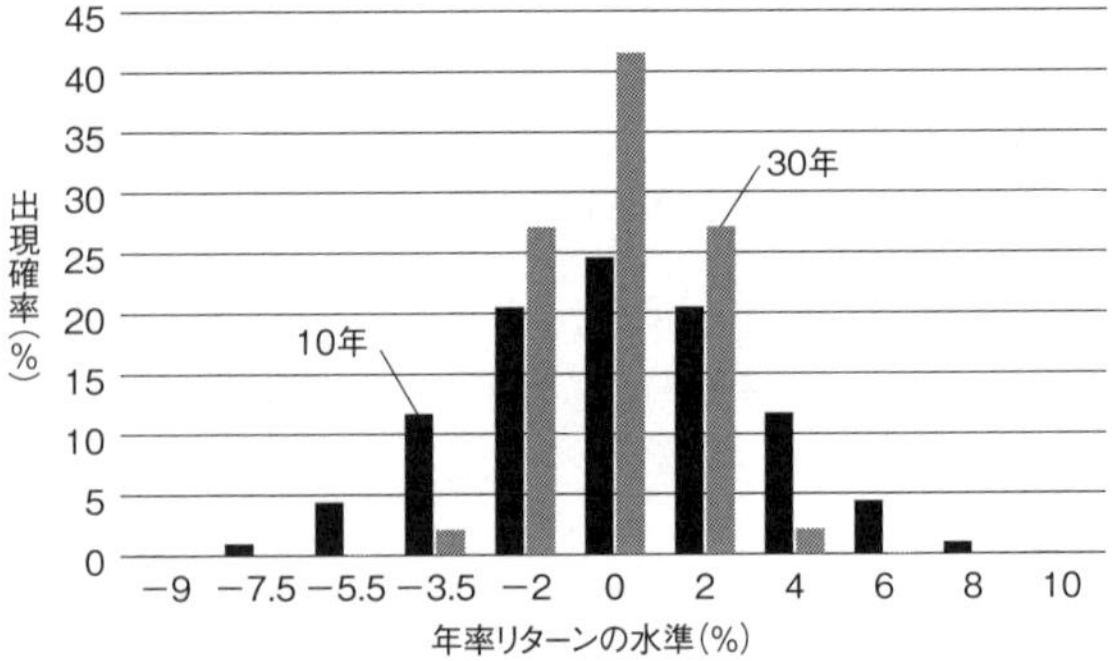


（注）筆者による試算結果をグラフ化

10年間この投資をした場合と、30年間この投資をした場合の年率リターンの分布は図表2－13のようになる。横軸は年率リターンの水準、縦軸は全体の何パーセントの割合でそのリターンが出現するかを示している。棒グラフの山が最も高いのは年率リターンが0％になるとき、つまり、市場平均とほぼ同じリターンが確保できたときである。

一見してわかるように、30年投資のほうが10年投資に比べて年率リターンの分布の幅が狭い。年率リターンがマイナス4％からプラス4％の範囲内に入る確率は、10年投資の場合は89・1％だが、30年投資の場合は98・4％に達している。これだけを見ると、10年投資に比べて30年投資のほ

**図表2-14 10年投資と30年投資の累積リターンの分布**

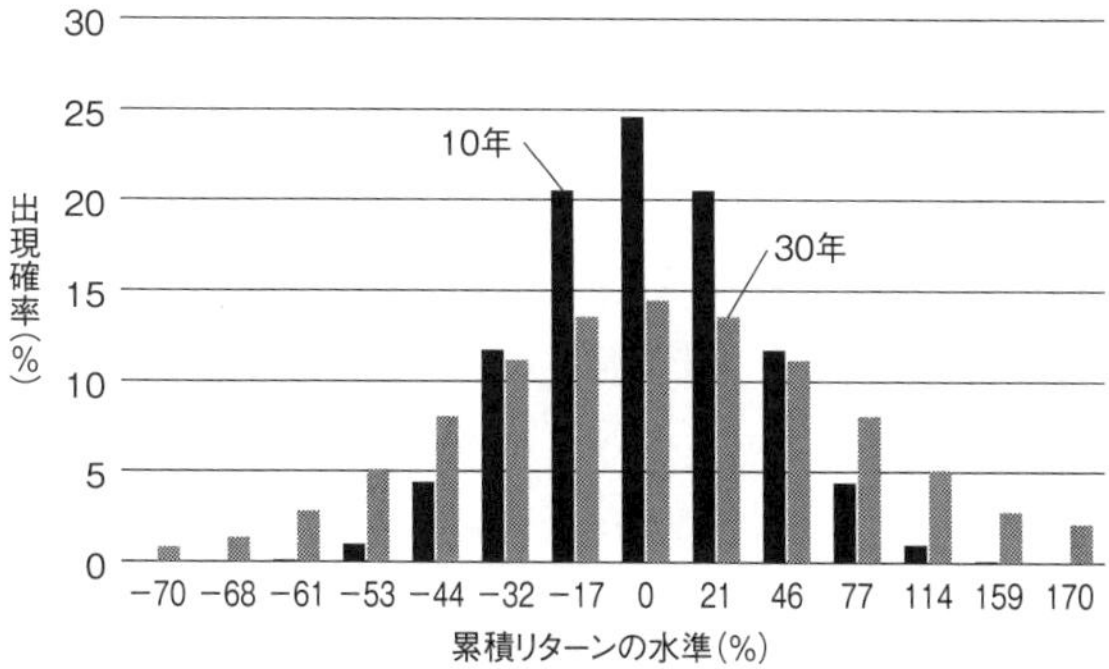


（注）筆者による試算結果をグラフ化

うが上にも下にも外れが少ない、言い換えれば、リターンが安定しているように感じる。

しかし、いいときと悪いときとの年率リターンの差がいくら小さくても、年率換算する前の累積リターンの差が大きければ、「元利金」の実額の差は大きいことになる。図表2－14は10年投資と30年投資とで累積リターンの分布がどう違うかを示している。

明らかに30年投資のほうが累積リターンの分布の幅は広い。いくら長期に運用すれば年率リターンの差が小さくなるといわれても、成功した場合と失敗した場合との「元利金」の実額の差は長期になればなるほど大きくなるのだから、長期投資をすればリスクが小さくなるなどとは考えないほうがいい。

## 6　よさそうな税制にも制度的課題

### 英国のＩＳＡとは大違い

ＮＩＳＡは英国のＩＳＡ（個人貯蓄口座）をモデルに制度化したが、個人マネーを貯蓄から投資へと動かしたいという政策的な思惑が前面に出過ぎていて、個人の資産形成に本当に役立つかどうかは疑わしいところがある。投資上限も低く、非課税期間も有限だった2023年までのＮＩＳＡに比べればよくなったとはいえ、まだまだ使い勝手が悪いのである。

第一に、2023年までのＮＩＳＡと新ＮＩＳＡとが切り離されてしまっている。特に2023年までの一般ＮＩＳＡではすでに上限の600万円分の投資をし終えている投資家も多い。ところが、こうした投資家が保有する株式や投信をそのまま新ＮＩＳＡには引き継げないのだ。

一般NISAで保有している株式などはこれまで通り、5年目の非課税期限までに売却するか、特定口座などの課税口座に移さなければならない。個別株投資に興味がある投資家は、改めて新NISAの成長投資枠で、年間投資枠の240万円の範囲内で株式を購入しなければならない。

成長投資枠で年間投資枠を使い切ってしまった場合に、保有している株式や投信を売却して他の銘柄に乗り換えることができないのも不便だ。英国のISAはこのスイッチングが認められている。新NISAでは元本ベースの投資残高が1800万円（成長投資枠だけならば1200万円）の非課税保有上限に達した場合に、保有する株式や投信の一部を売却すれば、翌年、枠が空いた分だけ新規投資ができるようにしたが、これは英国で認められているスイッチングとは似て非なるものである。

このほか、英国の制度に詳しいフィンウェル研究所の野尻哲史代表によると、英国には非課税保有上限はない。年間投資枠の範囲内で投資し続ければ、ミリオネア（資産を100万ポンド＝約1億8000万円以上保有する人）になることも夢ではない。夫が死去した場合に、夫のISA口座を妻が引き継げるといった工夫もあるという。

新ＮＩＳＡは投資に興味を持ち始めた若年層が活用する限りでは、十分すぎる制度かもしれないが、年金生活者らが活用する場面があまり考慮されていない面がある。

## リバランスをしにくい

もう一つ英国のＩＳＡにあって日本のＮＩＳＡにないのは、ＮＩＳＡの対象となる金融商品が株式と投信に限られ、預金や債券が対象になっていないことだ。全世界株を組み入れるインデックス投信などに積み立て投資をする人が多いかもしれないが、資産運用の常道は、価格特性の異なる金融商品に資産を分散して、定期的にリバランスをすることだ。

リバランスとは値上がりした資産の一部を売却して、代わりに値下がりした資産を購入し、最初に決めた分散投資の割合を維持することだ。公的年金積立金を運用している年金積立金管理運用独立行政法人（ＧＰＩＦ）は運用資産を内外株式と内外債券に4等分して運用することを基本方針にしているが、毎月のようにリバランスをしている。

家計の資産運用のリバランスの頻度は半年ごととか1年ごととかもっと少なくても構わないだろうが、リバランスの着実な実施は安定した資産運用には欠かせない。

ところが、新ＮＩＳＡは株式と投信だけが対象だから、家計はきちんとしたポートフォリオが組めない。非課税の金融商品のウエートを大きくし、課税される金融商品のウエートを小さくしたいというインセンティブが働きがちだ。株式や投信が値上がりして、本来ならば、リバランスが必要だと感じても、非課税商品のウエートを減らし、課税商品のウエートを高めることをためらう人も多いのではないか。

本来、金融投資教育は収益性、安全性、流動性のバランスがとれた家計ポートフォリオ構築の必要性を教えるのが目的だ。ところが、一部の金融商品を非課税にすると、税制の恩典に引っ張られて、それぞれの家計が考える理想のポートフォリオがゆがんでしまう。

実践的な金融投資教育が限りなく投信の販売キャンペーンと変わらなくなってしまう恐れもある。本来、金融税制は家計の資産運用の選択に対して中立であるべきだ。家計が資産運用に活用できる金融商品の幅も、たとえば超長期国債や物価連動国債、社債などに広げる必要があるだろう。

図表2-15　公募投信の純資産総額に占める直販系運用会社の比率

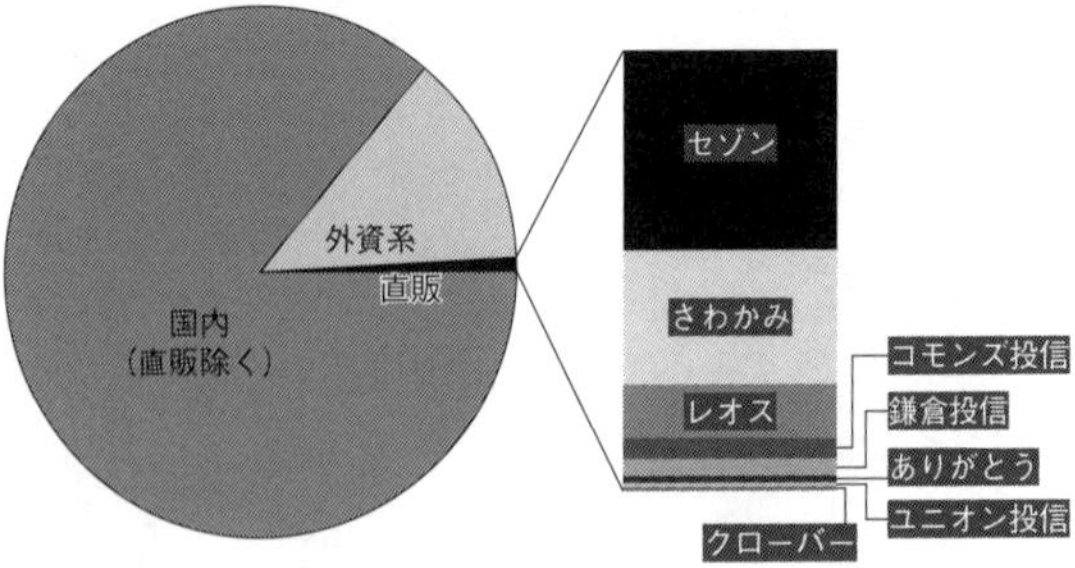


（注）2023年9月末現在。レオス・キャピタルワークスは金融機関経由で販売してるファンドを除く
（出所）投資信託協会のデータをもとに筆者作成

## 投信の直接販売にもマイナス

新ＮＩＳＡは金融機関を1つ選び、1口座しか開設できないため、幅広い金融商品を取り扱っているかどうかという観点で考えると、どうしても口座を開く金融機関の候補は、オンライン証券大手に限られてしまう。さわかみ投信、鎌倉投信、コモンズ投信などの直販系運用会社に口座を開けないわけではないが、すべての非課税投資をこれらの運用会社の商品に絞らなければならないことを考慮すると、ためらう人も多いのではないか。

新ＮＩＳＡが直販系運用会社を不利な立場に追い込むのは、金融庁が推進しようとしている施策と明らかに矛盾する。金融庁は運用会社が受託者責任をきちんと果たす体制にないことや、グループの銀行や証券会社の都合で商品開発がされることや、必ずしも資産運用に詳しくない経営トップがグループ会社の都合で派遣されてくることを強く批判し、改善を促している。

それならば、グループの金融機関の都合で運営されているわけではない直販系運用会社をもっと育ててもよさそうだ。ところが日本では図表２－15が示すように、投信の純資産総額に占める「直販系運用会社の運用資産」の割合は微々たるものだ。ただでさえ寂しい状況なのに、新ＮＩＳＡの制度的欠陥が足を引っ張るのは、金融・資本市場の健全な発展にとってもマイナスといわざるをえない。

第 3 章

# PBR向上策の光と影

## 1　解散価値割れ、不名誉だが

### 「解散したほうがまし」の意味

２０２３年の東京証券市場の大きな話題の１つは、東京証券取引所が3月末に上場企業に対して株価純資産倍率（ＰＢＲ）の向上策を求めたことだ（図表３−１）。ＰＢＲは株価を1株当たり純資産（ＢＰＳ）で割った投資指標だ。たとえばトヨタ自動車の２０２３年10月13日の株価は２６８７円50銭、1株当たり純資産は２２３８円だから、ＰＢＲは１・20倍になる。

分子と分母に発行済み株式数を掛けると、分子は時価総額、分母は純資産になる。トヨタ自動車は時価総額が純資産の１・20倍になるが、ＰＢＲが1倍を割れるとは、時価総額が純資産を下回ることを意味している。

純資産は企業が保有している総資産から負債を差し引いたものだ。現実に実行した場合に

図表3-1　東証が上場企業に発したPBR向上要請

JPX
TOKYO STOCK EXCHANGE
資本コストや株価を意識した
経営の実現に向けた対応について
Exchange & beyond
株式会社東京証券取引所　上場部
2023年3月31日

（出所）日本取引所グループホームページ

どうなるかはわからないが、企業が持つ資産をすべて会計帳簿に書いてある価格で売却できたと仮定して、売却代金から負債をすべて返済すると、純資産分の現金が残る。純資産は解散価値とも呼ばれる。それよりも時価総額が少ないとは、株主にとっては企業が解散して残った現金を株主に分配してくれたほうがお得だということを意味している。

実際に企業が簡単に解散できるのならば、時価総額が純資産を下回ることはないと思われるが、企業は簡単には解散できないため、多くの投資家に将来性がないと感じさせるような企業は、時価総額が純資産を下回る、言い換えれば、株価が1株当たり純資産を下回ることになりがちなのだ。

どんな企業が解散価値割れなのか、確認してみよう。図表３－２はそれぞれの企業の２０２２年度末の個人株主数が30万人以上の31社の10月13日現在のＰＢＲを示している。31社

### 図表3-2　個人単元株主数30万人以上の31社の株価指標とROE

| 企業名（証券コード） | PBR（倍） | 予想PER（倍） | 実績ROE（%） | 予想ROE（%） |
|---|---|---|---|---|
| トヨタ自動車（7203） | 1.20 | 14.08 | 8.98 | 8.51 |
| 三菱UFJFG（8306） | 0.82 | 11.45 | 6.52 | 7.19 |
| イオン（8267） | 2.47 | 103.54 | 2.19 | 2.39 |
| オリックス（8591） | 0.87 | 9.64 | 8.25 | 9.06 |
| ソフトバンク（SB）（9434） | 3.64 | 18.91 | 25.39 | 19.25 |
| ANAHD（9202） | 1.54 | 17.60 | 10.78 | 8.76 |
| JT（2914） | 1.56 | 13.23 | 13.94 | 11.82 |
| NTT（9432） | 1.67 | 11.93 | 14.40 | 14.03 |
| 日本郵政（6178） | 0.40 | 17.28 | 3.85 | 2.31 |
| 第一生命HD（8750） | 1.00 | 11.37 | 5.28 | 8.76 |
| みずほFG（8411） | 0.67 | 10.50 | 6.10 | 6.43 |
| ゆうちょ銀行（7182） | 0.49 | 14.18 | 3.27 | 3.47 |
| 日産自動車（7201） | 0.44 | 7.16 | 4.57 | 6.19 |
| 武田薬品工業（4502） | 1.03 | 50.22 | 5.27 | 2.05 |
| ENEOSHD（5020） | 0.56 | 9.14 | 5.03 | 6.15 |
| すかいらーくHD（3197） | 3.07 | 121.06 | -3.93 | 2.53 |
| 日本航空（9201） | 1.45 | 22.07 | 4.26 | 6.59 |
| 東京電力HD（9501） | 0.31 | 4.81 | -3.94 | 6.47 |
| 日本製鉄（5401） | 0.68 | 7.41 | 18.15 | 9.21 |
| KDDI（9433） | 1.83 | 13.99 | 13.41 | 13.09 |
| 三菱商事（8058） | 1.18 | 10.84 | 15.79 | 10.86 |
| パナソニック（6752） | 0.92 | 8.21 | 7.83 | 11.20 |
| キヤノン（7751） | 1.08 | 12.21 | 8.15 | 8.84 |
| ソニーグループ（6758） | 2.26 | 18.41 | 13.04 | 12.28 |
| ヤマダHD（9831） | 0.53 | 9.91 | 5.05 | 5.32 |
| 三井住友FG（8316） | 0.73 | 11.86 | 6.50 | 6.16 |
| 楽天G（4755） | 1.21 | | -39.10 | |
| 野村HD（8604） | 0.55 | 18.00 | 3.06 | 3.06 |
| 商船三井（9104） | 0.75 | 6.96 | 49.76 | 10.74 |
| キリンHD（2503） | 1.60 | 15.03 | 11.85 | 10.67 |
| 吉野家HD（9861） | 3.40 | 53.65 | 14.02 | 6.34 |

（注）2023年10月13日現在。予想ROEはPBRを予想PERで割って算出
（出所）QUICK

**図表3-3　PBR別の企業数**

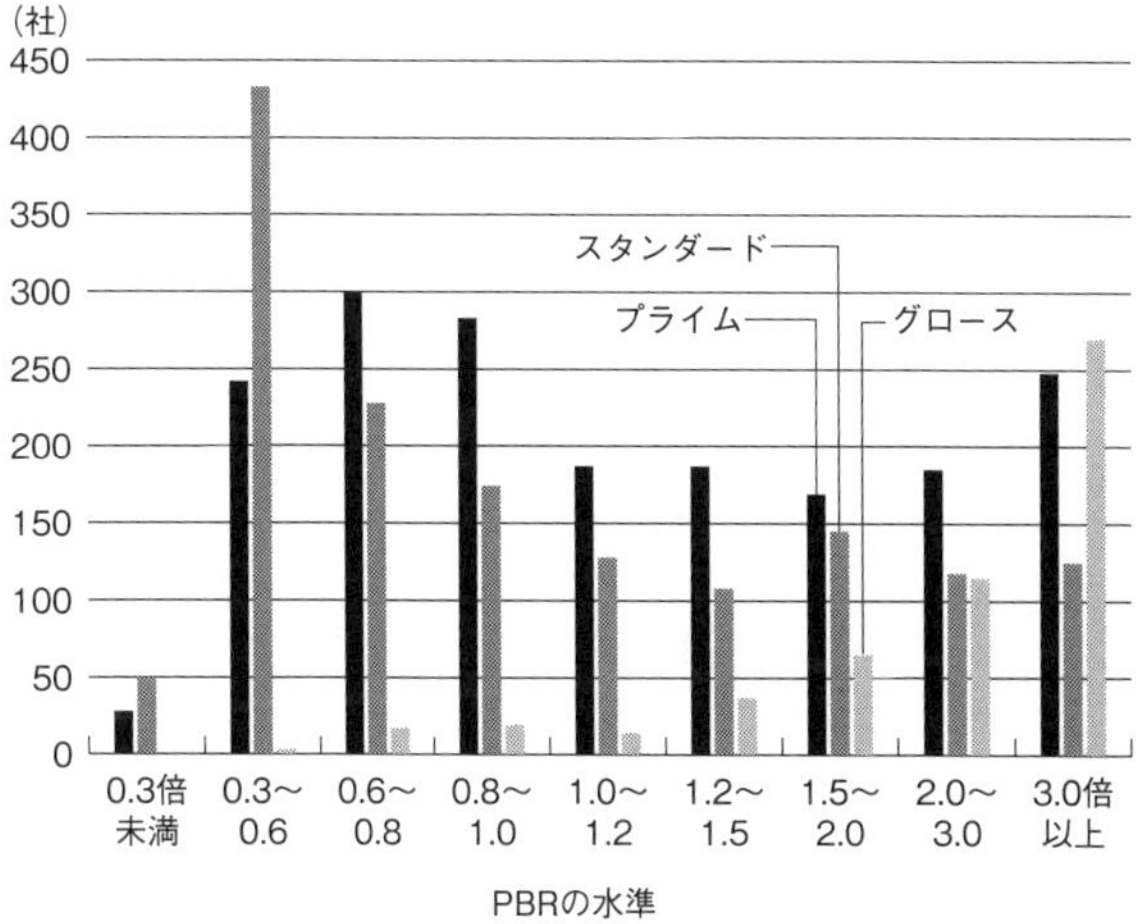


（注）2023年10月16日現在

は日本を代表する大企業といってもいいだろうが、それでも株主から「解散したほうがまし」と思われているのが14社もあるのだ。

分析対象を東証上場企業全体に広げると、上場企業のＰＢＲ分布は２０２３年10月16日現在、図表３－３のグラフのようになっている。東証プライム上場企業では１８３７社のうち46・４％に当たる８５３社が、東証スタンダード上場企業では１５２２社のうち58・１％に当たる８８５社が、東証グロース上場企業では５４７社のうち７・１％に当たる39

社がＰＢＲ１倍を下回っている。

株式市場では事業内容が時代のテーマに合致していたり、勢いよく業績が伸びていたりする企業に投資資金が集まりやすく、時流に乗らない企業は放置されがちなので、株価が低いとしても企業だけの責任とは言い切れない面もある。それでも、市場から「解散したほうがまし」と言われるのは、企業経営者にとっては不名誉なことであろう。

## 東証の要請、無理筋では

東証が上場企業にＰＢＲ向上の要請をしたのは、２０２２年７月に設置した「市場区分の見直しに関するフォローアップ会議」での議論を踏まえたものだ。フォローアップ会議は２０２２年４月に実施した東証の市場区分見直しが、「それだけでは投資家の資金を株式市場に引き付ける効果が上がらない」と受け止められたため、株式市場の魅力をさらに高めるためにはどんな方策が必要かを議論するために設置した。

ただ、取引所が上場企業に対してＰＢＲ１倍割れ解消やＰＢＲ引き上げを要請することをめぐっては、市場関係者の間にも賛否両論があった。算定式をみてもわかるとおり、ＰＢＲ

は株価を1株当たり純資産で割ったもの。分子の株価は投資家間の売買に基づいて市場で決まるもので、上場企業がどうこうできるものでもない。

PBR向上を要請することは、企業に対し株価対策を求めるようなニュアンスがある。鏡に映る顔が気に入らないからと言って、鏡をいじるのは筋違いだろう。

それでも東証がPBR向上の要請に踏み切ったのは、次のような論理に基づくものだ。「PBRが低いのは企業の利益率が投資家の要求水準に比べて低いためだ」→「まず企業は投資家の要求水準である資本コストをきちんと把握すべきである」→「企業は投下資本利益率（ROI）を適切に設定するなどして、自己資本利益率（ROE）が資本コストを上回るような経営に努めるべきである」

ここまではいいとして、ここから後は日本にありがちな極めて乱暴な議論になっていった。現一橋大学名誉教授の伊藤邦雄氏が座長を務めた経済産業省の研究会「持続的成長への競争力とインセンティブ～企業と投資家の望ましい関係構築～」プロジェクトが2014年8月に公表した最終報告書（通称：伊藤レポート）に盛り込んだ考え方が「復活」したのだ。つまり、「日本の上場企業の資本コストは平均7％程度であろうから、最低でもROE8％が確保できる経営をすべきだ」という主張である。

そして、経済メディアの論調がROE8%、できれば10%を確保できる経営をすることが、上場企業の責任だという話に収束していったのである。

## 相関関係は大きくない

しかし、PBRの向上をROEの改善を通じて実現すべきだという議論を成り立たせるためには、ROEの水準とPBRの高低との間に、完全比例ではないにしても、それなりの相関関係が見いだせなければならないはずだ。図表3－4は東証プライム上場企業を対象に、横軸に予想ROEの水準を、縦軸にPBRをとり、全体的にどんなふうに分布しているかを示したものだ。

確かに予想ROEが高い企業のなかにPBRが高い企業が散見され、全体的に右肩上がりの分布になっているようにみえる。実際に傾向線（一次近似曲線）を描くと、傾きはプラス0・1764となり、予想ROEが高いほどPBRが上昇する傾向があることを示している。

しかし、本当に2つのデータの間に相関関係があるかどうかを示す決定係数$R^2$（Rスクエ

## 図表3-4　予想ROEとPBRの関係

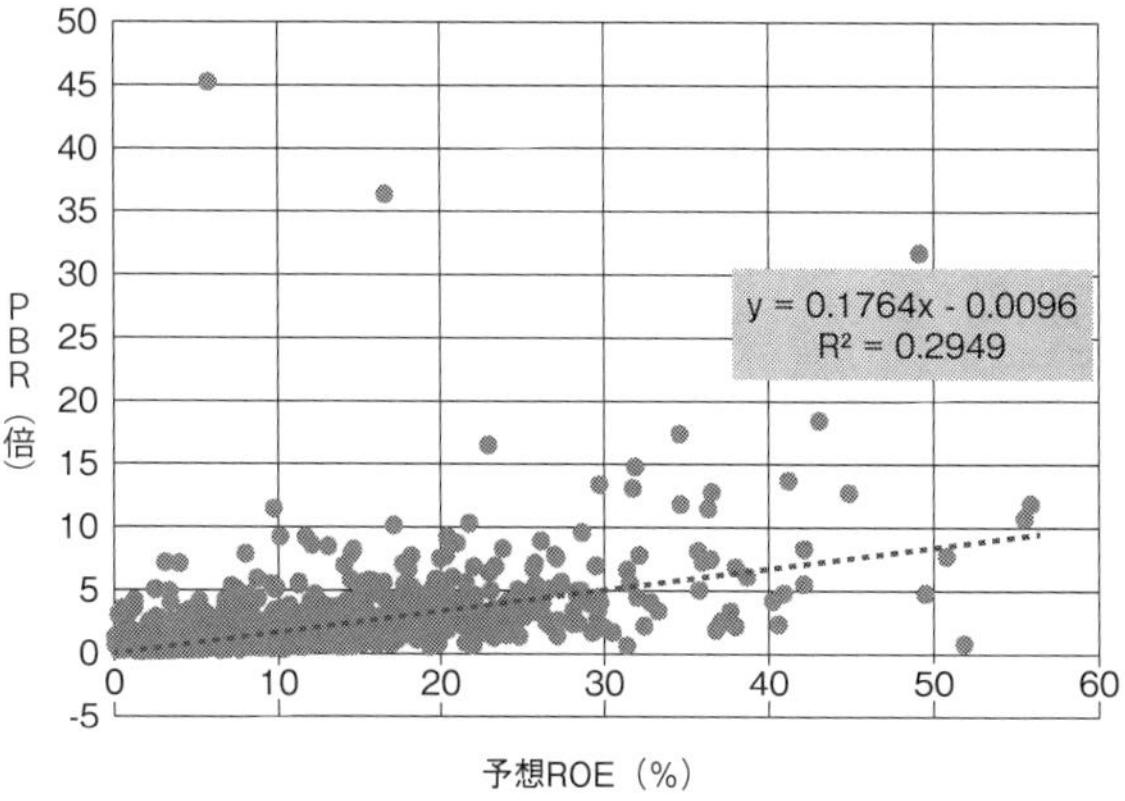


（注）2023年10月5日現在。対象は東証プライム上場1834社のうち、予想損益が赤字ではない1794社
（出所）QUICKのデータをもとに筆者作成

ア）は0・29にとどまる。決定係数は0から1の間をとり、1に近いほどデータ間の相関関係が強いことを示すが、0・29ではそれほど強い相関関係があるとはいえない。

言い換えれば、ある企業の予想ＲＯＥの水準を聞いたからといって、その企業のＰＢＲがどの程度かは想像しにくいのである。大局的にみて予想ＲＯＥが高くなればＰＢＲが高くなる傾向が見えるからといって、個々の企業に対し、「ＰＢＲを引き上げるためにはＲＯＥを高めよ」と注文を付けることは、あまり実効性が期待できる話ではないだろう。

## 2　アクティビストが要求強める

### 関心はもっぱら分子対策

半ば予想されたことではあるが、東証のPBR向上要請を奇貨として、アクティビスト（物言う株主）らが企業に対する攻勢を強めていった。ROEはリターン・オン・エクイティの略で、分子はリターン、つまり純利益、分母はエクイティ、つまり自己資本である。

例えばトヨタ自動車の2023年3月期の純利益（親会社の所有者に帰属する当期利益）は2兆4513億1800万円、期末の自己資本（親会社の所有者に帰属する持分合計）は28兆3387億6000万円）だから、ROEは8・7％という計算になる。分母の自己資本を期首期末平均にするという、より正確な計算方法では、ROEは9・0％になる。

PBRの計算の分母になる純資産（1株当たり純資産）は資産から負債を差し引いたもので、株主資本（資本金、資本剰余金、利益剰余金などで構成）とその他の包括利益累計額と新株予約権と被支配株主持分の4つで構成されている。自己資本は純資産の一部で、株主資本とその他の包括利益累計額を足したものだ。

細かくやり始めるときりがないが、現実的には自己資本は純資産とニアリーイコールと考えていていいだろう。

ROEを高めるには、分子のリターン（純利益）を増やす方法と、分母のエクイティ（自己資本）を減らす方法の2通りがある。問題はアクティビストらが利益を増やすという迂遠な感じがする対策よりも、企業がその気になればすぐに実現できる自己資本を減らす対策に取り組むように投資先の企業に圧力を掛けたことだ。

具体的には自社株買いや増配を要請し、自己資本を減らすことによってROEを高めてほしいと、これまで以上に強く求めたのである。2023年6月7日付の日本経済新聞朝刊には「我々の言ってきたことが正しかったと証明された。錦の御旗が立った」という村上世彰氏の発言が紹介された。旧通産省（現経済産業省）出身の村上氏は日本のアクティビストの先駆けだ。

## 株価はまちまち、誤算の企業も

東証からの要請を意識して自社株買いに取り組んだ企業も多い。図表3－5は2023年に入って自社株買いの実施を報道された主な企業の年初から10月13日までの株価騰落率を示している。表に掲載した35社のうち、株価が下落した企業はオリンパス、小野薬品工業、富士通、東急の4社だけだから、自社株買いに伴うROEの改善期待が株価の下支えになったとの見方もできるかもしれない。

ただ、この間に日経平均株価は2万6094円50銭から3万2315円99銭へ23・8％上昇した。株価が日経平均の上昇率を上回る勢いで上昇したかどうかという観点からみると、図表3－6に示す通り、35社のうち19社はアウトパフォームしたが、株価が下落した4社を含め、16社がアンダーパフォームしていた。

10月13日現在のPBRが1倍以上の企業だけをみると、18社のうち株価が日経平均をアウトパフォームした企業は7社、アンダーパフォームした企業は11社だった。PBRが1倍以上ならば、その企業の経営は合格だというわけでもないが、自社株買いを改めてプラス材料

## 図表3-5 2023年に自社株買い実施を報道された主な企業の株価騰落率

| 企業名 | 証券コード | PBR | 予想ROE | 騰落率 |
|---|---|---|---|---|
| INPEX | 1605 | 0.63 | 7.49 | 48.7 |
| 清水建設 | 1803 | 0.86 | 5.72 | 46.8 |
| 積水ハウス | 1928 | 1.07 | 11.21 | 22.0 |
| 双日 | 2768 | 0.82 | 10.98 | 27.4 |
| 信越化学工業 | 4063 | 2.29 | 13.21 | 38.3 |
| 野村総研 | 4307 | 5.72 | 19.91 | 23.4 |
| 小野薬品工業 | 4528 | 1.75 | 15.08 | ▲ 9.3 |
| 出光興産 | 5019 | 0.57 | 6.14 | 7.3 |
| AGC | 5201 | 0.74 | 4.01 | 17.0 |
| 日本郵政 | 6178 | 0.40 | 2.31 | 12.8 |
| クボタ | 6326 | 1.19 | 9.40 | 18.4 |
| 日立製作所 | 6501 | 1.61 | 9.53 | 36.0 |
| 富士通 | 6702 | 1.98 | 13.28 | ▲ 2.3 |
| ルネサスエレクトロニクス | 6723 | 2.18 | 14.13 | 97.3 |
| ソニーグループ | 6758 | 2.26 | 12.28 | 28.1 |
| ウシオ電機 | 6925 | 0.87 | 4.01 | 18.7 |
| ファナック | 6954 | 2.37 | 6.94 | 2.3 |
| 京セラ | 6971 | 0.84 | 4.61 | 14.9 |
| ホンダ | 7267 | 0.69 | 6.67 | 66.5 |
| SUBARU | 7270 | 0.96 | 9.51 | 39.5 |
| 小糸製作所 | 7276 | 1.10 | 7.51 | 17.0 |
| オリンパス | 7733 | 2.63 | 37.09 | ▲ 17.0 |
| キヤノン | 7751 | 1.08 | 8.84 | 26.7 |
| シチズン時計 | 7762 | 0.97 | 8.83 | 52.4 |
| TOPPAN | 7911 | 0.78 | 3.13 | 71.4 |
| 大日本印刷 | 7912 | 0.91 | 8.09 | 48.2 |
| 三菱商事 | 8058 | 1.18 | 10.86 | 67.2 |
| 岡三証券グループ | 8609 | 0.83 | 0.17 | 88.0 |
| 東京海上ホールディングス | 8766 | 1.70 | 13.32 | 21.2 |
| 東急 | 9005 | 1.36 | 6.17 | ▲ 0.5 |
| セイノーホールディングス | 9076 | 0.82 | 3.97 | 80.2 |
| 川崎汽船 | 9107 | 0.82 | 7.64 | 95.3 |
| ソフトバンク | 9434 | 3.64 | 19.25 | 13.0 |
| 東京ガス | 9531 | 0.90 | 6.22 | 36.3 |
| セコム | 9735 | 1.85 | 7.39 | 35.4 |
| 日経平均株価 | | | | 23.8 |

(注) 単位倍、%、▲は下落。2023年10月13日現在
(出所) 日本経済新聞社、QUICK

図表3-6　自社株買い実施企業は日経平均をアウトパフォームしたか

| | 全体 | PBR1倍以上 | PBR1倍未満 |
|---|---|---|---|
| アウトパフォーム | 19社 | 7 | 12 |
| アンダーパフォーム | 16 | 11 | 5 |
| 合計 | 35 | 18 | 17 |

（注）対象は2023年に入って自社株買いの実施が報道された主な企業35社

と受け止めて株価を押し上げるとは限らないことがわかる。

10月13日現在のＰＢＲが1倍未満の企業だけをみると、17社のうち日経平均をアウトパフォームした企業は12社、アンダーパフォームした企業は5社だった。ＰＢＲが低い企業にとっては、それなりに自社株買いの株価押し上げ効果があったのではないかと推察できる。

ＰＢＲが1倍未満なのに株価が日経平均をアンダーパフォームした5社はウシオ電機、日本郵政、ＡＧＣ、出光興産、京セラだ。何らかの特殊要因があったからかもしれないので、即断はできないが、東証の要請に応えたわりには、あてが外れたといってもいいのではないだろうか。

もう一つ注意する必要があるのは、ＰＢＲ1倍未満の企業による自社株買いの株価押し上げ効果が大きかったのは、２０２３年が東証が上場企業にＰＢＲ向上を要請した初年だったからかもしれないことだ。そもそも理論的には自社株買いの株価押し上げ効果はないとの指摘もある。2024年以降の動向を見据えなければ、自社株買いと株価との関係にはきちんとした評価ができないかもしれない。

## 米国では自社株買いの効果なし

自社株買いが盛んな米国では、自社株買いに積極的な企業の株価が市場平均をアウトパフォームしているわけではない。図表3－7は米国の指数算出会社S&Pダウ・ジョーンズ・インディシーズが計算しているS&P500自社株買い指数の動向を示している。この指数は米国の代表的な株価指数のS&P500に採用している銘柄のなかから、自社株買いに積極的な100銘柄を選び、その株価動向を表している。

どこを起点にして比較するかにもよるが、10年前の2013年9月末を100にした場合、2023年9月末はS&P500自社株買い指数が239・77、比較対象のS&P500が255・01（両指数とも配当込み）となっており、差はほとんどない。米国には自社株買いに積極的な企業の株式だけを組み入れた上場投信（ETF）も上場しているが、ベンチ

図表3-7　S&P500自社株買い指数

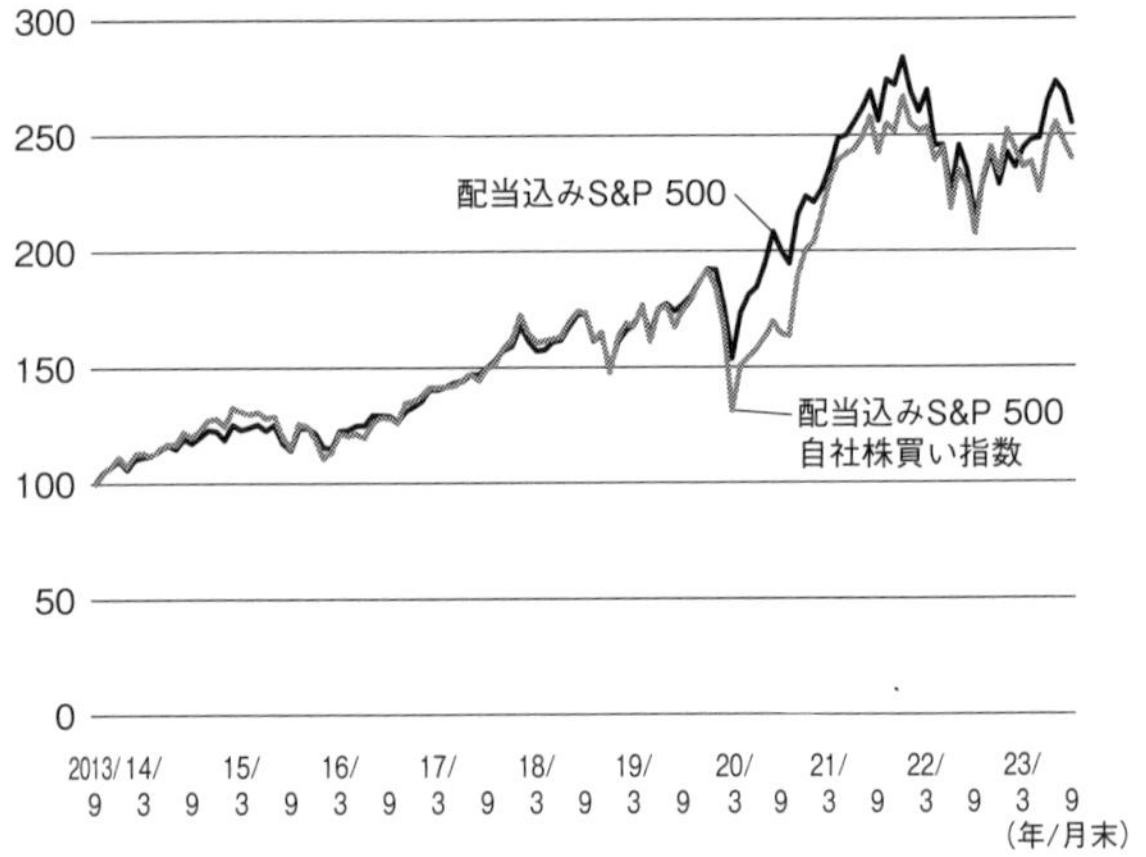


（注）両指数とも2013年9月末を100として表示。S&P500自社株買い指数は自社株買いに積極的な100銘柄で構成
（出所）S&Pダウ・ジョーンズ・インディシーズ

マークをアウトパフォームしていない点では同じだ。

なぜ自社株買いの効果がないのか。短期的には自社株買いによって実質的な発行済み株式数が減少し、1株当たりの利益が増えるため、株価を押し上げる要因になると説明されている。しかし、企業が自社株を割高でも割安でもない水準（1株当たり純資産と同額）で自社株買いをすれば、発行済み株式数と同じ比率だけ純資産も減少するため、自社株買いの前後で1株当たり純資産は変わらない。

米国企業によくあるように、1株当たり純資産を上回る株価（PBR1倍以上の状態）で自社株買いをすれば、発行済み株式数の減少率よりも純資産の減少率のほうが大きいから、自社株買い実施後の1株当たり純資産は実施前よりも少なくなる。逆にPBRが1倍割れの状態で自社株買いをすれば、1株当たり純資産は増加することになる。

ただ、PBR1倍割れの企業は一般に経営状態もあまりよくないから、自社株買いをする資金的余裕が乏しい恐れもある。

自社株買いが株価上昇につながるとの理屈はほかにもいくつかあるが、多くは株価に対して短期的にインパクトを与えるだけの話にとどまっている。自社株買いが長期的に株価を押し上げるかどうかについては慎重に考えておいたほうがよさそうだ。

## 3　ROEが高い企業は買いなのか

### 東証が新たな株価指数を導入

株価は変化率を買う側面が大きいので、たとえば「ROEが低かった企業のROEがこれまでの予想を大幅に上回って高まりそうだ」といった材料があれば、投資資金が集まってきて株価が上がる可能性は大きいかもしれない。

しかし、すでにROEの高さが知れ渡っているような企業の株価が、さらに勢いよく上昇するのかといわれると、簡単には結論付けられないのではないか。この観点から市場関係者が注目しているのは、東証が2023年7月3日から算出を始めた「JPXプライム150指数」の動向だ。

東証ではこの指数の開発の狙いについて、ホームページで「今般、東証プライム市場に上場する時価総額上位銘柄を対象に、財務実績に基づく『資本収益性』と将来情報や非財務情報も織り込まれた『市場評価』という、価値創造を測る二つの観点から選定した銘柄を『価値創造が推定される我が国を代表する企業』と位置付け、これらの銘柄により構成する新たな株価指数『JPXプライム150指数』を開発しました」と説明している。

市場関係者のなかにも、「日本の株式相場がなかなか上昇しないのは、日経平均にしてもTOPIXにしても株価指数が悪いからだ。もっと値上がりしそうな企業だけを組み入れる株価指数を作ってほしい」という声がある。そんなことができれば、誰も苦労はしないと感じるが、東証の新指数はこうした無理筋の要求にも答えようとしているのだろう。

まだ算出が始まったばかりだから、東証の新指数がたとえば東証株価指数（TOPIX）などのベンチマークを長期的に上回るかどうかは何ともいえないが、もし上回れば、「ROEが高い企業の株式だけを買っておけば間違いない」という話にもなるだろう。これまでの実績を振り返ってみたい。

## 4カ月半の実績はTOPIX下回る

JPXプライム150指数の公表開始は2023年7月3日だが、この指数は5月26日を

図表3-8　JPXプライム150とTOPIX

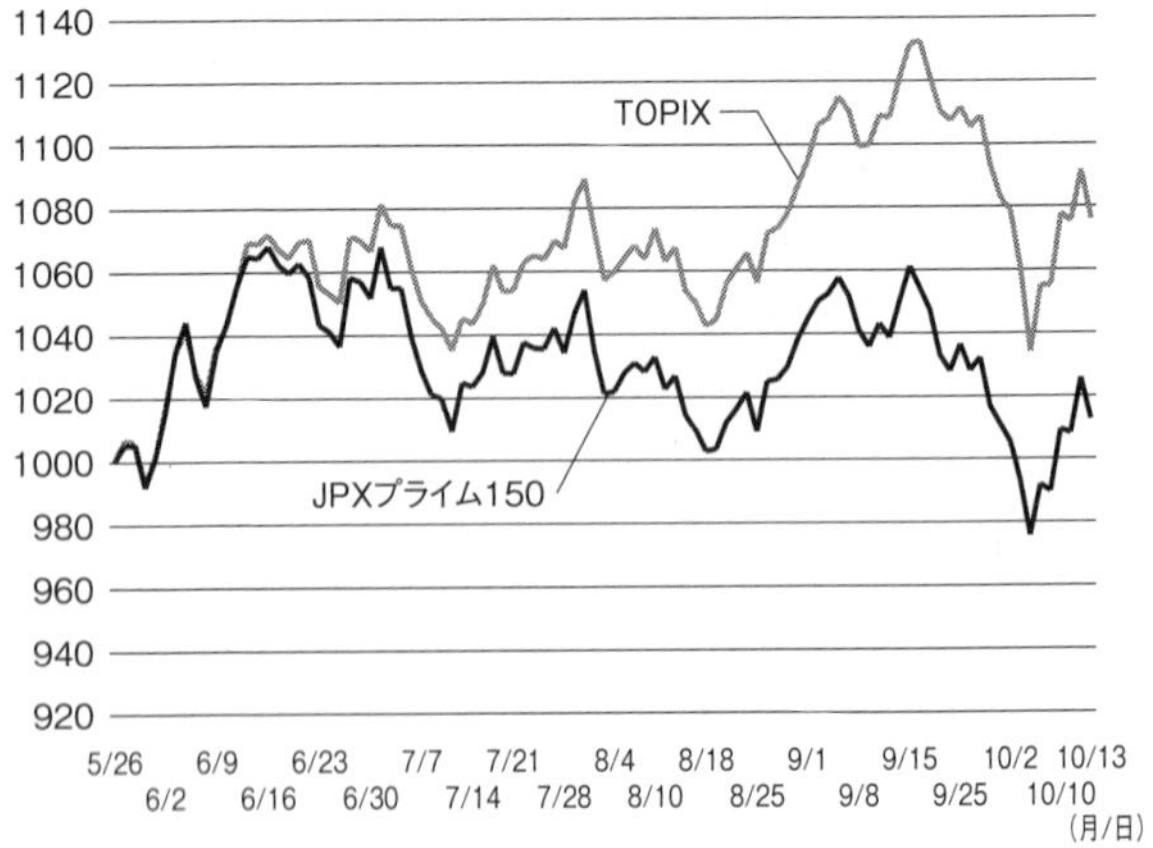


（注）2023年5月26日を1000として指数化

1000として算出しており、指数値も5月26日にさかのぼって計算している。5月26日から10月13日までの指数の推移は図表3－8のチャートのようになっている。比較対象（ベンチマーク）であるTOPIXも併記した。

2023年5月26日から10月13日までの上昇率はJPXプライム150が1・27%と、TOPIXの上昇率の7・59%を大幅に下回っている。

4カ月半程度の実績で結論付けるのは明らかに尚早だが、JPXプライム150は取引所が「いい企業」と考えて組み入れた150銘柄の株価動向を示してい

## 図表3-9 個人株主が多い31社のROEと過去の株式投資収益率

| 企業名 | 証券コード | 予想ROE | 株式投資収益率 | | | | |
|---|---|---|---|---|---|---|---|
| | | | 過去3年 | 過去5年 | 過去10年 | 過去15年 | 過去20年 |
| 商船三井 | 9104 | 10.8 | 752.2 | 454.3 | 341.6 | 143.1 | 533.9 |
| 日本製鉄 | 5401 | 9.2 | 325.4 | 80.4 | 45.4 | 31.4 | 179.7 |
| 三菱UFJFG | 8306 | 7.2 | 241.2 | 121.9 | 187.1 | 132.9 | 208.6 |
| 三菱商事 | 8058 | 10.9 | 216.0 | 150.7 | 418.6 | 463.7 | 1279.6 |
| 三井住友FG | 8316 | 6.1 | 189.0 | 105.8 | 136.5 | 113.6 | 211.4 |
| オリックス | 8591 | 9.0 | 137.8 | 87.0 | 148.3 | 233.3 | 392.3 |
| 東京電力HD | 9501 | 10.2 | 131.4 | 19.9 | 9.5 | ▲72.8 | ▲67.1 |
| 第一生命HD | 8750 | 8.7 | 130.1 | 55.6 | 191.6 | | |
| キヤノン | 7751 | 8.9 | 130.1 | 23.9 | 76.8 | 72.6 | 95.8 |
| NTT | 9432 | 14.1 | 125.4 | 104.4 | 369.7 | 502.4 | 499.3 |
| みずほFG | 8411 | 6.3 | 122.7 | 62.8 | 81.0 | 11.2 | 105.5 |
| JT | 2914 | 11.8 | 119.1 | 62.9 | 61.7 | 225.6 | 821.3 |
| トヨタ自動車 | 7203 | 8.5 | 115.3 | 132.0 | 205.9 | 376.4 | 598.3 |
| パナソニックHD | 6752 | 11.3 | 101.3 | 43.5 | 118.8 | 21.8 | 72.9 |
| 日本郵政 | 6178 | 2.3 | 98.8 | 13.5 | | | |
| KDDI | 9433 | 13.1 | 89.4 | 73.6 | 267.9 | 617.8 | 696.9 |
| ゆうちょ銀行 | 7182 | 3.5 | 83.3 | 20.7 | | | |
| 日産自動車 | 7201 | 6.2 | 82.4 | ▲32.7 | ▲9.5 | 44.7 | ▲4.5 |
| ENEOSHD | 5020 | 6.1 | 79.9 | ▲13.0 | 71.2 | | |
| ソフトバンク | 9434 | 19.3 | 69.4 | | | | |
| ソニーG | 6758 | 12.3 | 55.3 | 82.3 | 522.1 | 346.3 | 274.8 |
| 日本航空 | 9201 | 6.6 | 50.1 | ▲25.4 | 19.9 | | |
| 吉野家HD | 9861 | 4.3 | 44.4 | 60.0 | 167.3 | 228.0 | 105.0 |
| 武田薬品工業 | 4502 | 2.0 | 42.5 | 20.1 | 49.7 | 67.8 | 139.5 |
| 野村HD | 8604 | 3.1 | 39.2 | 33.7 | 7.5 | ▲31.1 | ▲44.5 |
| すかいらーくHD | 3197 | 2.5 | 37.4 | 25.5 | | | |
| ANAHD | 9202 | 8.8 | 28.9 | ▲19.4 | 60.5 | ▲4.0 | 33.8 |
| キリンHD | 2503 | 10.7 | 16.8 | ▲16.3 | 89.9 | 120.3 | 276.5 |
| イオン | 8267 | 2.5 | 9.5 | 16.7 | 162.1 | 317.3 | 217.7 |
| ヤマダHD | 9831 | 5.4 | ▲3.2 | ▲7.7 | 101.6 | ▲21.7 | 90.5 |
| 楽天G | 4755 | | ▲45.0 | ▲27.7 | ▲56.8 | | |

（注）単位%、▲はマイナス。予想ROEは2023年度の予想純利益を2022年度末の純資産で割った値。投資収益率は2023年9月末現在
（出所）日本経済新聞電子版

る。こうした銘柄を選んで買ったところで、簡単には超過リターンがえられないことを再認識させられる。

図表3－9は図表3－2（108ページ）でも取り上げた個人株主数が30万人以上の31社について、2023年度の予想ROEと過去3年、5年、10年、15年、20年の投資収益率（値上がり益と配当を含めたリターンを投資元本で割った値）を一覧表にしたものだ。

過去3年間の投資収益率が大きかった順に31銘柄を並べたが、一見してわかる通り、ROEが高いからといって投資収益率が高いわけではない。たとえば、過去3年間の投資収益率が最も大きかった商船三井は、予想ROEが上から8番目だった。予想ROEが最も高いソフトバンク（SB）は、過去3年間の投資収益率が上から20番目だった。

ここでもROEが高い企業の株式を買えば、良好なリターンがえられることが約束されるほど、株価の動きは単純ではないことがわかる。

## 4　「プライム」断念する企業続々

### 経過措置は2025年3月まで

東証が上場企業に対し、PBRの向上を要請したのは、2022年4月に市場区分を大幅に変更したことの延長線上の話だ。取引所の最大の商品は上場企業。市場区分の見直しも、PBRの向上要請も商品棚に並んでいる商品の見栄えをよくしたいという取引所ビジネスの事業戦略にのっとっている。

東証が4区分だったのをプライム、スタンダード、グロースの3区分に再編した理由は、食品スーパーの経営になぞらえて考えるとわかりやすい。生き生きとして、きれいな商品を並べ、買い物客を買ってみようという気にさせたいのだ。食べてみたいと思えない商品ばかりならば、その場で買ってもらえないだけでなく、そのスーパーには二度と買い物に来てくれないかもしれない。

ただ、かつて取引所間で新規上場企業の誘致競争をしていたころ、東証は「マザーズに上場してくれれば、東証1部に緩い基準で行けますよ」とPRしていた。東証1部にしては小粒な企業が多かったのはその名残でもある。市場区分を変えれば東証1部を引き継ぐプライム市場に残れない企業が出てくる。小規模なのに東証1部に上場していた地域銀行をプライム市場から外せば、信用問題を引き起こす懸念もあった。

2022年4月からのプライム市場の上場維持基準は、流通株式時価総額（大株主や持ち合い株主など固定的な株主の保有株を差し引いた時価総額）が100億円以上になった（図表3－10)。これを下回る269社の既得権は、当面、期限を明示しない「経過措置」のかたちで維持し、いつ経過措置を終えるかは、改めて有識者会議で議論することにした。

有識者会議での議論を踏まえ、東証は2023年1月25日に経過措置を2025年2月末に終了し、その後の決算期末（3月決算会社の場合は2025年3月期末）に本来の基準を満たせなかった場合は1年間の改善期間を設け、翌期末（同2026年3月期末）でも未達のときには、監理銘柄・整理銘柄に指定したうえで、原則として6カ月後に上場廃止にすると発表した。

## 図表3-10　東証の上場審査基準と上場維持基準

| | 項目 | | プライム | スタンダード | グロース |
|---|---|---|---|---|---|
| 上場審査基準 | 株主数（※） | | 800人 | 400人 | 150人 |
| | 流通株式（※） | 流通株式数 | 2万単位 | 2000単位 | 1000単位 |
| | | 流通株式時価総額 | 100億円 | 10億円 | 5億円 |
| | | 流通株式比率 | 35% | 25% | |
| | 時価総額（※） | | 250億円 | | |
| | 連結純資産の額（※） | | 50億円 | 正であること | |
| | 利益の額または売上高（aまたはb） | a | 最近2年間の利益の額の総額が25億円 | 最近1年間の利益の額が1億円 | |
| | | b | 最近1年間の売上高が100億円かつ時価総額見込みが1000億円 | | |
| | 事業継続年数 | | 3年 | | 1年 |
| | 公募の実施 | | | | 500単位 |
| 上場維持基準 | 株主数 | | 800人 | 400人 | 150人 |
| | 流通株式 | 流通株式数 | 2万単位 | 2000単位 | 1000単位 |
| | | 流通株式時価総額 | 100億円 | 10億円 | 5億円 |
| | | 流通株式比率 | 35% | 25% | |
| | 売買代金 | | 1日平均0.2億円 | | |
| | 売買高 | | | 月平均10単位 | |
| | 時価総額 | | | | 上場10年経過後40億円 |
| | 純資産の額 | | 正であること | | |

（注）上場審査基準のうち※は上場時見込み。事業継続年数は株式会社としての年数。空欄は基準なし
（出所）東京証券取引所

## 177社がスタンダード市場へ移行

2022年4月に東証が市場区分を変更する前は、東証には第1部と第2部という「上下関係」があった。第1部の上場維持基準を満たせなくなれば、第2部に指定替えするという決まりだ。市場区分変更後はプライム、スタンダード、グロースはそれぞれ独立した市場として構成されている。プライム市場の上場維持基準が満たせなくなっても、スタンダード市場に移るには、改めて上場審査を受けなければならない。

ただ、プライム市場の上場基準を満たしていないにもかかわらず、旧1部に上場していたとの理由でプライム市場に上場している「プライム暫定組」に関しては、2023年1月25日に経過措置の期限を定めたのに伴い、特例として2023年4月1日から9月29日までの期間限定で、無審査でスタンダード市場への移行を申請できる措置を設けた。

この特例措置に基づいてスタンダード市場への移行を表明する企業は2023年4月に9社、5月に21社、6月に17社など少しずつ出始め、最終的に9月末までに177社になった。その後10月20日に一斉にスタンダード市場に移行した。

プライム市場に比べてスタンダード市場のほうが上場維持基準が緩いだけでなく、コーポレートガバナンス・コード（企業統治指針）に伴う要求水準も異なっている。どちらに上場していても、全原則を適用することが求められているが、例えば原則4－8（独立社外取締役の有効な活用）では「独立社外取締役は会社の持続的な成長と中長期的な企業価値の向上に寄与するように役割・責務を果たすべきであり、プライム市場上場会社はそのような資質を十分に備えた独立社外取締役を少なくとも3分の1（その他の市場の上場会社においては2名）以上選任すべきである」といった記述になっている。

もともと取締役は全部で数人しかいないので、独立社外取締役が「2人以上」でも「3分の1以上」でも大差ないとの見方もあるが、プライム上場企業に関しては、遠くない将来、要求水準が「過半数」に高まる可能性が大きいといわれている。

スタンダード市場への移行を決めたプライム暫定組の多くは、その理由について、「限られた経営資源をプライム市場上場基準を満たすことに振り向けるよりも、本業の伸長に活用したい」といったコメントをしているところが少なくない。実質的な格落ちとの見方もあるかもしれないが、企業経営における優先事を改めて考え直すためのいいきっかけになったと考えることもできる。

## 5　自社株買いよりも大切なこと

### 専門家にも広がる誤解

東証が2023年3月31日に上場企業にPBR向上を要請したことに関して、「東証がPBR向上のために、自社株買いや増配を要請した」と受け止める向きが大きいが、東証の要請内容を詳しく見れば、必ずしも正しい理解ではないことがわかる。

この日に東証が発した「資本コストや株価を意識した経営の実現に向けた対応等に関するお願いについて」と題するマーケットニュースには「資本収益性の向上に向け、バランスシートが効果的に価値創造に寄与する内容となっているかを分析した結果、自社株買いや増配が有効な手段と考えられる場合もありますが、自社株買いや増配のみの対応や、一過性の対応を期待するものではなく、継続して資本コストを上回る資本収益性を達成し、持続的な成長を果たすための抜本的な取組みを期待するものです」と書いてある。

ところが、その後の報道を見る限り、東証の要請を歓迎する立場の人も、反対する立場の人も「東証がPBR向上のために、株主還元の強化を要請した」といった前提で議論をするケースが目立っている。アクティビストらがこの流れに乗って、投資先企業に対して増配や自社株買いをするように圧力を強めたのは、前述の通りだ。

PBRは重要な株価指標ではあるが、これまではその指標としての限界をよく知る市場関係者の間で議論されることが多かった。日本企業のPBRが低い理由はいろいろとあるにもかかわらず、東証が企業に対して向上策を要請したことで、一般の人々の間でも「まずは企業の責任」という見方が広がってしまった。

この結果、一般の人々を対象にしたメディアでも、PBRが1倍を下回る企業に対して「解散した方がましな企業」「上場失格」「経営者失格」「価値破壊企業」「ボロ株」といった言葉が浴びせかけられた。

こうした風潮のなかで、ROEを引き上げるために、とりあえず自社株買いでもしておこうかと動いた企業も多かったのではないか。自社株買いの報道で一時的に株価が上がっても、また元の株価水準に戻った企業も多い。株価水準を変えるテクニックなど存在しないはずだ。実現可能性が高い成長戦略を立て、それを地道に実現していくことの大切さを改めて確認する必要がありそうだ。

**始まった人的資本開示**

自社株買いや増配をしてＲＯＥの見栄えをよくすることよりも、企業にとって重要なのは、企業価値を高めるための長期的な戦略だ。投資家が企業を評価するときに、その手掛かりになりそうな情報の一つとして、２０２３年3月期から義務付けられたのが、人的資本の開示である。

人的資本に関する国際的なガイドラインが２０１８年12月に国際標準化機構（ＩＳＯ）によって発表され、各国が対応を急いでいる。日本では企業から「拙速すぎる」との声も出ていたが、「企業内容等の開示に関する内閣府令」が２０２３年1月に改正され、あれよあれよという間に開示が義務付けられた。

たとえば三菱商事の２０２３年3月期の有価証券報告書をみると、「企業の概況」と題する節のなかに「従業員の状況」という項目があり、「多様性に関する指標」として、女性管理職比率が12・0%、男性育児休業取得率が44・3%、男女賃金差異が正規雇用社員で64・4%、非正規雇用社員で66・2%、全体で64・9%であると公表されている。連結子会社についてもこれらのデータが一覧表のかたちで開示されている。

第2節「事業の状況」のなかにも法令の規定通り、「サステナビリティに関する考え方及び取組」と題する項目があり、人事施策などが細かく記載されている。人的資本の価値最大化に向けてどんな指標を使って管理しているかなどもわかる。例えば「成長対話満足度」では「成長対話後に実施するアンケートにおける『上司との成長対話を通じた意欲向上度合い』への肯定的回答率」を指標として活用している。2023年4月1日付の実績は72・5%だったと紹介している。

携帯電話事業に取り組むソフトバンクも、「従業員の状況」のなかで女性管理職比率が8・6%、男性育児休業取得率が総合職で69・6%、一般職で57・9%、アルバイト等で23・8%、男女賃金差異が全体で75・7%であると開示されている。「事業の状況」のなかにも人的資本という項目を設け、具体的な施策とそれぞれどんな指標を使って管理しているかを細かく書き込んでいる。

## 解釈が難しい指標だが

改正された内閣府令では有価証券報告書に「サステナビリティに関する考え方及び取組」と題する記載欄の新設を義務付けている。ここに新たに書き込まなければならなくなったのは、気候変動への対応と人的資本の状況だ。

ただ、以前から掲載されている財務諸表の開示などに比べると、投資指標としてどう役立てていいのか難しいことは確かだ。財務諸表は一応、一定のルールに従って資産・負債や損益の金額を書き込んでいるため、他社との比較もできるし、過去との比較もできる。

この点、各社がばらばらの指標を使って説明している人的資本の状況などは、他社との比較がしにくいし、数値の適正さをどこまで信じていいのかも判断しにくい。女性活躍や同一労働同一賃金といった社会的要請に企業がどれだけ前向きに対応しているかはわかるが、それらのデータを投資材料としてどう消化していいのかがわかりにくい。

想像をたくましくすれば、女性管理職比率が高い企業や男女賃金差異が小さい企業は、人材だけでなく、さまざまな経営資源の有効活用に積極的だとはいえるかもしれない。第6章で紹介するが、女性活躍に前向きな企業はPBRが高いというデータもある。

気候変動への対応なども同じだが、企業が背を向け続けていれば、だんだん身勝手な企業として社会的な批判を浴び、融資を受けにくくなったり、優秀な社員を集めにくくなったりすることはありそうだ。解釈が難しい指標ではあるが、投資先企業がどんな状況になっているかは頭に入れておいたほうがいいかもしれない。

## 6 結局、M&Aが盛んになる

### PBR向上への決め手を議論

東証によるPBRの向上要請は、結果的に企業の合併・買収（M&A）を活発化させる可能性が大きそうだ。東証は①自社の資本コストや資本収益性の把握②取締役会での現状の評価・分析③改善に向けた計画の策定・開示――を継続的に実施するように求めている。

2023年に自社株買いが活発だったのは、「東証の要請にゼロ回答というわけにはいかないだろう」と企業の経営陣が判断したためでもある。コーポレートガバナンス（企業統治）改革の結果、現在、上場企業には複数の独立社外取締役がいて、「解散価値割れ」といった批判には神経質になっている。経営陣は社外取締役に余計なことを言われないためにも、ルールや指針などには従っておくことが無難なのだ。

しかし、小手先の自社株買いが株価の押し上げ、つまり、PBRの向上にそれほど役立たないことが判明するにつれ、社外取締役らからの注文の内容も変わってくるのではないだろうか。人材の流動化が進む昨今、人件費を抑えてROEを引き上げるといった対策は、答えにならない。

「PBRが上がらないのは、会社が打ち出している成長戦略が市場に評価されていないからではないか」という声が増えそうだ。

企業の取締役会は「ではどうするか」を真剣に議論せざるをえなくなる。おのずと事業をどう再構築して収益向上を実現するかが取締役会のメーンテーマになるのではないか。その過程で成長部門への経営資源の集中や、不採算部門の売却は避けて通れない話題になるだろう。

うまくいっている企業も現状に安住していれば、衰退していく恐れがあるため、常に変革を求めて新しい手を打たざるをえなくなる。何でも自社内で解決する自前主義などに固執してはいられないだろう。時代の流れに取り残されれば、投資マネーは離散し、PBRの低下も避けられないからだ。

## 「同意なき買収」もおのずと増える？

理論的に考えれば、M&Aが活発化して企業が自由に売買されるようになれば、PBRの1倍割れは解消されるはずである。企業が保有している純資産よりも株式の時価総額が小さい企業があれば、誰かがその状況に目をつけて、丸ごと企業を買収するのではないかと思われるからだ。

こうした流れに向かうのをこれまで押しとどめていたのは、「同意なき買収」に対する抵抗感だった。「同意なき買収」は従来の敵対的買収に代わる用語として、経済産業省が2023年8月31日に公表した「企業買収における行動指針」（M&A指針）で使用を推奨したものだ。

これまで日本では敵対的買収の成功例は少ない。無理やり企業を買収しようとしても、経営陣や従業員が反対することが多かったし、買収後の企業価値が損なわれるのではないかという懸念もあって、買収側も慎重になっていた。

まだ株式の公開買い付けが9月14日に始まったばかりで、評価するのは尚早かもしれないが、関係者の間ではニデック（旧日本電産）によるＴＡＫＩＳＡＷＡ（旧滝沢鉄工所）の買収は、今後の日本の「同意なき買収」の方向を決めるとの見方もある。

経緯は図表３－11に示した通りだが、注目されるのはニデックによる買収提案前日の7月12日のＴＡＫＩＳＡＷＡ株の終値が１４４７円だったのにもかかわらず、ＴＯＢの買い付け価格を２６００円に設定したことだ。

ＴＡＫＩＳＡＷＡの1株当たり純資産は２７４０円（２０２３年6月末）なので、買い付け価格で計算したＰＢＲは０・95倍になる。ＴＡＫＩＳＡＷＡのＰＢＲは買収提案前には０・５倍程度だったので、もし、ニデックによる買収提案に取締役会が反対していたら、株主からも「身勝手だ」と批判されていたかもしれない。

**図表3-11 ニデックによるTAKISAWAの買収の経緯**

| 日付 | 両社の動き |
|---|---|
| 7月13日 | ニデックがTAKISAWAに買収提案。価格はPBR1倍に相当する2600円。同意が得られなくてもTOBを実施すると表明 |
| | TAKISAWAは「提案を精査したうえで見解を公表する予定」とコメント |
| 7月28日 | TAKISAWAがニデックに対し、買収後の経営方針など「必要情報リスト」を送付 |
| | ニデックは「真摯に検討し、必要な情報を誠実・迅速に提供する」と表明 |
| 7月31日 | TAKISAWAの林田憲明専務が決算記者会見で「前年（の提案）と今回との違いを受け止めて検討し直している」と発言 |
| 8月1日 | ニデックがTAKISAWAからの「必要情報リスト」に回答 |
| 9月13日 | TAKISAWAの原田一八社長が「収益へのプラスが予想される。買い付け価格も合理的」とTOBへの賛同を表明 |
| 9月14日 | ニデックがTAKISAWA株のTOBを開始 |
| 10月27日 | （予定）TOB応募締め切り |
| 未定 | TOBが成立すれば完全子会社化へ |

（出所）各種報道をもとに筆者作成

ニデックの永守重信会長はTAKISAWAの買収について、日本経済新聞の取材に対し、「企業価値が低い企業にこの手法を使えば、M&Aが活性化し、国益につながる」「同意なき買収をやるのだから、お金でもめたらいけない。（株主を味方に付ければ）成功すると思った」などと語った（2023年9月14日の電子版）。

このケースがモデルとなって、今後、日本でも「同意なき買収」が次々と実施されるようになるかもしれない。長年、PBR1倍割れが続いていた企業をＰＢＲ１倍で買収するのならば、株主には不満はないはずだ。

もっといえば、友好的な買収や、上場子会社の完全子会社化などでも、ＰＢＲ１倍割れのままで株主から保有株を買い取るようなやり方は許されなくなるかもしれない。東京市場の株価形成に与える影響も大きそうだ。

第 4 章

# 資産所得倍増プランの虚実

## 1　国民動かした老後2000万円問題

### 若年層が危機感

2019年6月3日に公表されたいわゆる「老後2000万円報告書」は、いまだに人々の行動に大きな影響を与えている。この報告書がいちばん刺さったのは30歳代だったかもしれない。将来に備えて積み立て型の少額投資非課税制度（つみたてNISA）の口座を開く人が相次ぎ、図表4－1が示すように、2023年6月末現在では30歳代だけで232万4181人が口座を開いている。

「老後2000万円報告書」の正式名称は「高齢社会における資産形成・管理」。金融庁の金融審議会「市場ワーキング・グループ」がまとめたものだ。報道のされ方が悪かったせいもあるが、2000万円不足という金額だけが独り歩きし、国民の間に「年金だけでは暮らせない」との声が沸き上がった。

図表4-1　年代別のつみたてNISA口座数

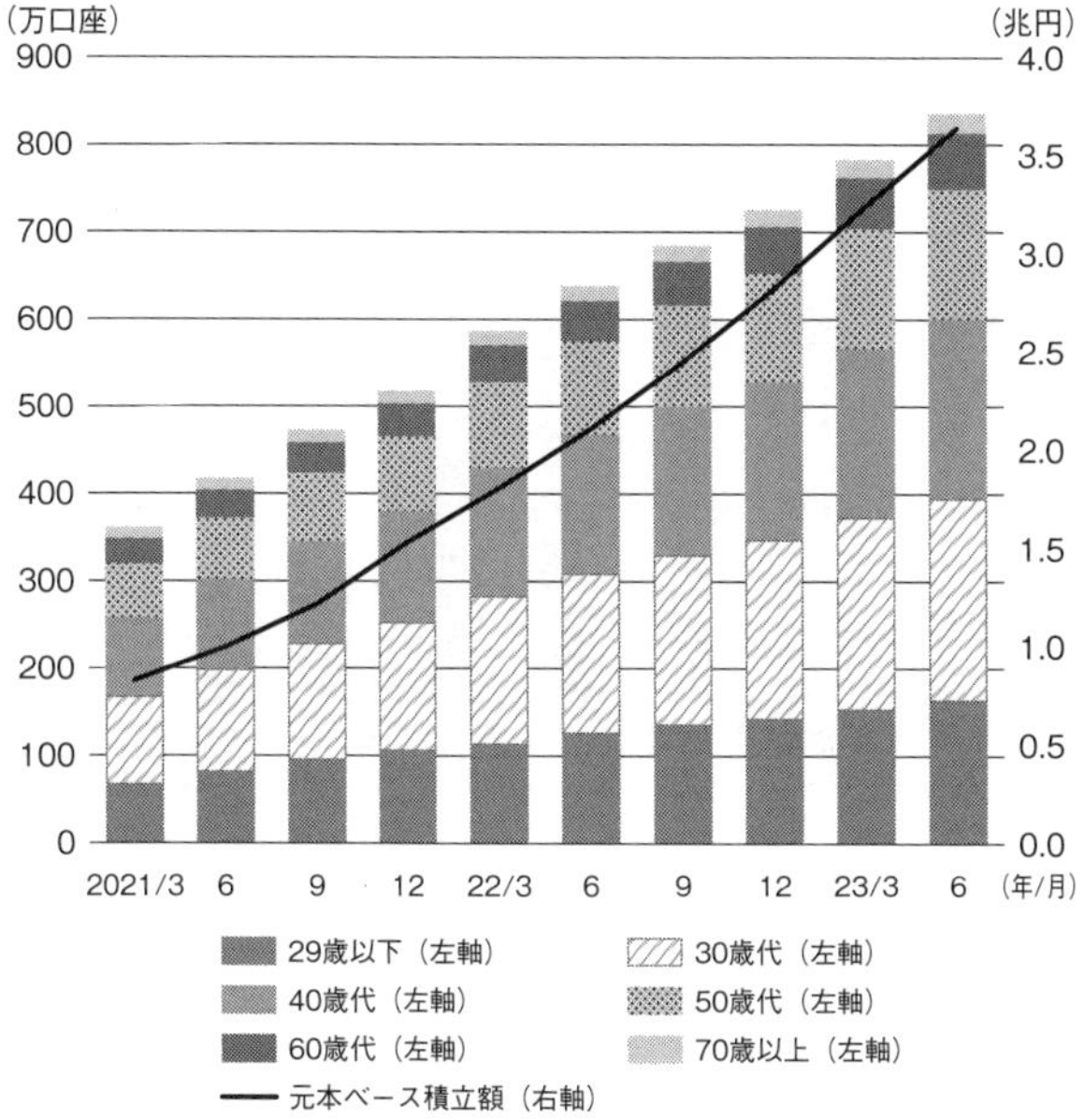


（出所）金融庁「データ集」

もう過去の話であるが、2019年7月21日に実施された参院選への影響を懸念した政府・与党は報告書の受け取りを拒否し、金融庁は「国民に誤解を与えた」と釈明を迫られた。それでも異例の取り扱いで金融庁のホームページには掲載され続けており、いまでも金融庁関係の報告書では最も読まれているという。

図表4-2　つみたてNISAの人口普及率

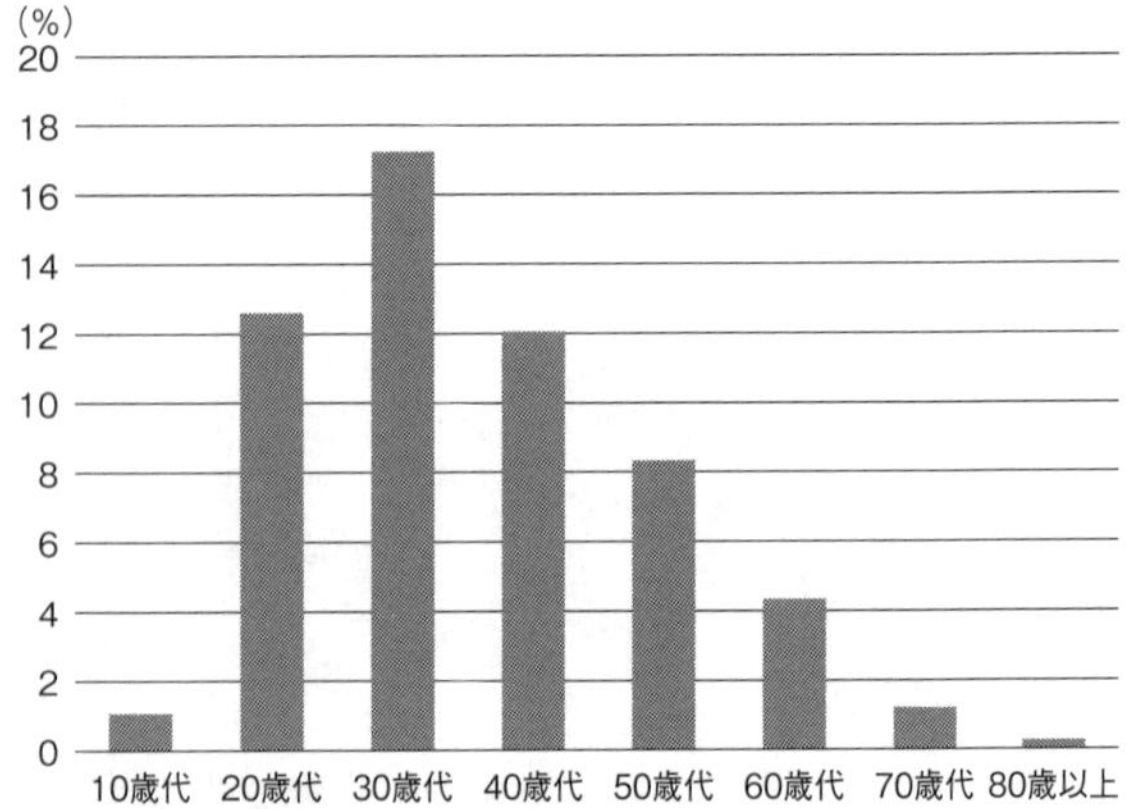


(出所) 金融庁「データ集」と総務省「人口推計」のデータをもとに筆者試算 (2023年6月末現在)

つみたてＮＩＳＡの同一年代の人口に対する普及率も図表４－２に示すように、２０２３年６月末現在で30歳代が17・２％と最も高い。個別株投資でも30歳代が積極的になっている様子は第１章で詳述したが、生活設計を意識し始めた若年層が老後２０００万円報告書に触発された様子がうかがえる。

## 相変わらず預貯金大国だが

とはいえ、30歳代を中心とする若年層の資金力は知れているから、日本の預貯金大国の現実を大きく変えたわけではない。図表４－３に示す個人金融資産の状

**図表4-3　コロナ下での個人金融資産の変化**

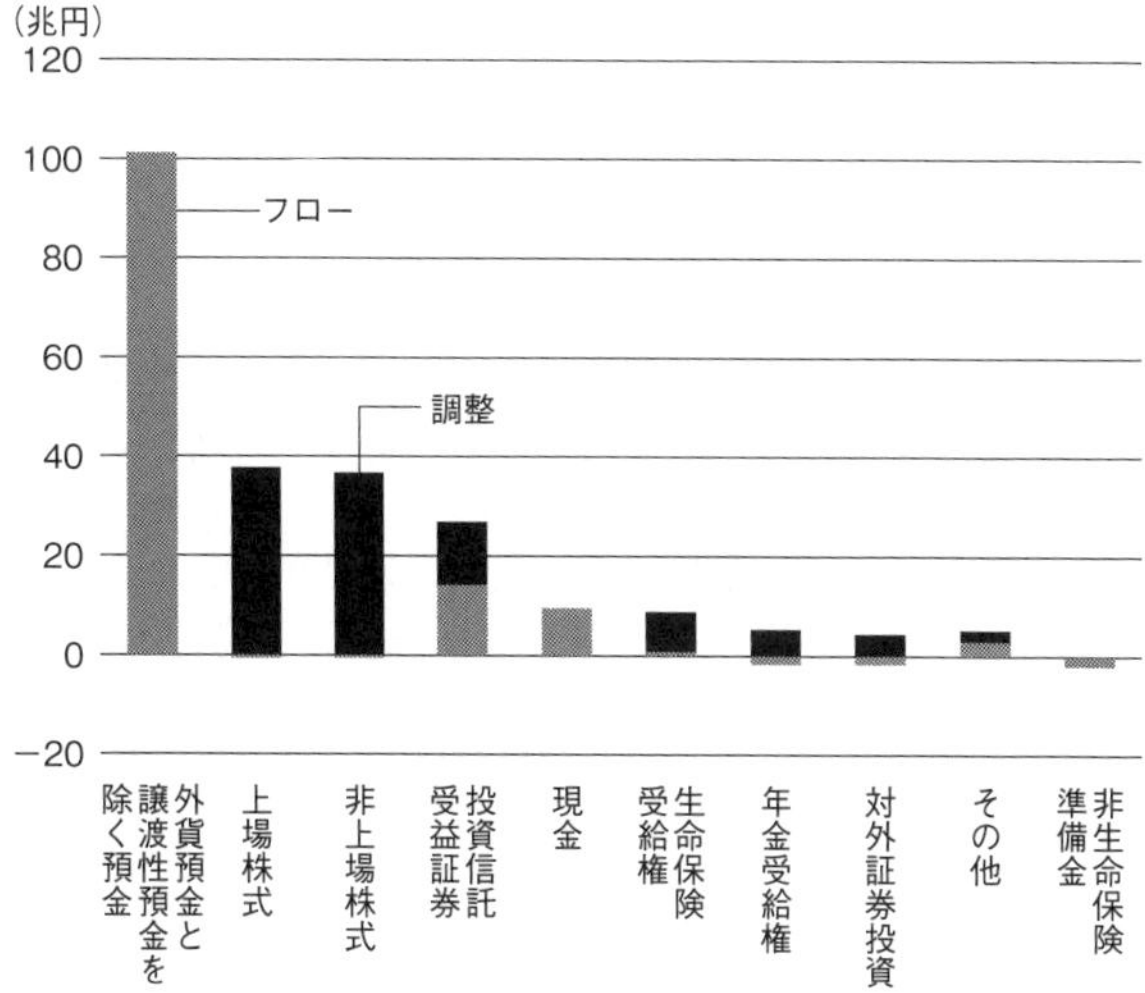


（出所）日銀「資金循環統計」をもとに筆者作成

況は2023年9月20日に日銀が発表した2023年4〜6月の資金循環統計から作成したものだ。

この統計によると、2023年6月末の個人金融資産は約2115兆円と過去最高を更新した。新型コロナウイルスの流行が始まる前の2019年12月末は約1885兆円だったので、その後の3年6カ月間で229兆円増加したが、グラフは何が増加に寄与したかを示している。

最も大きく伸びたのが、外貨預

金と譲渡性預金を除く銀行預金で3年6カ月間に101兆2412億円増加した。定期性預金が49兆6686億円減少する一方、普通預金を中心とする流動性預金が150兆9098億円増えたためだ。このほかタンス預金などの現金が3年6カ月間に9兆5743億円増加した。

この結果、個人金融資産に占める現預金（外貨預金と譲渡性預金を除く）の割合は、2019年12月末の53・0％から2023年6月末には52・5％に低下した。1997年12月末以降の現預金ウエートは47・7％から55・2％の範囲内で推移しており、預貯金大国の構図が変わったといえる状況ではない。

2番目に寄与したのが上場株保有額の増加で、37兆912億円だった。といっても3年6カ月間の上場株の売買代金差額は5899億円の売り越しだった。株価上昇で時価評価額が37兆6811億円増加したため、資金流出をカバーして保有増に結び付いた。

3番目に寄与したのが非上場株式の増加で、36兆1525億円だった。といっても上場企業の株価に連動して時価評価額が36兆6516億円増加したためで、元本ベースでは資金が4991億円減少した。

## 投資信託の割合は過去最高の4・74%

投資信託の寄与は4番目で、金額では個人金融資産を26兆8524億円押し上げた。つみたてNISAの普及などを背景に元本ベースが14兆1856億円増加した。設定が解約・償還をそれだけ上回ったことを意味している。組み入れている株式の値上がりなどで時価評価額も12兆6668億円増加した。

この結果、個人金融資産に占める上場株と投信のウエートは11・98%になった。1997年末以降では2007年6月末の11・39%を上回り、最高になった。ただ、1997年末以前のデータまで振り返ると、日銀のホームページでは年度末（3月末）のデータだけしか確認できないが、バブル相場の頂点に近い1989年3月末には15・43%を記録していた。

図表4－4は上場株と投信のそれぞれの個人金融資産に占める割合を1980年3月末にさかのぼって示している。上場株のウエートは2023年6月末に7・24%となったが、過去最高だった1989年3月末の11・29%をなお4ポイント強下回っている。投信は2023年6月末に4・74%に高まった。2007年12月末の4・67%や、2015年6月末の

図表4-4　個人金融資産に占める上場株と投信のウエート

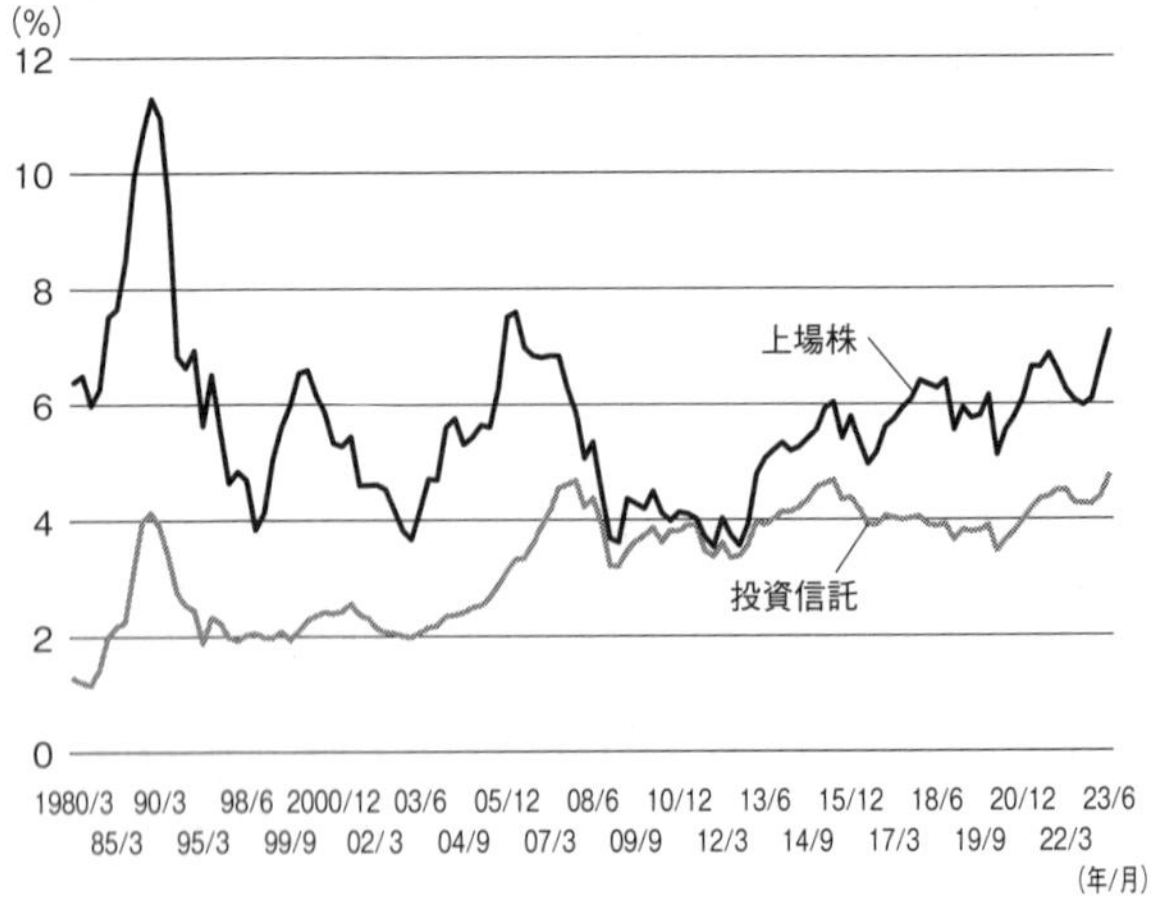


（注）1997年以前は毎年3月末のデータ。その後は四半期末のデータ
（出所）日銀「資金循環統計」

4・68％を上回り、過去最高を更新した。

「老後2000万円報告書」が若年層の危機感をあおり、投信への積み立て投資が活発化したためである。預貯金大国の構造が大きく変わったわけではないが、変化の兆しが少しはみえてきたといえるかもしれない。

## 2 やはり「投資より貯蓄」の現実

### まだ限界的な動きにすぎない

株式市場には「まだはもうなり。もうはまだなり」といった格言がある。若年層を中心に貯蓄から投資へ動き出したデータがいくつか出てきたといっても、積極的に動いているのはまだ一部であり、大きな山が動いたとみるのは早すぎる。

図表4－5、4－6は日本証券業協会が3年ごとに実施している「証券投資に関する全国調査」の2021年度版から抜き出したものだ。2021年6月11日から7月26日にかけて全国の20歳以上の7000人を対象に実施したアンケート調査だが、株式についてはなお回答者の79・7%が「これまでに持ったことがない」と答えている。投信についても回答者の84・9%が「これまでに持ったことがない」と答えている。

過去のアンケート調査をみても、この比率には大きな変化はない。2012年度版の調査

## 図表4-5　預貯金・信託のみの人が株式を買わない理由

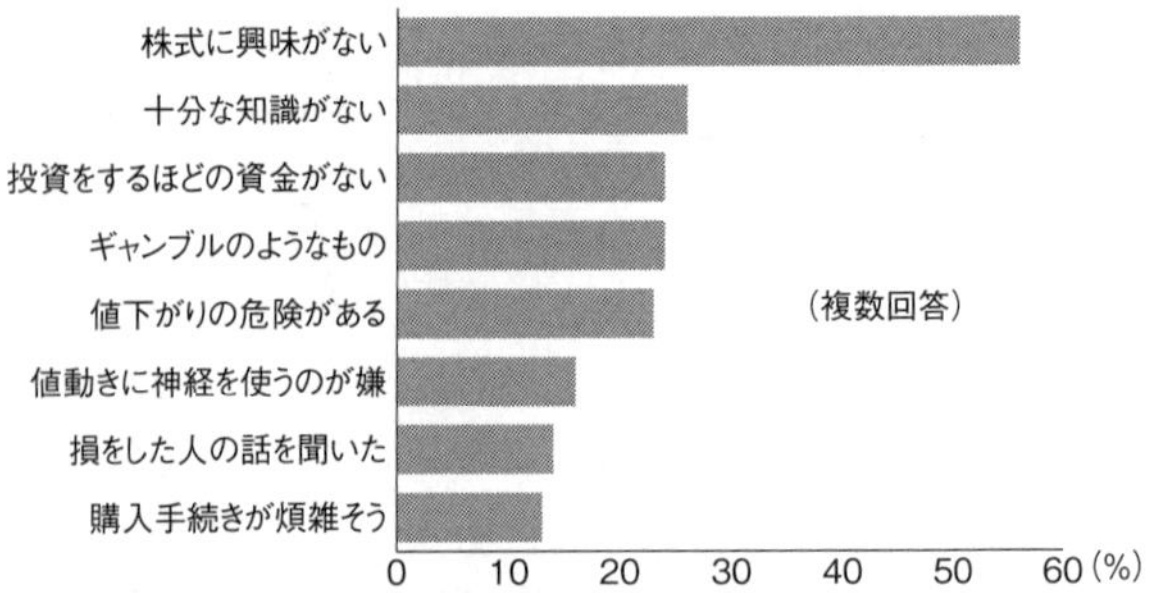


(出所) 日本証券業協会「証券投資に関する全国調査」(2021年版)

## 図表4-6　預貯金・信託のみの人が投信を買わない理由

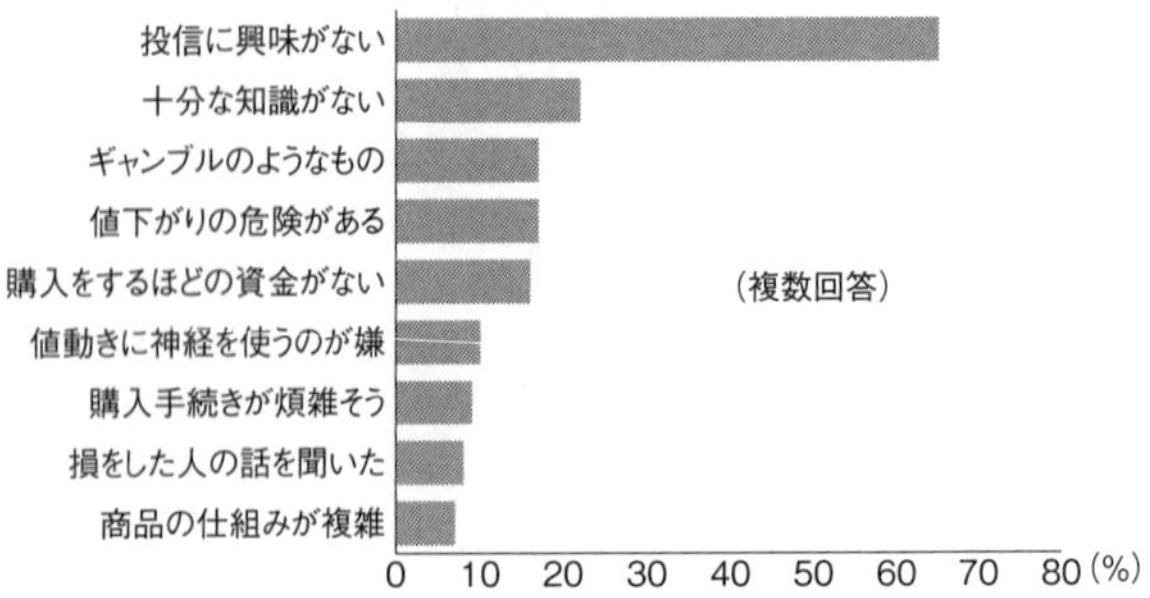


(出所) 日本証券業協会「証券投資に関する全国調査」(2021年版)

でも株式を持ったことがない人が回答者の80・4％を占め、投信を持ったことがない人も回答者の87・7％を占めていた。投信を持ったことがない人の割合は2015年版と2018年度版の調査で86・5％に低下したため、徐々に投信は普及してきたともいえるが、なお国民の大半が証券投資には動いていない。

株式や投信を買わない理由のうち、「投資・購入をするほどの資金がない」との回答については、ここにきて最低投資額を引き下げる動きが相次いでいるため、投資を遠ざける理由にはならなくなってきているかもしれない。2022年から日本国内でもインフレーションが顕在化してきたため、インフレヘッジのために証券投資に目を向ける人が増えてきた可能性もある。

とはいえ、2024年度版の調査をみないと、「貯蓄から投資へ」の進展状況は何ともいえない。相変わらず「笛吹けども踊らず」の状況なのか、NISAの衣替えなどがきっかけになって少しは山が動き出したのか、状況が変わりつつある証拠がほしいところだ。

## 証券ベンチャーはなお赤字

若年層がもっと証券投資に動くことを見込んで、ここ数年、さまざまな投資サービス提供会社が設立された。しかし、野村ホールディングスとＬＩＮＥフィナンシャルが共同出資して設立したＬＩＮＥ証券が２０２３年６月に証券業務からの撤退を表明したことが象徴するように、多くはうまくいっていない。

図表４－７は証券ベンチャー11社の２０２０年度から２０２２年度にかけての決算の状況を示している（トラノテック投信投資顧問は２０２３年10月16日現在未公表）。何とか２０２２年度に黒字を確保したのは、ロボアドバイザーを手掛け、２０２０年12月に東証マザーズ（現グロース市場）に上場したウェルスナビだけ。

表の最下欄の合計をみると、トラノテック投信投資顧問を除く10社合計の２０２２年度末の資本金（資本準備金、その他資本剰余金を含む）が１５５１億円になっているのにもかかわらず、純資産の合計額は５７３億円にとどまっている。若年層の顧客増を当て込んで多額の先行投資をしたのに、２０２２年度末までに１０００億円近いおカネが人件費、システム

## 図表4-7 証券ベンチャー11社の業績一覧

| 企業名 | 決算期 | 営業収益 | 最終損益 | 資本金 | 純資産合計 | 口座数や後ろ盾、資本注入の情報 |
|---|---|---|---|---|---|---|
| PayPay証券 | 2021年3月期 | 750 | ▲1,677 | 16,899 | 7,473 | 口座数2022/3 32万3000、2022/6/13第三者割当増資で30億円調達、2023/4/10第三者割当増資。筆頭株主がソフトバンクからPayPayへ |
| | 2022年3月期 | 997 | ▲3,157 | 16,899 | 4,273 | |
| | 2023年3月期 | 1,350 | ▲4,559 | 19,899 | 2,714 | |
| FOLIO | 2021年3月期 | 118 | ▲1,724 | 9,100 | 1,504 | 2021/8/31SBIグループへの増資で21億円調達、2023/1/6SBIグループへの増資で45億円調達、2023年6月末ラップ契約資産670億円 |
| | 2022年3月期 | 452 | ▲1,191 | 10,900 | 2,113 | |
| | 2023年3月期 | 374 | ▲1,761 | 14,100 | 3,552 | |
| ウェルスナビ | 2020年12月期 | 2,516 | ▲1,003 | 7,920 | 6,916 | 2020/12/22マザーズ上場、運用者数2023年3月末=36.3万人、預かり資産2023/7/5に9000億円突破 |
| | 2021年12月期 | 4,647 | ▲495 | 11,536 | 10,038 | |
| | 2022年12月期 | 6,573 | 289 | 12,190 | 10,981 | |
| お金のデザイン | 2021年3月期 | 740 | ▲1,169 | 12,123 | 3,076 | 2021/8 SMBC日興証券に証券業務を譲渡（事業譲渡益14億2000万円）し、運用に特化。2023年6月末ラップ契約資産1911億円 |
| | 2022年3月期 | 882 | ▲48 | 12,123 | 2,925 | |
| | 2023年3月期 | 1,055 | ▲1,024 | 12,123 | 1,897 | |
| スマートプラス | 2021年3月期 | 815 | ▲709 | 6,623 | 4,059 | 出資比率=Finatextホールディングス(85%) 大和証券グループ本社(15%) |
| | 2022年3月期 | 622 | ▲818 | 6,623 | 3,241 | |
| | 2023年3月期 | 754 | ▲708 | 6,624 | 2,532 | |
| トラノテック投信投資顧問 | 2021年3月期 | 220 | ▲0 | 950 | 75 | 受贈益2020年3月期=6億6500万円、2021年3月期=5億5500万円、2022年3月期=8億2000万円、後ろ盾=野村総合研究所 |
| | 2022年3月期 | 248 | 27 | 950 | 102 | |
| | 2023年3月期 | | | | | |
| auアセットマネジメント | 2021年3月期 | 1,621 | ▲268 | 2,000 | 736 | 保険契約等代行業務収入2021年3月期=13億9500万円、2022年3月期=6億7300万円、2023年3月期=5億3700万円。後ろ盾=KDDI |
| | 2022年3月期 | 1,222 | 131 | 2,000 | 868 | |
| | 2023年3月期 | 947 | ▲281 | 2,000 | 584 | |
| tsumiki証券 | 2021年3月期 | 12 | ▲698 | 1,900 | 367 | 2022年3月期に5億円増資、2023年3月期にも5億円増資、後ろ盾=丸井グループ（100%） |
| | 2022年3月期 | 29 | ▲517 | 2,400 | 350 | |
| | 2023年3月期 | 49 | ▲357 | 2,900 | 493 | |
| SBIネオモバイル証券 | 2021年3月期 | 383 | ▲3,275 | 13,750 | 6,006 | 2021/6 60万口座、後ろ盾=SBIグループ（100%）、2023/2/10株主割り当てで増資、2024/1/9にSBI証券と経営統合の予定 |
| | 2022年3月期 | 405 | ▲2,621 | 13,750 | 3,384 | |
| | 2023年3月期 | 372 | ▲1,991 | 25,750 | 13,392 | |
| LINE証券 | 2021年3月期 | 1,164 | ▲15,331 | 40,000 | 20,349 | 2022/9総口座数150万口座突破（うちFX口座57万）。後ろ盾=LINE、野村HD。2024年中に証券業務を野村証券に移管し、FX業務に特化 |
| | 2022年3月期 | 2,701 | ▲10,549 | 49,000 | 18,799 | |
| | 2023年3月期 | 5,567 | ▲5,929 | 49,000 | 12,870 | |
| 大和コネクト証券 | 2021年3月期 | 63 | ▲2,009 | 8,300 | 5,921 | 後ろ盾=大和証券グループ本社(100%)、2022/4/1株主割り当てで増資 |
| | 2022年3月期 | 89 | ▲2,077 | 8,300 | 3,844 | |
| | 2023年3月期 | 122 | ▲2,255 | 10,544 | 8,289 | |
| 合計 | 2020年度 | 8,182 | ▲27,863 | 118,615 | 56,408 | |
| | 2021年度 | 12,046 | ▲21,343 | 133,531 | 49,835 | |
| | 2022年度 | 17,162 | ▲18,576 | 155,130 | 57,303 | |

(注) 単位百万円、▲はマイナス。合計欄には直近決算が未公表のトラノテック投信投資顧問を含まない。資本金には資本準備金・その他資本剰余金を含む。資本金と純資産合計との差額が累積損失
(出所) 各社法定公表資料

図表4-8　証券ベンチャーの業績推移

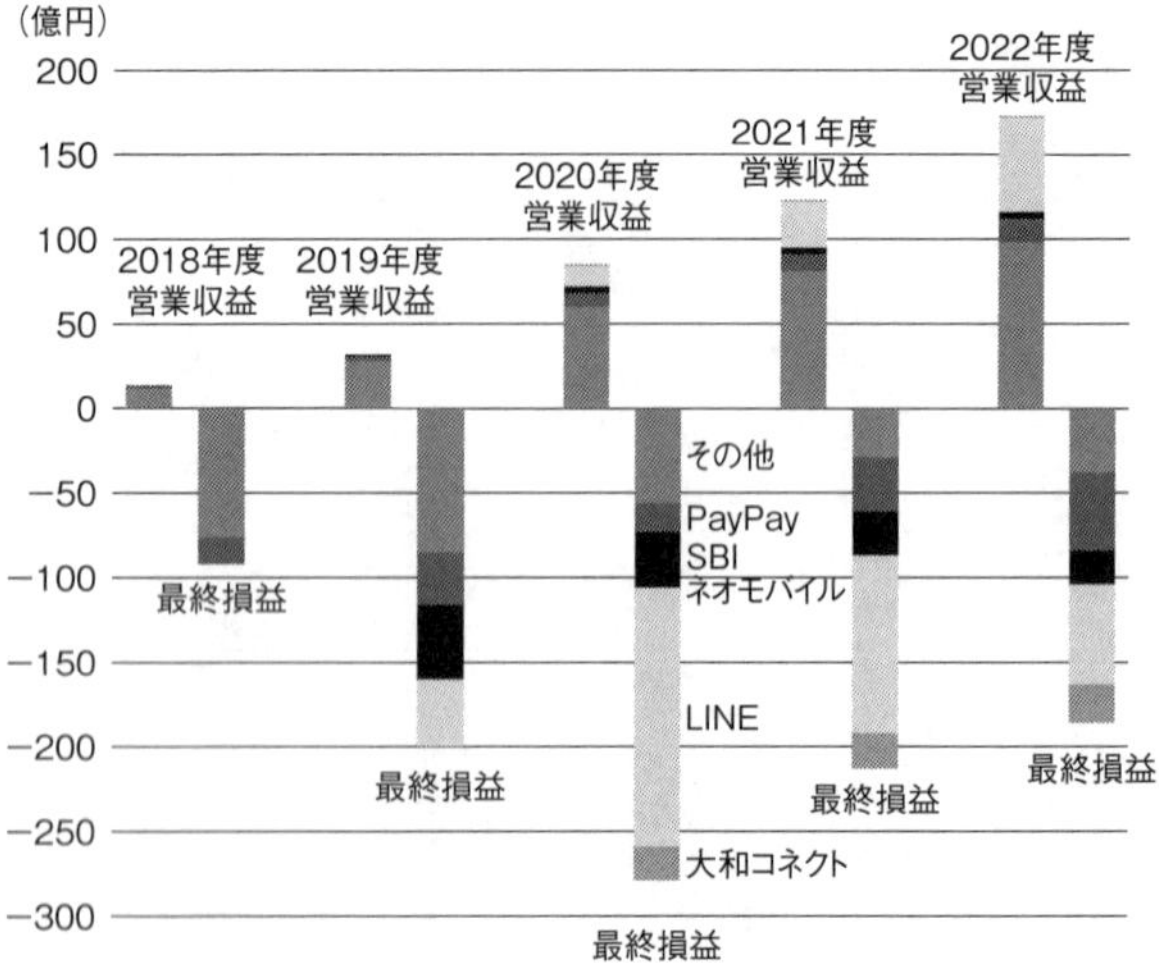


（注）その他はウェルスナビ、FOLIO、お金のデザイン、スマートプラス、auアセットマネジメント、tsumiki証券、トラノテック投信投資顧問の合計
（出所）各社法定開示資料

経費、賃料などに消えてしまったことを意味している。

主な証券ベンチャーの損益をグラフでみると、図表4－8のようになる。スマートフォンでの取引専業のLINE証券の口座数は150万口座程度と、オンライン証券大手5社の一角の松井証券やauカブコム証券並みに達していたが、ここに至るまでに2020年度（15カ月決算）に153億円、2021年度に105億円、2022年度に59億円の赤字計上を余儀なくされた。

株の割引販売など口座獲得のためにさまざまな工夫をしてきたが、もうこれ以上は続けられないというのが、証券業務から撤退し、口座を野村証券に移す理由である。

赤字額はLINE証券ほどではないが、スマホ専業のSBIネオモバイル証券や大和コネクト証券も苦戦を余儀なくされている。SBIネオモバイルは2024年1月にSBI証券に経営統合する予定だ。

若年層の投資家が活発に動き始めたデータも多いが、証券ベンチャーを潤すほどではない。ここ1~2年の各社の動きをみると、自ら多額の経費をかけて顧客口座を集めるのをあきらめ、実績のある他の証券会社の背後で、システムだけを提供する「黒子」に転換するところが増えている様子である。

## 3　資産運用業改革どこから着手

### 資産所得倍増プランの柱

岸田文雄首相が資産所得倍増プランを打ち出したのは、訪問先の英国で２０２２年5月5日に実施した講演だった。ロンドンの金融街シティーで演台に立ち、自らが唱える「新しい資本主義」の説明のなかで、２０００兆円を超える日本の個人金融資産は「大きなポテンシャルだ」と指摘。「貯蓄から投資へのシフトを大胆・抜本的に進め、投資による資産所得倍増を実現する」と表明した。

資産所得倍増プランは内閣官房に設置された「新しい資本主義実現会議」で２０２２年11月28日に正式に決定された。２０２４年からの新ＮＩＳＡへの衣替えや、金融リテラシーの向上を目指す金融経済教育推進機構の創設が掲げられた。

岸田首相はさらに２０２３年4月26日の経済財政諮問会議で、「資産運用業等を抜本的に改革することが重要だ」と述べ、資産運用会社の運用能力強化を金融庁に指示した。

この指示に先立つ4月21日に金融庁は「資産運用業高度化プログレスレポート2023」を公表した。そのなかで日本の資産運用業やその周辺ビジネスの問題点として指摘したことは①販売会社で販売手数料の獲得を目的とした顧客本位ではない販売行動が見受けられる②資産運用会社では大手金融グループに属している会社が高いシェアを占め、経営陣の選任、商品の組成・販売・管理（プロダクトガバナンス）、議決権行使などのさまざまな場面でグループと顧客との間に利益相反の懸念が生じやすい状況にある③資産運用会社の「事務」と「運用」、販売会社の「商品提供」と「アドバイス」が同じ組織内で一体的に運営され、同一の機能間の競争が十分ではなく、米国や英国に比べて各機能の専門化・効率化が遅れている④家計・個人への運用商品の情報開示も十分ではなく、中立的な第三者による商品の比較や評価も充実していないため、情報の非対称性が大きい、といったことだ。

金融庁のレポートの中身をさらに詳しく読むと、資産運用会社の経営トップがグループ内の人事上の処遇を優先していて、資産運用業の経験がまったくない人も多いこと、誰が責任をもって投信を運用しているのかなどを公表していないケースが多いこと、小粒な投信が多いことなどを問題視していることがわかる。

資産運用業に対していちばん求めているのが運用能力の向上だ。「資産運用会社は、アクティブ運用の拡大に向けて、人事・報酬制度を柔軟化して、国内外の有能な運用人材を集めるとともに、運用事務及び運用以外の事務の効率化・合理化を追求し、運用力強化に注力して頂きたい」と述べている。

この指摘の背景にあるのは、アクティブ運用による価格発見機能を重視したいとの考え方だ。レポートでは「アクティブ運用の拡大による企業の選別を一層進めることで、ベンチマーク自体のパフォーマンスを高める余地が大きいと捉えることもできる」と指摘している。

岸田首相はさらに訪米中の2023年9月21日にニューヨークで市場関係者らを前に講演し、日本の資産運用業強化に向けて、海外の有力な資産運用会社が日本市場に参入してほしいと呼び掛けた。日本国内に「資産運用特区」を設け、英語だけでビジネスをできる環境を整える考えも打ち出した。

## アクティブ運用は市場平均に勝てない

金融庁が日本の資産運用業には運用力を磨く余地があると判断したのは、資産運用業コンサルタントのイボットソン・アソシエイツ・ジャパンがまとめたアクティブ運用投信の勝率調査で、ベンチマークを上回る割合が日本は米国や欧州に比べて高かったことだ。

たとえば10年間のリターンをみると、日本株に投資する公募投信の約3分の1が東証株価指数（ＴＯＰＩＸ）を上回っていて、米国の13・4％よりも大きかったという。しかも、これはコスト（信託報酬など）を差し引いた後の比較。日本の投信のコストが米国よりも高いことまで考慮に入れると、日本株アクティブ運用の優位性はもっと高いと見立てている。

それだけアクティブ運用が勝ちやすいことは、日本の資本市場が欧米に比べて非効率であり、その分、アクティブ運用の活躍余地が大きいというのが、金融庁の論理だ。

しかし、米国の株価指数算出会社Ｓ＆Ｐダウ・ジョーンズ・インディシーズが定期的にまとめているアクティブ運用の勝率分析をもとにすると、金融庁の論理は成り立たない。この勝率分析の２０２２年末現在の状況は図表４－９の通りとなっていて、日本市場の勝率は過

### 図表4-9　株価指数に勝てたアクティブ運用投信の割合

| 市場 | 過去１年 | 過去３年 | 過去５年 | 過去10年 | 過去15年 |
|---|---|---|---|---|---|
| 米国 | 48.92 | 25.73 | 13.49 | 8.59 | 6.60 |
| カナダ | 48.10 | 16.20 | 6.80 | 15.10 | |
| メキシコ | 71.11 | 31.82 | 32.61 | 14.63 | |
| ブラジル | 38.94 | 23.26 | 23.71 | 10.78 | |
| チリ | 37.14 | 28.21 | 20.00 | 4.55 | |
| 欧州 | 13.33 | 16.99 | 8.81 | 10.30 | |
| 中東・北アフリカ | 81.82 | 41.38 | 31.03 | 9.09 | |
| 南アフリカ | 52.50 | 54.63 | 50.24 | 30.22 | |
| インド | 12.50 | 3.33 | 6.25 | 32.09 | |
| 日本 | 32.24 | 22.77 | 9.60 | 18.06 | |
| オーストラリア | 42.44 | 34.68 | 18.82 | 21.78 | 16.43 |

（注）単位％。2022年12月末現在
（出所）S&Pダウ・ジョーンズ・インディシーズ

去1年、3年、5年に関しては米国市場を下回っている。

理屈をいえば、投信の運用だけではないが、多数のアクティブ運用の平均値が市場のベンチマークである。アクティブ運用投信はインデックス投信に比べればコストが高いから、コスト控除の後のアクティブ運用投信のリターンの平均値は、コストの差の分だけ、インデックスを下回るはずだ。

すでにアクティブ運用のさまざまな資金の運用担当者は、少しでもベンチマークを上回るために激しく競争している。金融庁がはっぱを掛けるぐらいで、アクティブ運用投信の運用成績が向上するとは考えにくいが、金融庁の政策は奏功するだろうか。

## 金融庁の政策の矛盾

金融庁が指摘する日本の資産運用業の問題の多くは、実質的な親会社である大手金融グループとの関係が原因になっている。図表4－10は金融庁が2018年に導入した投信の共通KPI（重要業績評価指標）の2023年までの状況を示している。投信の共通KPIは各年3月末現在で、投信を保有している顧客のうち、プラスのリターンを確保しているのは何パーセントだったのかを示す指標だ。

この指標に関しては投信の販売会社や運用会社から「株式相場などの変動で大きく上下しやすく、顧客に誤解を与える」「実現益を確保して3月末以前に売却してしまった顧客が集計対象外になるのはおかしい」といった反対論も出ていた。

こうした指標としての限界はなお感じさせるものの、2023年までに6回の公表を終え、いくつかの効果も出ている。複数の金融機関が、顧客を投信の保有期間別に分けると、保有期間が長い顧客のほうがプラスリターンを確保する割合が大きいと報告していることだ。

## 図表4-10　投資信託の運用損益がプラスになった顧客の割合

| 金融機関名 | 2023年3月末 | 2022年3月末 | 2021年3月末 | 2020年3月末 | 2019年3月末 | 2018年3月末 |
|---|---|---|---|---|---|---|
| セゾン投信 | 99.5 | 99.2 | 99.4 | 66.1 | 97.8 | 84.9 |
| コモンズ投信 | 97.7 | 94.0 | 99.5 | 56.1 | 83.6 | 97.7 |
| 鎌倉投信 | 96.3 | 81.4 | 99.7 | 56.0 | 81.6 | 99.8 |
| レオス・キャピタルワークス | 85.3 | 82.2 | 97.7 | 28.7 | 44.6 | 91.3 |
| 野村証券 | 85.0 | 93.0 | 92.0 | 43.0 | 80.0 | 77.0 |
| 楽天証券 | 84.3 | 95.2 | 95.2 | 13.7 | 64.7 | 62.9 |
| フィデリティ証券 | 82.3 | 89.7 | 88.1 | 42.7 | 77.9 | 66.1 |
| マネックス証券 | 82.2 | 88.9 | 90.7 | 20.5 | 69.8 | 64.2 |
| 三菱UFJ銀行 | 81.0 | 86.0 | 87.0 | 33.0 | 68.0 | 58.0 |
| ゆうちょ銀行 | 80.0 | 84.0 | 83.3 | 33.0 | 76.0 | 非公表 |
| auカブコム証券 | 79.0 | 87.0 | 89.0 | 20.0 | 75.0 | 62.0 |
| 三井住友銀行 | 74.0 | 83.0 | 71.0 | 33.0 | 60.0 | 60.0 |
| 三井住友信託銀行 | 72.0 | 82.0 | 81.0 | 27.0 | 54.0 | 43.0 |
| 大和証券 | 71.5 | 81.5 | 82.3 | 34.8 | 63.6 | 60.7 |
| みずほ銀行 | 68.0 | 77.0 | 83.0 | 32.0 | 70.0 | 54.0 |
| SMBC日興証券 | 67.0 | 79.0 | 86.0 | 40.0 | 64.0 | 67.0 |
| 三菱UFJモルガン・スタンレー証券 | 66.0 | 81.0 | 80.0 | 24.0 | 51.0 | 44.0 |
| みずほ証券 | 54.0 | 70.0 | 88.0 | 40.0 | 66.0 | 64.0 |
| SBI証券 | 非公表 | 94.5 | 94.1 | 21.6 | 70.8 | 64.6 |
| さわかみ投信 | 非公表 | 非公表 | 非公表 | 81.7 | 92.9 | 95.6 |
| 主要各社の単純平均 | 79.2 | 85.7 | 88.8 | 37.3 | 70.6 | 69.3 |
| 金融庁への報告社数 | | 275 | 220 | 210 | 307 | 140 |
| 金融庁の集計値（単純平均） | | 79.0 | 84.0 | 30.0 | 66.2 | 54.5 |

（注）単位％。各社が共通KPI（重要業績評価指標）として公表しているデータ
（出所）各社ホームページ

このことは投信を次々に乗り換えさせる「回転営業」の抑制要因になっている。

また大手金融グループとの関係がなく、販売会社の営業戦略に左右されることがない直販系（投信を運用会社自身が直接、顧客に販売すること）の運用会社のプラス顧客割合が高いことも読み取れる。セゾン投信の99・5％、コモンズ投信の97・7％、鎌倉投信の96・3％などがこれに当たる。直販系の運用会社は顧客に積み立て投資を推奨しており、顧客の平均保有期間が長いことが共通ＫＰＩを押し上げている。

だから、資産運用業改革を本当に推進したいのならば、直販系で積み立て重視の運用会社が活躍できる余地を広げることが近道である。ところが、現状でも図表４‐11に示すように、公募株式投信の純資産総額のうち直販で売られた割合は極めて低い。２０２３年9月末現在では証券会社経由が77・10％、銀行経由が22・16％、直販が０・75％となっている。

しかも金融庁は直販での投信販売がますますしにくくなる方向での政策を講じている。特に２０２４年からの新ＮＩＳＡは直販に頼る運用会社に不利だ。口座を開設できるのが１人１金融機関と決まっているため、購入できる投信の選択肢が１本か、多くても２～３本に限られる直販系運用会社に非課税口座を開きにくいのである。

図表4-11　公募株式投信純資産総額の販売ルート別割合

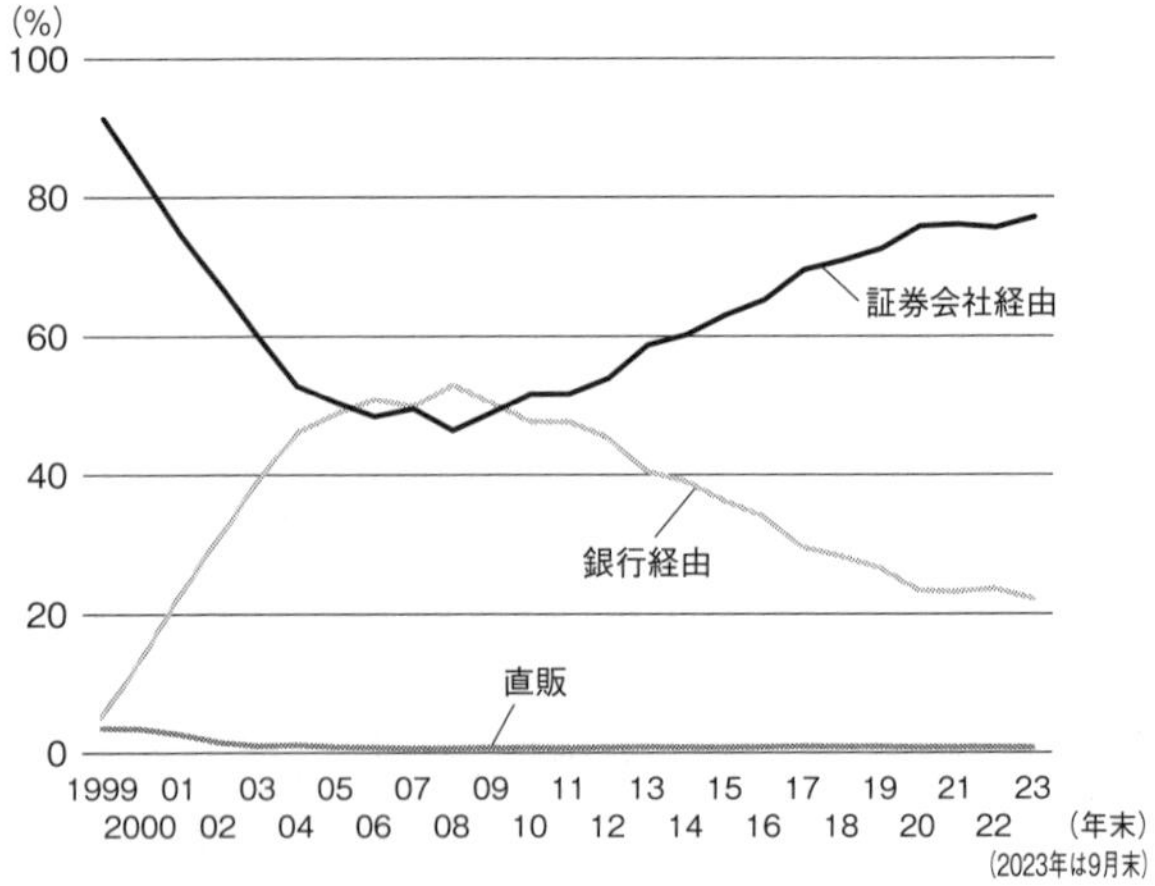


（注）銀行経由は登録金融機関経由の合計
（出所）投資信託協会

現状では特に若年層の顧客がＮＩＳＡ口座を開くのは、さまざまな投資の選択肢がある大手オンライン証券に限られそうである。複数の金融機関で口座を開設できるようにしないと、良質な金融商品が顧客に選ばれる可能性が小さくなってしまう。

## 4　セゾン投信のトップ解任

### 軽視された受託者責任

金融庁が資産運用業改革の一環として、親会社都合での運用会社のトップ人事に懸念を表明していた矢先に、セゾン投信の会長兼最高経営責任者（CEO）を務めていた中野晴啓氏が親会社クレディセゾンの都合で突然、解任されるという「事件」が起きた。

中野氏は2006年にセゾン投信を設立し、2つ（2022年2月からは3つ）の長期投資型投信を直販方式によって販売して、ひたすら積み立て投資を訴えてきた。積み立て型の少額投資非課税制度「つみたてNISA」が2018年に導入されてからは販売増にはずみがつき、セゾン投信が運用する投信の純資産総額は、2023年5月末までに約3倍になった（図表4－12）。

しかし、直販以外に販売ルートを広げれば、純資産総額がもっと勢いよく増加すると考え

図表4-12　セゾン投信の3つの投信の純資産残高

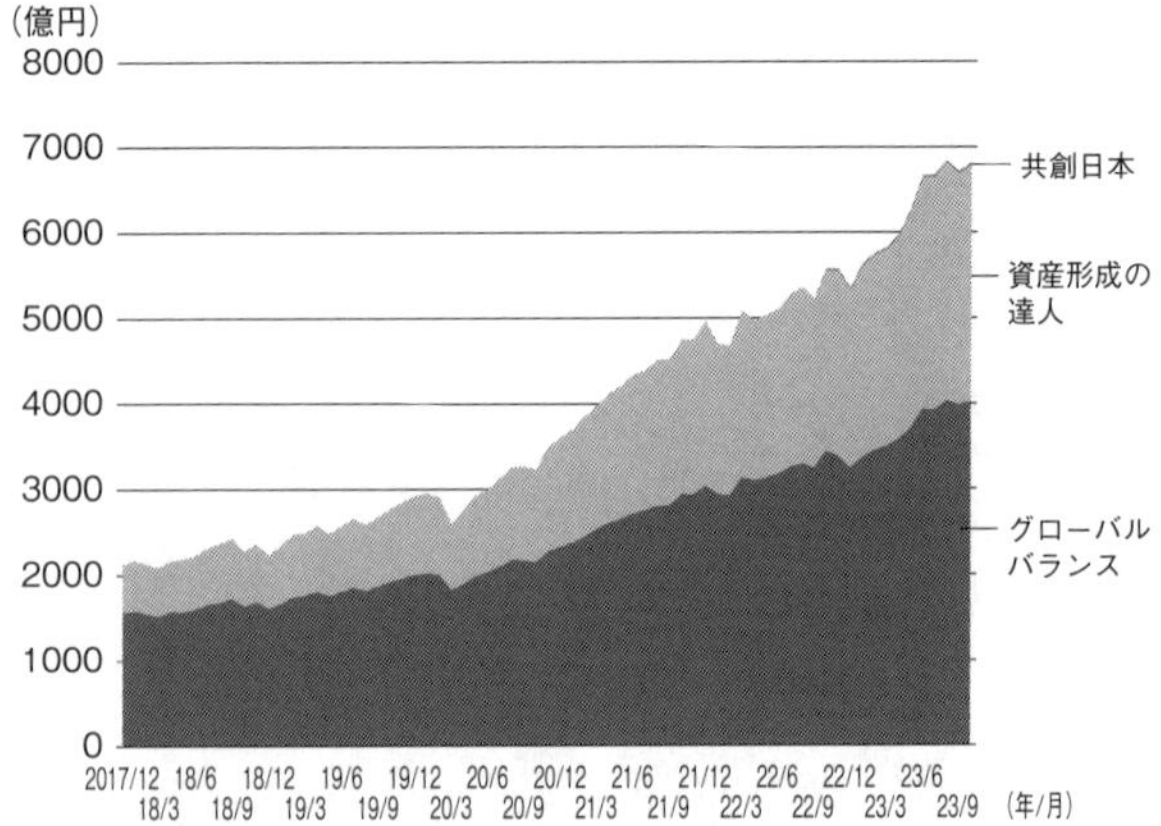


(注) セゾン共創日本ファンドは2022年2月1日設定
(出所) ウエルスアドバイザーなど

たクレディセゾン側は、直販方式にこだわる中野氏の排除に動いた。事実上の解任が決まったのは、2023年5月31日に開かれた取締役会だった。

「積み立て王子」の呼称で親しまれた中野氏は最高投資責任者（CIO）として、ファンドの運用にも全責任を負っていた。投信を購入した顧客（受益者）に対して受託者責任を果たさなければならない立場だった。セゾン投信の顔だったといっていい。

受託者責任を負うCIOを仮に何らかの事情で代えざるをえなくなった場合でも、突然の解任など許されるはずがない。新しいCIOの下でも基本的な運用方針が変わらないことを顧客に十分に説明し、理解をえたうえで実施するのが常識だ。

ところが、中野氏の解任劇はこうした手続きを全部、すっ飛ばしたうえでの突然の決定だった。しかもその理由が販売上の都合だったことから、市場関係者の間からは「クレディセゾンは受託者責任を理解していないのではないか」との批判が巻き起こった。

顧客にとっては具体的な懸念もいくつかあった。セゾン投信の主力商品である「セゾン・グローバルバランスファンド」も「セゾン資産形成の達人ファンド」も、アクティブ運用投信だから、パフォーマンスは運用担当者の手腕に左右される。中野氏の説明を聞き、理念や指導力を信じて投信を購入した多くの顧客が離れていく恐れがあった。

販売ルートが直販から販売会社経由に変わることで、資金の出入りが激しくなり、落ち着いた運用ができないのではないかという危惧もあった。他の金融商品も多く取り扱う販売会社の営業戦略次第では、セゾン投信の商品が他のファンドに乗り換えるための捨て駒になる恐れもあるからだ。

## 知らなかった株主間契約

セゾン投信はクレディセゾンの100%出資子会社としてスタートしたが、現在はクレディセゾンが60%、日本郵便が40%出資する会社となっている。経営がクレディセゾンの意向によって振り回されるのをけん制するため、2014年に中野氏が日本郵便を株主として招き入れたのだ。

2020年6月には中野氏が会長になり、後任の社長に園部鷹博氏をすえる人事も実施した。園部氏はさわかみ投信、ドイチェ・アセット・マネジメントなどを経て、中野氏の招きに応じて2018年10月に事業推進部長としてセゾン投信に入社した。

セゾン投信の取締役は6人体制だ。クレディセゾン側が中野会長、園部社長を含む3人、日本郵便側が2人、社外取締役が1人となっている。中野氏は販売戦略をめぐってクレディセゾンとの間ですきま風が吹いていたことは承知していたが、自らが招き入れた日本郵便や園部社長が続投に反対することはあるまいと踏んでいたようだ。

ところが、2023年5月31日の取締役会は中野氏の孤軍奮闘だった。中野氏にとって誤

図表4-13　セゾン投信の3つのファンドの理論口数

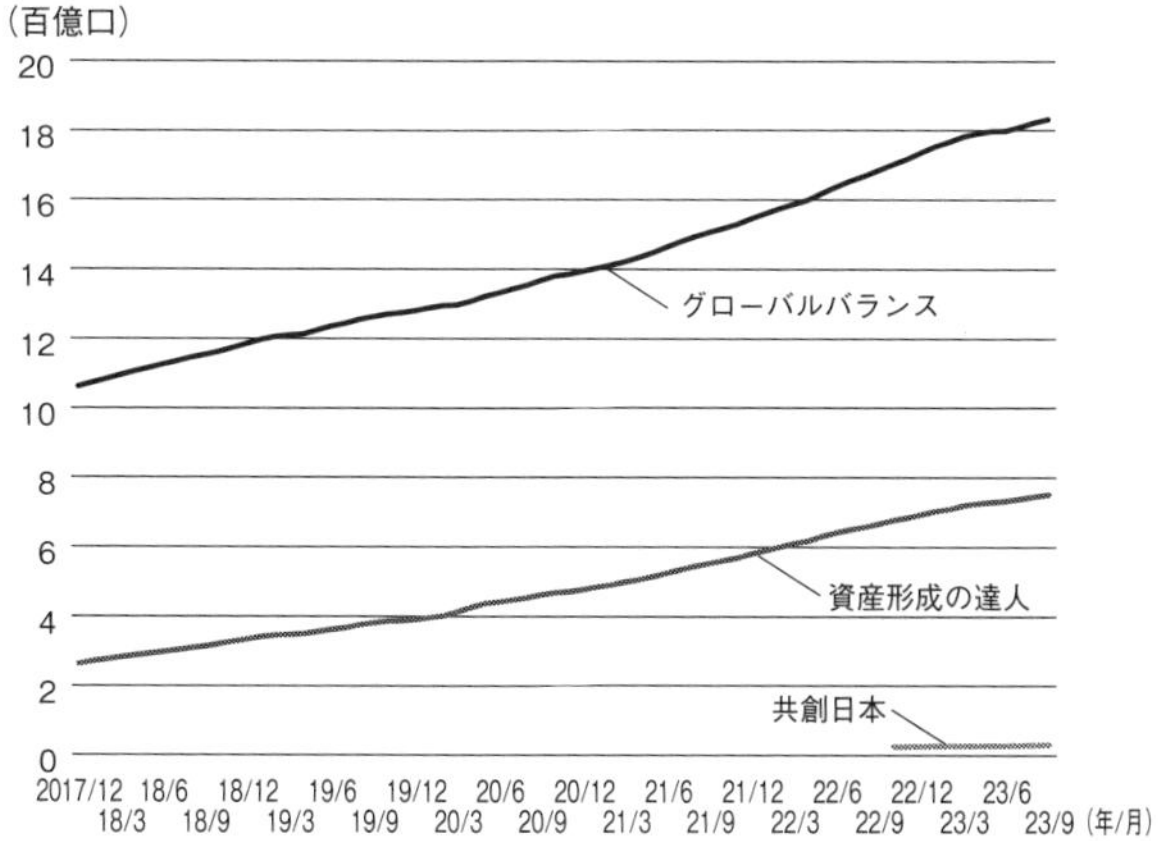


算だったのは、日本郵便の出資時にクレディセゾンと日本郵便との間で株主間契約が結ばれ、クレディセゾンが提案するトップ人事に日本郵便は反対できないことだった。中野氏は解任されるまで、この契約の存在を知らされていなかったようだ。

中野氏の解任は6月28日の株主総会で正式に決まった。親会社都合による運用会社のトップ人事はおかしいと主張していた金融庁の面子は丸つぶれになったが、金融庁は中野氏の解任劇に対して一言もコメントを発していない。

セゾン投信の顧客の多くは積み立て投

資をしているから、残高は6月以降も毎月、積み上がっており、中野氏の解任劇の影響はないようにみえる。しかし、純資産総額を基準価格（基準価格は1万口当たりで表示）で割った理論口数は図表4-13に示す通り。6月以降、微妙に伸び悩んでいる。受託者責任を無視したCIOの解任は、クレディセゾン側にとっても誤算に終わる可能性がある。

なお中野氏はセゾン投信から離れた後、自ら運用会社「なかのアセットマネジメント」を設立し、運用の専門家を招き入れて、投信の運用ビジネスに再挑戦するという。新NISAの制度上の制約から、直販では投資家を集めにくいため、今度は楽天証券などを通じて、もっぱら積み立て投資向けに販売することにしている。

## 5　仕組み債、AT1債が大トラブル

### 販売優先で適合性原則守らず

資産運用業改革もさることながら、多くの個人が「貯蓄から投資へ」と動かないのは、毎

年のように起きる販売会社のトラブルが原因になっている。2023年は仕組み債や、銀行の劣後債の一種のAT1債を金融機関が元本確保を重視する顧客に対して販売し、販売側の思惑が外れて元本割れになったため、販売姿勢が正しかったのかという問題に発展した。

仕組み債は「日経平均株価が一定の水準を割らなければ」といったトリガー条項が付いた債券のことだ。一般にはトリガー条項に抵触しなければ、高利回りがえられる一方、トリガー条項に抵触すれば、実質的に大幅な元本割れになる設計になっている。

たとえ思惑に外れて元本割れになっても、顧客がリスク商品の購入に慣れていればトラブルに発展しないはずだが、関東財務局は6月23日、千葉銀行、ちばぎん証券、武蔵野銀行の3社に対して業務改善命令を発した。

関東財務局のホームページによると、ちばぎん証券の処分理由は「顧客の投資方針や投資経験等の顧客属性を適時適切に把握しないまま、多数の顧客に対し、複雑な仕組債の勧誘を長期的・継続的に行っている状況が認められた」としている。具体的には仕組み債を保有していた8424人の顧客のうち2424人はリスク許容度が低く、仕組み債を売る相手ではなかったという。

千葉銀行や武蔵野銀行の処分理由はちばぎん証券に顧客を紹介し、手数料の配分を受けるビジネスを推進するにあたって、「顧客属性を確認しないまま、顧客を仕組債購入へ誘引している状況が認められており、投資家保護上、問題がある」としている。

どちらにしても、顧客の知識、経験、財産状況、契約目的を踏まえ、適切な商品を提供しなければならないという適合性原則に違反することが問題になっている。ちょっとした高利回り商品のようにみえて実はリスクが大きい金融商品は本来、仮に販売するにしても、リスク許容度が最も高い顧客だけを対象にしなければならないのに、この点をないがしろにして売りまくったことが、大きな問題を招いたのだ。

## AT1債の無価値化は予想外だったか

個人投資家を巻き込んだ2023年のもう一つの金融トラブルは、銀行の劣後債の一種のAT1債をめぐるものだった。3月10日に米国のシリコンバレーバンク（SVB）の経営が破綻した余波で、金融不安が欧州に飛び火し、経営が悪化して預金流出が続いていたクレディ・スイス・グループがスイスの最大手行UBSに買収されることになった。

問題はこの取引の過程でクレディ・スイスがスイス当局から公的支援を受けたため、同行が発行していたAT1債（偶発転換社債）約2兆2000億円が突然、無価値になったことだ。日本など多くの国では公的支援を受けてもAT1債は無価値にならないが、スイスでは無価値になるとの特別の条項が付いていた。クレディ・スイスの株式はUBSの株式と交換されるために無価値にならないのに、なぜ債券が先に無価値になるのかと国際的にも大問題になった。

金融庁によると、日本ではクレディ・スイスのAT1債は約1400億円販売されたという。三菱UFJモルガン・スタンレー証券が約950億円販売したほか、みずほ証券も約40億円販売したことが明らかになっている。金額は未公表だが、SBI証券、楽天証券、マネックス証券も金融商品仲介業者を通じて販売したという。

三菱UFJモルガン・スタンレー証券は2017年度から2022年度にかけて、約1550の顧客に対して販売したとしている。このうち個人は富裕層を中心に1300口座、法人は250口座だった。

金融庁は状況を確認しているが、まだ行政処分などには動いていない。仮に適合性原則を守っていたとしても、スイス特有の無価値化条項を顧客にきちんと説明したかなどが問題になる可能性がある。手数料を稼ぐことを優先して顧客に複雑な商品を販売したことは確かであり、金融機関の姿勢が問われる。

## 6 「ゼロへの競争」のその先は

### マネックス証券が「身売り」

第2章でも説明したように、口座数争いを繰り広げているSBI証券と楽天証券が2023年秋に国内株の売買手数料無料化に踏み切った。SBI証券は2023年9月30日から、楽天証券は10月1日からミニ株（単元未満株）も含めて手数料を無料にした。両社は2024年から新NISA口座での外国株の売買手数料も無料にするという。消耗戦を経て何が起きるのか、市場関係者も興味津々だったが、早くも2023年秋からさまざまな動きが出てきた。

米国でも比較的体力のあるチャールズ・シュワブが2019年10月に売買手数料の無料化を仕掛け、やむなく応じたライバルのTDアメリトレードとEトレードは結局、企業としての独立を守れなかった。TDアメリトレードはチャールズ・シュワブに買収され、Eトレードはモルガン・スタンレーに買収されたのである。ともに2020年10月のこと。3社が相前後して手数料の無料化に踏み切ってから1年後だった。

日本ではまずマネックスグループが2023年10月4日に祖業であり、100%出資の中核子会社でもあるマネックス証券をNTTドコモに売却すると発表した。完全売却ではないが、スキームを見ると、「身売り」といってもいいような取引だ。

マネックス証券の株式を100%保有する中間持ち株会社「ドコモマネックスホールディングス」を設立し、NTTドコモがマネックスグループからの株式譲渡と第3者割当増資によって、中間持ち株会社の株式の49・05%を保有する。マネックスグループは中間持ち株会社の株式の50・95%を保有する。NTTドコモの出資額は500億円近い。

出資比率は約49%ではあるが、NTTドコモは株主間契約によって取締役の過半数を指名する権利を取得する。この結果、中間持ち株会社とその子会社のマネックス証券は実質支配力基準に基づいてＮＴＴドコモの連結子会社となり、マネックスグループの連結子会社からは外れる。この体制が正式にスタートするのは、２０２４年1月4日の予定だ。

この取引はＮＴＴドコモからみれば、証券業への参入となる。携帯キャリアではＫＤＤＩがａｕじぶん銀行やａｕカブコム証券を保有し、顧客に金融サービスを提供している。ソフトバンクもスマホ決済のＰａｙＰａｙと連携している。ＳＢＩ証券とは現在、資本関係がないが、ルーツは同じ会社である。金融サービスの提供で出遅れていたＮＴＴドコモにとって絶好のチャンスだったようだ。

## 楽天証券も風雲急

マネックスグループの松本大会長はＳＢＩ証券と楽天証券が株式の売買手数料無料化を発表した直後の２０２３年9月4日に開いた事業戦略説明会で、「米国には顧客向けの手数料をゼロにしても、ペイメント・フォア・オーダーフローという収益源がある。日本にはそれがない。決定的に違う構造のなかで、日本株（の売買手数料）をゼロにするのは、ちょっと無理がある。どう考えても赤字になる部分がある。そうすると、どこか他の部分で稼がなきゃ

図表4-14　純営業収益に占める売買手数料の割合

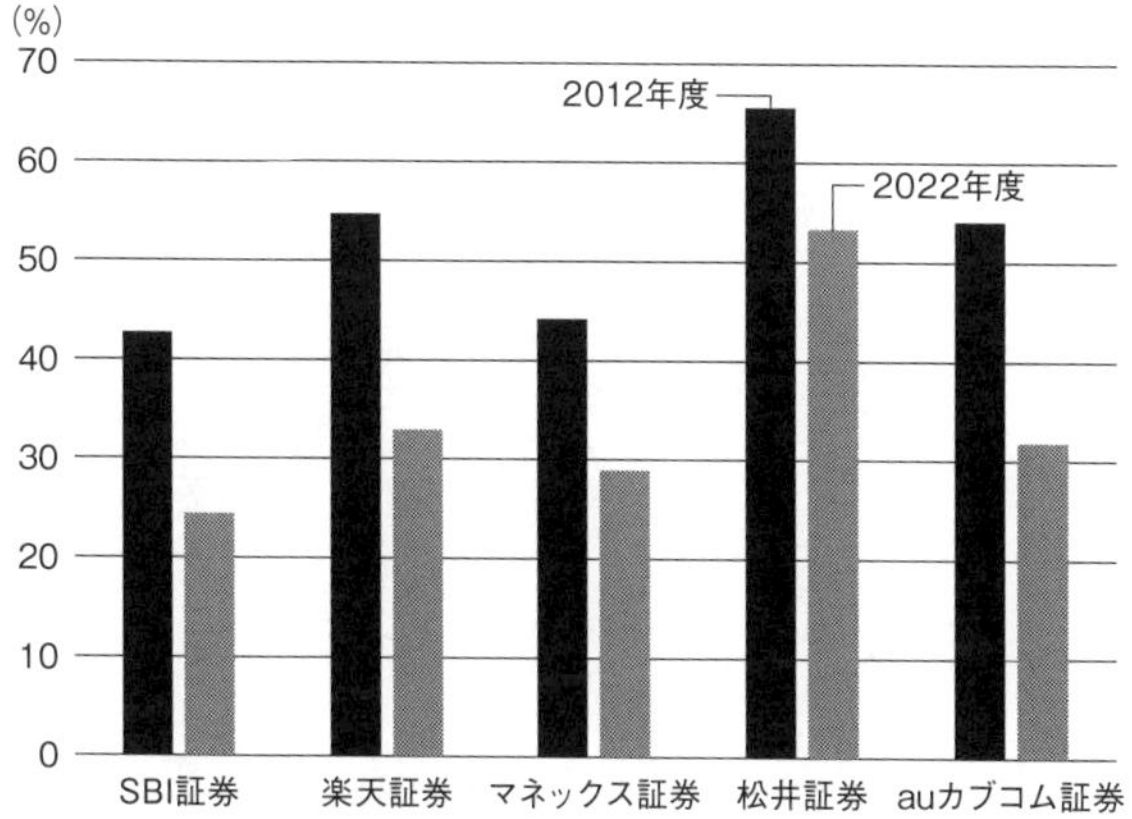


（注）マネックス証券は国内部門のみ
（出所）各社決算短信、決算説明資料のデータをもとに筆者作成

ということになる」と話していた。

米国では取引所類似ビジネスが発達していて、どこも売買注文を集めようと躍起になっている。松本氏のいうペイメント・フォア・オーダーフローとは、顧客からの注文（オーダーフロー）を回してくれた証券会社に対して支払うバックマージンのようなものだ。

しかも、図表4－14のグラフが示すように、日本のオンライン証券が受け取っている売買手数料（委託手数料）の純営業収益に占める割合はまだ高い。10年前の2012年度に比べて低下しているとはいえ、無料化でゼロになってもいいほど小さくはない。ＮＩＳＡ以外の口座での外国株手数料が残るといっても、たかが知れているだろう。

楽天証券も何とかＳＢＩ証券の攻勢に対抗しているものの、内情は風雲急を告げている。売買手数料の無料化を決めた２０２３年秋は、持ち株会社の楽天証券ホールディングスが株式の上場に向けて最後の準備をしている最中だった。株式の売買手数料の純営業利益に占める割合はＳＢＩ証券に比べて高く、無料化の打撃を少しでも補わないと、上場計画に狂いが生じる恐れがあった。

まずは9月28日にロボアドバイザー最大手のウェルスナビとの提携を発表した。楽天証券もロボアドのサービスを提供しているが、この分野での知名度はウェルスナビのほうが高い。２０２４年春をめどに、ウェルスナビのロボアドを楽天証券の顧客に販売していく予定だ。

10月5日には楽天証券の顧客に対面で資産運用のコンサルティングサービスを提供するため、みずほ証券と共同で新会社を設立すると発表した。みずほ証券はこの1年前の２０２２年10月に約８００億円を投じて、楽天証券に19・99％の出資をした。退職金の運用や相続など、オンラインだけでは対応しにくいサービスを強化するという。

ただ、これらの措置だけで売買手数料無料化の打撃を乗り越えられるとは考えにくい。2024年は楽天証券の動向から目を離せなくなるかもしれない。

## オルカンの信託報酬引き下げ

「ゼロへの競争」は資産運用業界でも急速に進んでいる。2023年に手数料競争を仕掛けたのは野村アセットマネジメントだった。積み立て投資で人気がある全世界株型のインデックス投信の分野で、7月10日に「はじめてのNISA・全世界株式インデックス（オール・カントリー）」を投入し、その信託報酬率を消費税込みでわずか年0・05775％に設定したのだ。

この分野では2018年10月31日に設定された三菱UFJアセットマネジメントの「eMAXIS Slim全世界株式（オール・カントリー）」が先行し、2023年9月末現在で純資産残高は1兆4677億円に膨らんでいる。

図表4－15に示すように、三菱UFJの商品はもともと信託報酬率が極端に低く、投資家を引き付けていたのだが、野村アセットの商品の信託報酬率はさらにその半分だった。三菱

**図表4-15　野村アセットと三菱UFJ国際の全世界株式型投信の信託報酬の配分**

| | 野村アセットの商品 | 三菱UFJの商品 | |
|---|---|---|---|
| | | 9月7日まで | 9月8日から |
| 委託会社（運用会社）への配分 | 0.0175 | 0.0415 | 0.0175 |
| 販売会社への配分 | 0.0175 | 0.0415 | 0.0175 |
| 受託会社（信託銀行）への配分 | 0.0175 | 0.02 | 0.0175 |
| 合計（税別） | 0.0525 | 0.103 | 0.0525 |
| 合計（税込み） | 0.05775 | 0.1133 | 0.05775 |

（注）単位%。野村アセットマネジメントの商品は「はじめてのNISA・全世界株式インデックス（オール・カントリー）」、三菱UFJアセットマネジメントの商品は「eMAXIS Slim全世界株式（オール・カントリー）」
（出所）交付目論見書

UFJアセットマネジメントは熟慮の末、「負けられない」と9月8日から信託報酬率を半分程度に引き下げた。

投資信託協会によると、株式投信の信託報酬率はじわじわと低下している。図表4－16が示す通り、インデックス投信の場合、2016年末に年0・51%だったのが、2023年9月末には0・37%になった。ところが、三菱UFJのオルカンも、野村アセットのほぼ同一の商品も、信託報酬率はインデックス投信の平均値の半値8掛け2割引のさらに半値程度だ。

どれくらい低いのかというと、両社の商品では運用会社がファンドの純資産から天引きする信託報酬から販売会社に配分するのは、税別でわずか年0・

図表4-16　インデックス投信の手数料率と割合

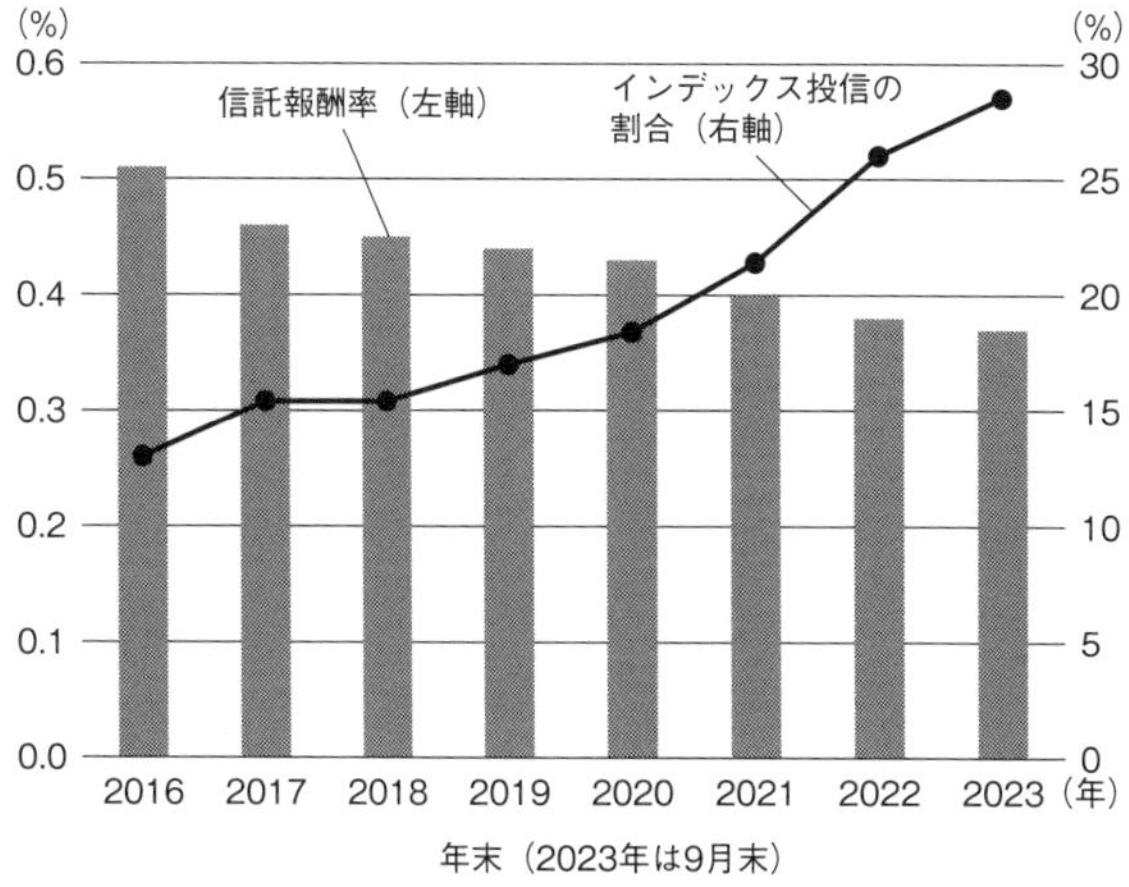


（注）インデックス投信の割合はETFを除く公募株式投信の純資産総額に対する割合
（出所）投資信託協会「投資信託の主要統計」

０１７５％にすぎない。オンライン販売専用商品だが、仮に人手を介して売った場合、苦労して１億円をかき集めても所属の販売会社に入る手数料は年１万７５００円と、雀の涙にもならないのだ。

市場関係者から過当競争を懸念する声も出ている。しかし、10月17日にはニッセイアセットマネジメントも米国株のインデックス投信で超低コスト商品を投入することが明らかになった。

低コスト運営のオンライン証券でも、こんな手数料率の商品ばかりではビジネスにならない。証券会社の幹部は「運用会社が勝手に信託報酬率を引き下げてしまう」と嘆いている。結局、運用会社も販売会社も採算を合わせるには規模のメリットを追求するしかなく、引くに引けない競争にのめり込んでいる。

## ラップ口座もヒヤリハット

対面営業の証券会社はこんな競争に付き合っていては経営が成り立たないから、異なるビジネスモデルを追求している。図表4－17は対面営業の金融機関が取り扱っている投信ラップの口座数と契約残高の推移を示している。ウェルスナビなどの専業のほか、オンライン証券が取り扱っているロボアドバイザーの状況も併記した。ともに日本投資顧問業協会の統計資料をもとに作成した。

投信ラップの2023年6月末の契約資産残高は14兆5875億円と過去最高を記録した。対面営業の証券会社は「フローからストックへ」を合言葉に、取引ごとに売買手数料を受け取るフロービジネスから、顧客から預かった資産から残高報酬を受け取るストックビジネスへの転換を急いでいる。投信ラップはストックビジネスの中核商品だ。

図表4-17　ラップ口座とロボアド

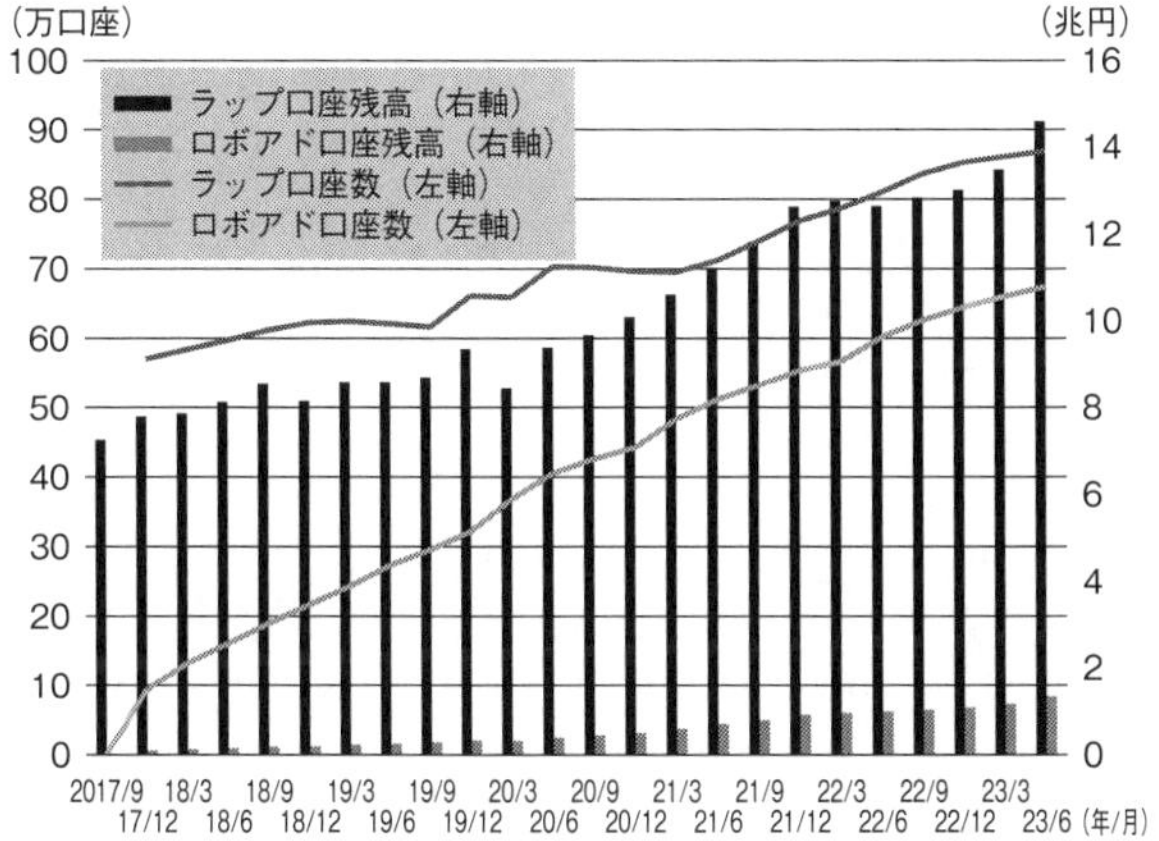


（注）ロボアドもラップ口座の一種だが、グラフのラップ口座はロボアドを含まない
（出所）日本投資顧問業協会

証券会社や銀行によって異なるが、最低契約金額は数百万円と大きいから、一般に新ＮＩＳＡの対象にはならない。販売会社にとっておいしいのは、投資一任報酬に加えて組み入れファンドの信託報酬が入り、合計の手数料率が年３〜４％にも達するからだ。

しかし、投資家側から見ると、多額の手数料を支払うからといって運用成績が常に良好とは限らない。２０２３年３月末のラップ口座の共通ＫＰＩ（重要業績評価指標）をみると、顧客の40％が損失を抱えていたことがわか

### 図表4-18　ラップ口座の契約状況と顧客の損益状況（上段2023年3月末、下段2022年3月末）

| 契約件数順位 | 運用会社名 | 2023年3月末 | | | | | |
|---|---|---|---|---|---|---|---|
| | | 契約件数 | 契約金額 | 運用損益別顧客比率 | | | |
| | | | | -10%超 | -10〜0% | 0〜10% | 10%以上 |
| 1 | ウェルスナビ | 363,269 | 777,556 | 未公表 | | | |
| 2 | SMBC日興証券 | 197,466 | 3,018,562 | 0 | 27 | 45 | 28 |
| 3 | 野村証券 | 164,196 | 3,223,176 | 4 | 21 | 43 | 32 |
| 4 | 大和証券 | 157,135 | 3,095,473 | 0 | 19 | 32 | 48 |
| 5 | お金のデザイン | 128,540 | 167,133 | 未公表 | | | |
| 6 | りそな銀行 | 98,303 | 744,270 | 1 | 78 | 18 | 3 |
| 7 | FOLIO | 81,604 | 48,823 | 未公表 | | | |
| 8 | 三井住友信託銀行 | 76,178 | 1,137,413 | 0 | 18 | 45 | 37 |
| 9 | 楽天証券 | 62,873 | 115,315 | 1 | 41 | 41 | 17 |
| 10 | 三菱UFJ信託銀行 | 42,438 | 393,243 | 22 | 62 | 12 | 3 |
| 11 | みずほ証券 | 28,686 | 458,662 | 13 | 45 | 31 | 10 |
| 12 | ウエルス・スクエア | 25,388 | 191,331 | 未公表 | | | |
| 13 | いちよし証券 | 20,529 | 207,306 | 0 | 24 | 54 | 23 |
| 14 | マネックス証券 | 18,140 | 51,199 | 0 | 12 | 57 | 32 |
| 15 | 三菱UFJモルガン・スタンレー証券 | 17,596 | 309,852 | 2 | 52 | 39 | 7 |
| 契約件数上位15社の合計・平均 | | 1,482,341 | 13,939,314 | 4 | 36 | 38 | 22 |
| その他11社を含む合計 | | 1,521,367 | 14,647,245 | | | | |

| 運用会社名 | 2022年3月末 | | | | | |
|---|---|---|---|---|---|---|
| | 契約件数 | 契約金額 | 運用損益別顧客比率 | | | |
| | | | -10%超 | -10〜0% | 0〜10% | 10%以上 |
| ウェルスナビ | 332,031 | 662,598 | 未公表 | | | |
| SMBC日興証券 | 172,118 | 2,644,426 | 0 | 6 | 36 | 58 |
| 野村証券 | 156,600 | 3,165,529 | 0 | 6 | 31 | 63 |
| 大和証券 | 144,522 | 2,957,375 | 0 | 2 | 22 | 76 |
| お金のデザイン | 118,471 | 132,781 | 未公表 | | | |
| りそな銀行 | 92,790 | 756,885 | 0 | 19 | 68 | 12 |
| FOLIO | 33,372 | 10,125 | 未公表 | | | |
| 三井住友信託銀行 | 67,491 | 1,032,575 | 0 | 2 | 32 | 65 |
| 楽天証券 | 65,118 | 114,719 | 0 | 15 | 45 | 40 |
| 三菱UFJ信託銀行 | 49,547 | 488,536 | 0 | 80 | 15 | 5 |
| みずほ証券 | 24,969 | 427,546 | 0 | 52 | 28 | 20 |
| ウエルス・スクエア | 19,189 | 156,466 | 未公表 | | | |
| いちよし証券 | 18,156 | 189,064 | 0 | 5 | 42 | 53 |
| マネックス証券 | 14,263 | 38,460 | 0 | 0 | 49 | 51 |
| 三菱UFJモルガン・スタンレー証券 | 12,841 | 249,658 | 0 | 14 | 66 | 20 |
| 契約件数上位15社の合計・平均 | 1,321,478 | 13,026,743 | 0 | 18 | 39 | 42 |
| その他11社を含む合計 | 1,353,137 | 13,722,180 | | | | |

（注）単位件、百万円、%。各社が共通KPI（重要業績評価指標）として公表しているデータ
（出所）各社ホームページ、日本投資顧問業協会

る（図表4－18）。1年前の2022年3月末時点では損失顧客割合が18%だったので、不満を感じている顧客が増えたのではないかと推察される。

個別株やアクティブ運用投信に投資する場合は、最終的にはリターンの確保を目指しているとしても、リターン以外の価値を追求する側面もある。気に入った企業や運用者を応援したいと考えて、おカネを振り向ける人もいる。インデックス投信やラップ口座の場合は、運用の中身がブラックボックスだから、リターンの獲得だけが投資目的になりがちだ。リターンを生み出せなければ商品としての価値がないともいえる。相場状況によっては、今後、厳しい場面に直面しないとも限らない。

## ロボアドにも課題多い

資金量の関係から対面営業の金融機関が取り組んでいる投信ラップに手が届かない層でも、ロボアドバイザーの契約をするケースが増えている。図表4－19は図表4－17のロボアドの部分をブレークダウンしたものだ。2023年6月末の契約資産残高は1兆3356億円と2022年6月末に比べて34・5%も伸びた。口座数も67万4168となっている。

図表4-19　ロボアド契約金額

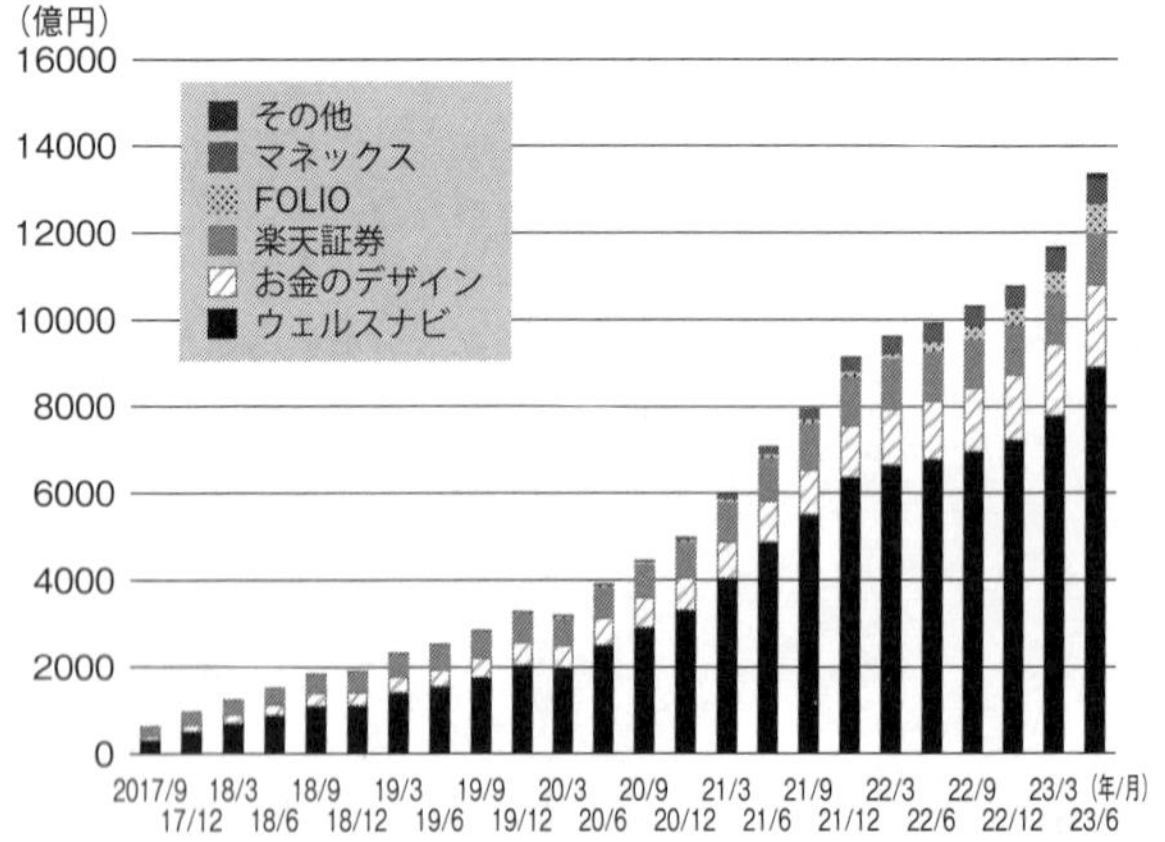


(出所) 日本投資顧問業協会

順調に伸びているようではあるが、課題もある。一つは制度上の制約だ。日本のＮＩＳＡはお手本にした英国のＩＳＡ(個人貯蓄口座)と異なり、保有する株式や投信の乗り換え(スイッチング)ができないため、機動的に資産配分を変えるロボアドが対応しにくいのである。

総投資額が変わるわけではないのに、資産配分を変更するたびに新ＮＩＳＡの買い付け枠を食ってしまう。専業のウェルスナビはロボアド以外の商品がないので、新ＮＩＳＡの買い付け枠を全部使ってしまったら、その後は課税対象にはなるが、ＮＩＳＡ以外の口座(特定口座または一般口座）で買い付けるといった工夫ができる。

しかし、他の商品も取り扱っているオンライン証券では、ロボアドが非課税枠をどんどん食ってしまったら、他の商品を非課税で買いにくくなる。だから、ロボアドをＮＩＳＡ対応にしにくいのである。

もう一つは米国で普及しているロボアドに比べ、手数料率が高いことだ。インターネット上の情報だが、米国ではロボアドの手数料率は年０・２〜０・３％のところが多い。日本は１％程度だから、もう少し競争が激しくなって手数料率が低くならないと、投資家には十分なメリットが残らない恐れがある。

## 7 ESG投資は活路になるか

### テーマ株投資との違いはあるか

資産運用業の付加価値の１つは優れた調査能力を発揮して、将来性があるが、埋もれている企業を発掘することではないか。このように差別化された投資で、近年、脚光を浴びてきたのはＥＳＧ（環境・社会・企業統治）を重視している企業に投資するＥＳＧ投資だった。

ところが、２０２０年にはある大手運用会社が以前から運用している投信と似たり寄ったりの投信の名前に「ＥＳＧ」の3文字を加えて売り出したところ、多額の資金が集まるという一幕もあった。

問題は気候変動対応などＥＳＧ重視の経営は、長期にわたって重要なことだが、それを投資商品に仕立てた場合には、多くのテーマ型投信同様、商品としての賞味期限が付きまとうことだ。ＥＳＧが時代のキーワードになった局面をとらえて、そのテーマの投信を投入し、売れるだけ売って手数料を稼ごうという手慣れた営業手法が繰り返されたのだ。

テーマ型投信はそのテーマに手あかがつくと、人気が離散することが多い。ＥＳＧ絡みの投資商品もご多分に漏れなかった。

パフォーマンスの低下と相前後して、ＥＳＧブームを逆手に取る動きも広がった。代表的なのが、見せかけだけの環境対応を意味する「グリーンウォッシュ」だ。日本経済新聞電子版に初めてグリーンウォッシュの単語が登場したのは２０１８年2月だが、この単語を含む記事の本数は２０２０年には８本、２０２１年には33本、２０２２年には48本、２０２３年には10月16日まででで33本と年を追って増えてきた。

金融庁も投資家に販売される投信自体が「グリーンウォッシュ」にならないように、２０２３年３月末に「金融商品取引業者等向けの総合的な監督指針」を改正し、金融商品に安易にＥＳＧ、ＳＤＧｓ（持続可能な開発目標）、グリーン、脱炭素、インパクト、サステナブルなどの用語を付けないように行政指導をし始めた。

日本サステナブル投資フォーラム（ＪＳＩＦ）によると、２０２３年６月末現在の個人向け金融商品におけるサステナブル投資残高は４兆２９０６億円だったという。内訳は投信が２１０本で３兆５８７３億円、社会貢献型債券が７０３３億円となっている。社会貢献型債券はなお増加傾向だが、投信の残高は２０２１年12月末の３兆９６４３億円（１９０本）をピークに伸び悩んでいる。投資家の視線が厳しくなったことが、残高が減り始めた一因かもしれない。

## ＧＰＩＦのＥＳＧ活動報告

２０１５年９月に日本の機関投資家としては初めて国連の責任投資原則（ＰＲＩ）に署名し、日本のＥＳＧ投資の草分けともいわれている年金積立金管理運用独立行政法人（ＧＰＩＦ）のＥＳＧ活動報告をみてみよう。

２０２３年８月25日に公表された２０２２年度版では２００兆円をやや上回る運用資産すべてについてＥＳＧの観点を取り入れていること、大勢の専門人材を活用していること、ＧＰＩＦ自身のＥＳＧ対応、さまざまな角度からの投資内容の評価や分析などを詳細に記載している。

しかし、気になるのは、２０２３年３月末現在で約12兆５０００億円を振り向けているＥＳＧ指数連動投資のパフォーマンスがさほど優れているとはいえないことだ。図表４‐20に示す通り、２０２２年度は国内株のＥＳＧ運用で採用している６指数のうち５指数に連動する運用が、ベンチマークの配当込み東証株価指数（ＴＯＰＩＸ）を下回るリターンしか確保できなかった。

## 図表4-20　GPIFのESG指数連動運用の成果

| 運用対象 | 対象指数 | 運用開始 | 対ベンチマーク超過収益率 | | | | | |
|---|---|---|---|---|---|---|---|---|
| | | | 2017〜18年度 | 2019年度 | 2020年度 | 2021年度 | 2022年度 | 運用開始来の累積 |
| 国内株式 | FTSE Blossom | 2017年6月 | ▲0.99 | 2.55 | 1.80 | 3.73 | ▲0.85 | 0.98 |
| | MSCI ESGセレクトリーダーズ | 2017年6月 | 0.28 | 6.11 | ▲3.23 | 1.66 | ▲3.02 | 0.65 |
| | MSCI WIN（女性活躍指数） | 2017年6月 | 0.65 | 4.73 | ▲4.65 | ▲1.12 | ▲5.77 | ▲0.79 |
| | S&P/ JPXカーボン | 2018年9月 | 0.21 | 0.30 | ▲0.18 | 0.03 | ▲0.93 | ▲0.13 |
| | FTSE Blossom SR | 2021年11月 | | | | 2.54 | ▲0.08 | 0.64 |
| | Morningstar GenDiJ | 2023年3月 | | | | | 0.06 | |
| 外国株式 | S&P Global Carbon | 2018年9月 | 0.21 | 0.59 | ▲1.99 | 0.75 | 0.77 | 0.14 |
| | MSCI ESGユニバーサル | 2020年11月 | | | ▲0.87 | 0.34 | 0.35 | 0.25 |
| | Morningstar GenDi | 2020年12月 | | | ▲1.83 | 2.75 | 1.07 | 1.55 |

（注）単位ポイント、▲はマイナス。ベンチマークは国内株式が配当込み東証株価指数（TOPIX）、外国株式が配当込みMSCI全世界株指数（除く日本、円ベース）
（出所）年金積立金管理運用独立行政法人（GPIF）「ESG活動報告」各年度版

特にＭＳＣＩ日本株女性活躍指数（ＷＩＮ）に連動する運用は、２０２０年度から22年度まで３年連続でアンダーパフォームした。ＧＰＩＦも２０２２年度版のＥＳＧ活動報告で「他のＥＳＧ指数に比べ相対的にリスクが高い（＝パフォーマンスの振れが大きい）ことに加えて、足許ではパフォーマンスが不芳なことを受け、原因の追究と改善を目指しました」と述べている。

GPIF法（年金積立金管理運用独立行政法人法）では、GPIFにESG投資を求めるような条文はない。第21条で「運用は、（中略）安全かつ効率的に行わなければならない」と定めているだけだ。短期的な運用成績の良しあしに一喜一憂すべきではないとはいえ、ESG投資がESGを考慮に入れない投資に比べて、より安全で効率的であることが実証できなければ、取り組み自体の正当性が疑われることになる。

まだESG投資の有効性が実証されたとはいえない。米国では2022年ごろからESG投資のパフォーマンスが上がらないことから、一部でESG投資に反対する機運も高まっている。ESGをキーワードにした金融商品への投資に関しては、少し距離を置いてみたほうがいい局面に入っているかもしれない。

第 5 章

# 植田日銀は日本を救うか

## 1　利上げできない日銀の苦悩

### 日銀総裁が10年ぶりに交代

２０２３年の東京株式市場では市場参加者の最大の関心事が２０２２年同様、「米国の金融政策がどうなるか」だった。ただ、日銀が超金融緩和政策の修正に動くかどうかもしばしば話題になった。10年間日銀総裁を務めた黒田東彦氏に代わって、４月９日に経済学者の植田和男氏が新総裁に就任し、金融政策に新しさが出てくるのではないかとの期待が高まったのだ。

黒田総裁の後任として下馬評に挙がっていたのは雨宮正佳副総裁と中曽宏大和総研理事長（前副総裁）の生え抜きの２人だったが、雨宮氏は「中央銀行のトップ人事の世界標準は、もはや中銀マンの内部昇格や官界からの登用ではない」と語り、就任を固辞したと伝わっている。

実際、米連邦準備理事会（ＦＲＢ）議長には後にノーベル経済学賞を受賞するベン・バーナンキ氏や、労働経済学者であるジャネット・イエレン氏が起用され、欧州中央銀行（ＥＣＢ）のマリオ・ドラギ前総裁は米マサチューセッツ工科大（ＭＩＴ）出身のエコノミストだった。

こうした水面下のやり取りを経て、岸田文雄首相が白羽の矢を立てたのが、東京大学名誉教授でＭＩＴの博士課程を出て、日銀審議委員の経験もある植田氏だった。市場関係者は財務省出身の黒田氏と異なり、経済学者の立場から金融政策に新しい息吹を吹き込んでくれるのではないかと期待した。

4月10日の就任記者会見では長短金利操作（イールド・カーブ・コントロール、ＹＣＣ）を軸とした大規模な経済緩和策について「現状では継続する」と語った。マイナス金利政策についても、金融機関への負の影響は抑えられているため、「継続するのが適当」と述べた。

## 市場参加者は政策修正を予想

しかし、市場参加者の多くは遅かれ早かれ、日銀は金融緩和策の修正に動くと考えていた。メガバンク3行がどう考えていたかを日本経済新聞電子版の記事で振り返っておこう。

三井住友銀行の福留朗裕頭取は日本経済新聞のインタビューで、日本も「金利がつく世界に戻る可能性がある」と話し、将来の利ざやの拡大を見越して国内の企業や個人向けビジネスに力を入れていく考えを示した（4月3日の日経電子版）。

三菱UFJフィナンシャル・グループの関浩之・市場事業本部長は日本経済新聞のインタビューで、日銀の長短金利操作（イールドカーブ・コントロール、YCC）について「金融システムの不安が沈静化すれば2023年度の上半期中に許容幅の見直しや撤廃に動く可能性がある」と話した（4月12日の日経電子版）。

みずほフィナンシャルグループの輿水賢哉執行役の話「経済の体温計としての長期金利が重要性を増しており、日銀は長期金利目標の撤廃を優先するだろう。1年以内のマイナス金利解除も否定できない。1年から1年半かけて行う金融政策のレビュー期間中に動かないとは全く想定していない」（6月5日付の日経電子版）

日銀が動くとの予想が絶えないのは、原油や食料などの一次産品の値上がりや、ロシアのウクライナ侵攻や米中対立などの地政学的要因で、日本経済も物価上昇に苦しめられ始めた

**図表5-1　日米の消費者物価指数と米政策金利**

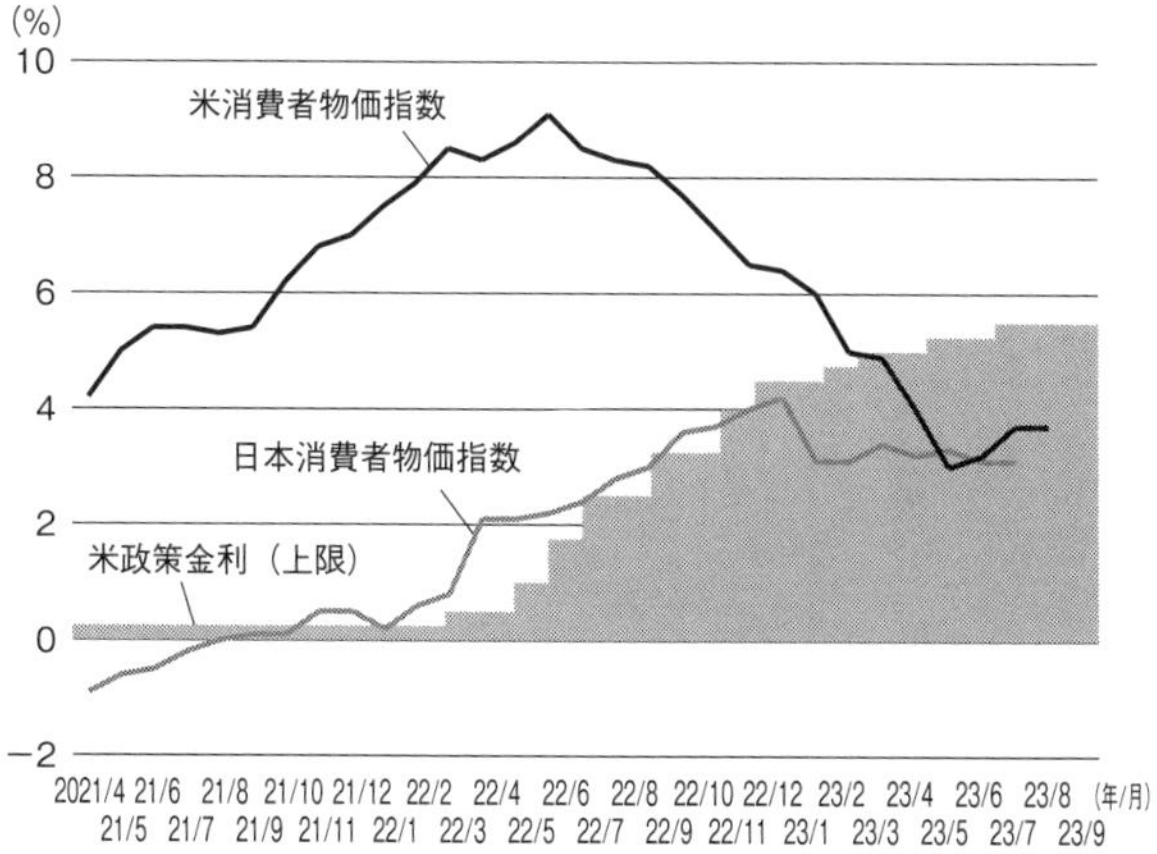


（注）消費者物価指数は前年同月比、日本は生鮮食品を除く指数
（出所）総務省、米労働省、米FRB

からだ。日本よりも早くインフレが顕在化した米国では２０２２年３月から政策金利（フェデラルファンド金利誘導目標）の引き上げを始め、図表５－１のように２０２３年７月までの上げ幅は５・25％にもなった。

米国が利上げを実施するなかで日本が超金融緩和を続けると、日米金利差が拡大し、円安が進行する要因になる。輸入物価の上昇もインフレを加速させかねない。

## 市場に影響を与えた決定と発言

日銀の金融政策の枠組みは２０１６

年9月20～21日の金融政策決定会合で導入を決めた「長短金利操作付き量的・質的金融緩和」だ。この政策は2つの要素によって成り立っている。1つは中央銀行の伝統的な金融調節の手段である短期金利の操作に加えて、本来は市場で決まる長期金利も国債の買い入れによって操作する「イールドカード（利回り曲線）・コントロール」、もう1つは消費者物価指数の上昇率が安定的に2％を超えるまで、マネタリーベースの拡大方針を続ける「オーバーシュート型コミットメント」だ。

この政策の導入を決めてから2023年10月に至るまで、短期金利にはマイナス0・1％を適用し、長期金利は10年物国債金利がゼロ％程度で推移するように、長期国債を必要な分だけ買い入れることになっている。黒田総裁時代の2022年12月20日に10年物国債金利の許容変動幅をプラスマイナス0・5％程度に拡大するまで、許容変動幅はプラスマイナス0・25％程度だった。

長期金利は2022年12月20日に日銀が許容変動幅を拡大するまでは上限の0・25％程度に張り付くことが多く、その後は上限の0・5％程度に張り付くことが多かった。植田総裁の就任後もしばらくはこの状況が変わらなかったが、始めて動いたのが2023年7月27～

28日の金融政策決定会合だった。

そこで決まったことは、日銀の発表資料によると、次の通りだ。

「長期金利の変動幅は『プラスマイナス0・5%程度』を目途とし、長短金利操作について、より柔軟に運用する。10年物国債金利について1・0%の利回りでの指値オペを、明らかに応札が見込まれない場合を除き、毎営業日、実施する。上記の金融市場調節方針と整合的なイールドカーブの形成を促すため、大規模な国債買入れを継続するとともに、各年限において、機動的に、買入れ額の増額や指値オペ、共通担保資金供給オペなどを実施する」

常に日銀の発表はわかりにくいが、これまで0・5%だった長期金利の上限が超えてはいけない天井ではなく、「めど」となり、市場での国債の売買によって上限を上回ることが認められるとともに、これ以上の上昇を認められない水準として新たに1・0%が示されたわけだ。この決定を受け、図表5－2のように、10年物国債金利はすぐに0・6%台前半に上昇した。

9月9日付の読売新聞で報じられた植田総裁のインタビュー記事も市場を動かした。「マイナス金利の解除後も物価目標の達成が可能と判断すれば、(解除を)やる」と述べ、賃金

図表5-2　10年物国債金利（2023年）

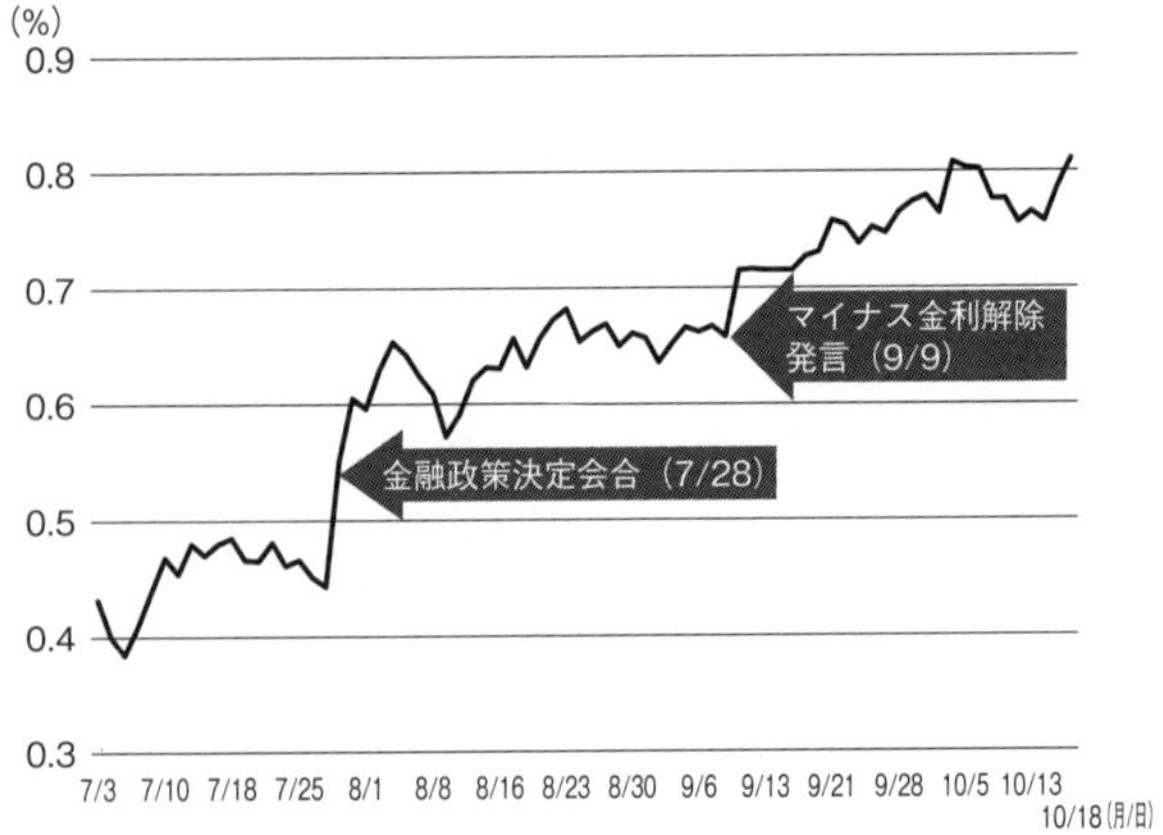


と物価に関しても「十分だと思える情報やデータが年末までにそろう可能性もゼロではない」と語ったという。この報道はマイナス金利の解除時期が早まるとの思惑を呼び、10年物国債金利を0・7％台に押し上げる要因になった。さらにその後、米国の長期金利上昇に引っ張られるように、10月に入って0・8％台まで上げる場面もあった。

## 2　抱え過ぎた国債とETFのリスク

### 日銀が動けない真因はどこに

欧米が本格的な金融引き締めに動いているのに比べると、植田総裁率いる日銀の動きはいかにも小さい。2023年9月21〜22日に開かれた日銀金融政策決定会合では金融政策の現状維持を決めた。終了後の植田総裁の記者会見では「物価安定目標の持続的・安定的な実現が見通せる状況には至っていない」と述べ、9月9日の読売新聞の自らのインタビュー記事で広がったマイナス金利の早期解除観測を否定した。

しかし、「日銀は動くに動けないのではないか」とみている市場関係者は多い。市場への資金供給と長期金利の上昇抑制のために、膨大な国債を買い入れてきたからだ。図表5-3は長期国債の純増額（発行額から償還額を差し引いた金額）と日銀の買い入れ額の推移を示している。

図表5-3　長期国債の純増額と日銀の購入額

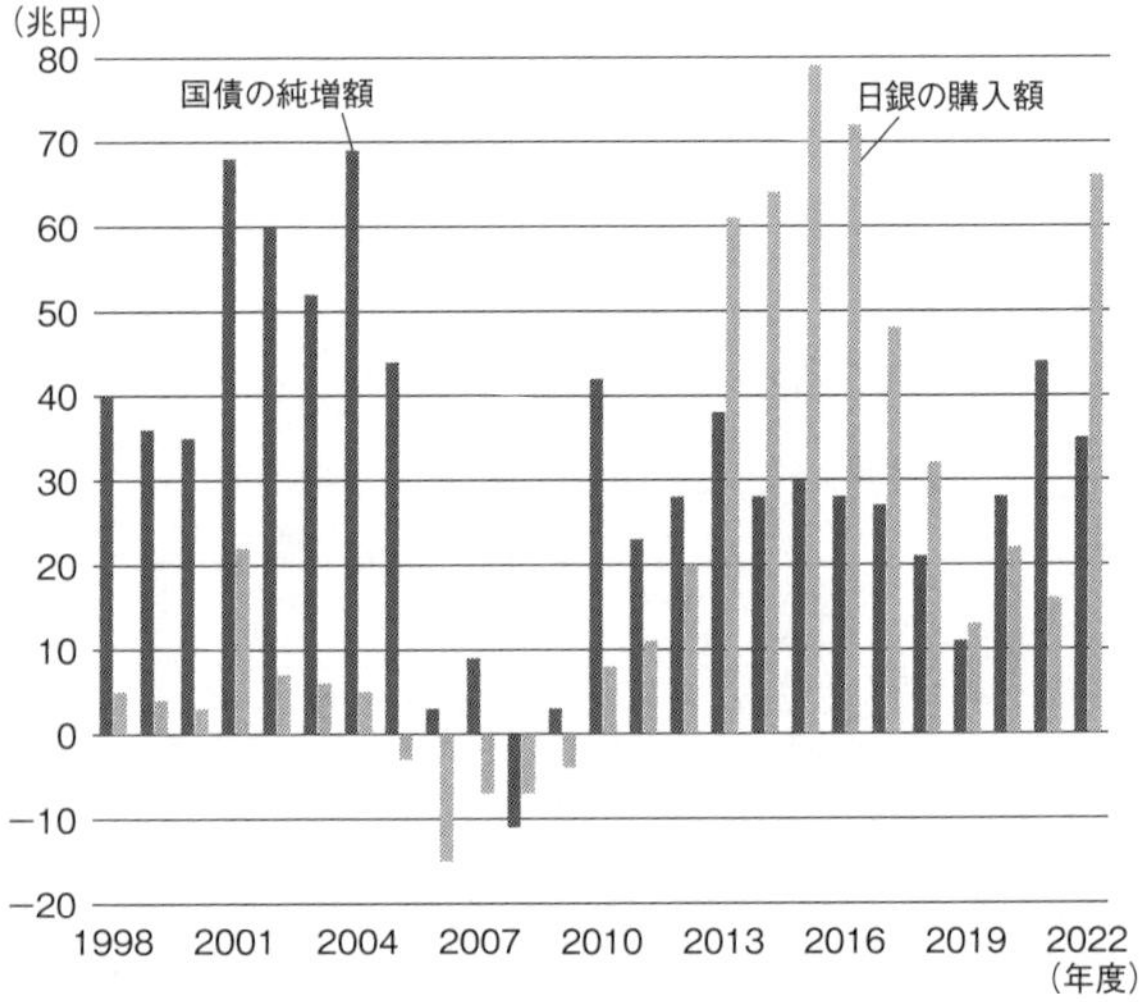


（注）純増額は発行額から償還額を差し引いた金額。評価損益は含まない
（出所）日銀「資金循環統計」

黒田前日銀総裁が総裁に就任したのは２０１３年３月20日だったが、４月４日の金融政策決定会合で２年程度の期間を念頭に物価上昇率を２％に高めるという「量的・質的金融緩和」政策を導入してから、国債買い入れが著増。２０１９年度に至る６年間、日銀は純増額を上回る規模で国債を買い入れてきた。

かつて日銀には国債の野放図な買い入れを抑制するためのルールがあった。一つは２００

3年度まで保有国債の会計上の評価方法に低価法を採用していたことだ。保有国債の時価が簿価を下回った場合に、評価損を損益計算書に計上し、時価を新しい簿価とする評価方法だ。常に損失を表に出し、含み損を抱えることがない保守的な評価方法といえる。

しかし、「これでは機動的な国債買い入れに支障がある」との理由で、2004年度から国債の保有目的を「満期保有」に変更するとともに、会計上の評価方法も償却原価法に切り替えた。これは国債の買い入れ価格と額面との差額調整のために評価損益は、満期までの期間に案分して少しずつ計上していくが、時価の変動に伴う含み損は損益計算書はもちろん、貸借対照表にも反映させないという会計処理方法だ。

この結果、少なくとも会計上は国債の価格下落で赤字になるかもしれないといった心配をすることなく、国債を保有できるようになった。いまでも「国債の価格がいくら下がっても日銀は会計上、認識する必要がないので、保有国債の含み損を問題にするのはおかしい」と主張する専門家がいる。

もう一つは銀行券ルールだ。これは2013年4月4日の金融政策変更まで適用されていた日銀の自主規制で、国債の保有残高を日銀券の発行残高の範囲内にするという決まりである。日銀の国債買い入れに限度がなければ、政府はいくらでも国債を発行して日銀に財政赤字を肩代わりさせることになりかねない。国債買い入れ額に歯止めを設け、財政規律が緩むのを防ぐための重要なルールだった。

## 国債発行残高の53%を日銀が保有

公式には銀行券ルールは「廃止」ではなく「停止」されたことになっているが、いずれにしても2013年4月に有名無実化され、日銀は大規模金融緩和を進めるために大胆に国債を買い入れてきた。この結果、図表5－4に示すように、国債発行残高のうち日銀保有分の割合は、2013年3月末の11・5%から2023年3月末の53・3%に高まった。

しかし、600兆円近くも国債を保有していると、わずかな金利変動でも保有国債の時価評価額は大きく変動する。会計処理上、保有国債の含み損は損益計算書にも貸借対照表にも計上されないとはいえ、自己資本を上回る含み損を抱えた場合に、日銀への信認が維持できるかどうかは、何とも予想しがたい状況になっているのだ。

図表5－5は2023年に入ってからの日銀の保有国債の含み損益の変化を示している。

**図表5-4 日銀の長期国債保有額と国債発行残高に占める割合**

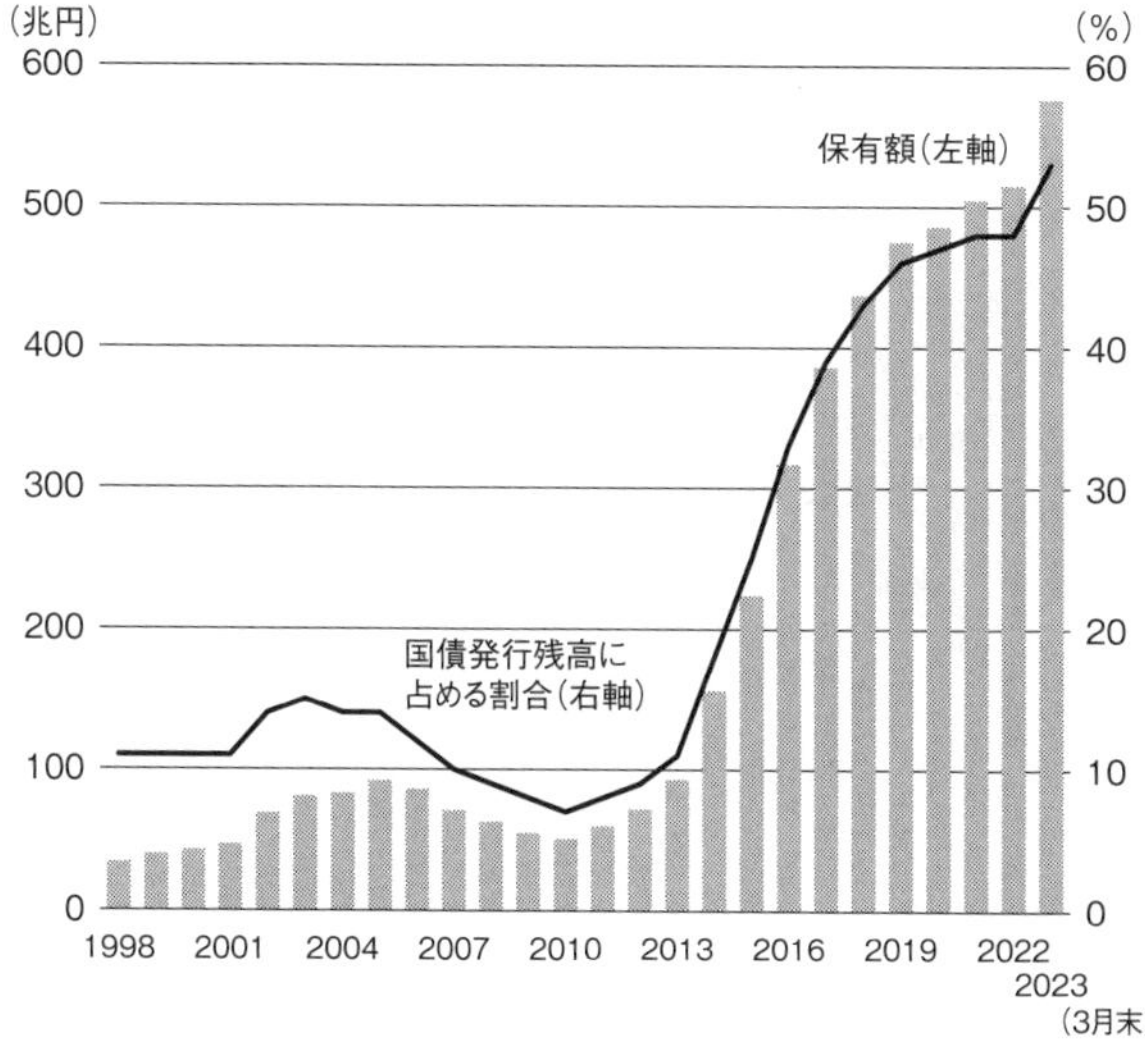


(出所) 日銀「資金循環統計」

2023年4月に植田総裁が就任してからしばらくは、「日銀が金融政策の修正に動くのは当分先」との見方が強まって長期金利も落ち着き、含み損が解消する局面もあった。しかし、7月28日に長期金利の変動上限を「柔軟化」してからは、再び含み損が拡大し、9月20日には10兆円を、10月10日には12兆円を超えた。

日銀は国債だけでも600兆円近い資産を保有しているにもかかわらず、自己資本は意外と

図表5-5　日銀の保有国債の含み損益（2022年〜23年）

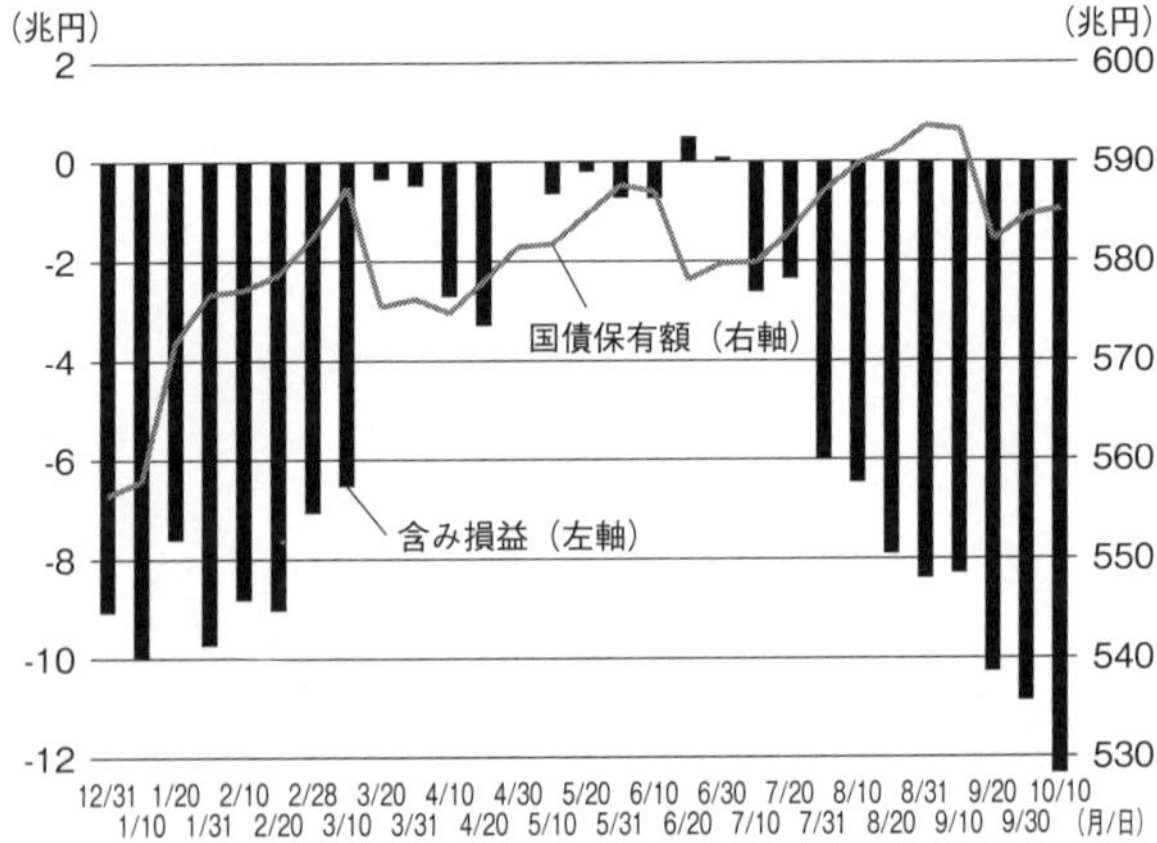


（注）含み損益は国債の流通価格から計算した時価から簿価を差し引いた金額
（出所）日銀「営業毎旬」「国債の銘柄別残高」、日本証券業協会「公社債店頭売買参考統計値」

薄い。２０２３年３月末の貸借対照表に計上されている純資産は５兆５３１６億円で、債券取引損失引当金や外国為替等取引損失引当金を加味した自己資本残高は11兆８７７６億円になっている。

このほか２０１０年12月から買い入れてきた上場投資信託（ＥＴＦ）が約24兆５０００億円（２０２３年９月末の推定額）の含み益を温存している。ＥＴＦの含み益は株式相場の変動次第で膨らんだり縮んだりするため、どこまであてにしていいかはわからないが、単純に合計すれば、日銀の自己資本は実質的に36兆円程度と考えられる。

ところが、10年物国債利回りが10月4日に0・8%台に上昇しただけで、含み損は12兆円を超えた。日銀の内田真一副総裁は3月29日の衆院財務金融委員会で、長期金利が2%に上昇した場合に、保有国債に生じる含み損が約50兆円になるとの試算を明らかにした。

会計帳簿に計上されないとはいえ、金利の上昇が続くと、実質的な債務超過に転落する可能性が大きい。海外の中央銀行では含み損を抱えても金融政策の運営に支障がなかったことから、「含み損拡大を心配するに及ばない」と語る専門家もいる。しかし、財政状況が最悪ともいえる日本では、何が起きるかわからないから、危ない橋は渡れないのではないか。

## ETFの処分は持ち越しか

白川方明総裁時代の2010年12月から買い続けてきたETFの処分問題は持ち越しになっている。日銀は2021年3月18～19日の金融政策決定会合で、原則年6兆円というETFの購入の目安を削除し、市場急落時などには買い入れるものの、日常の積極的な買い入れを取り止めた。

図表5-6　日銀のETF購入額と含み益

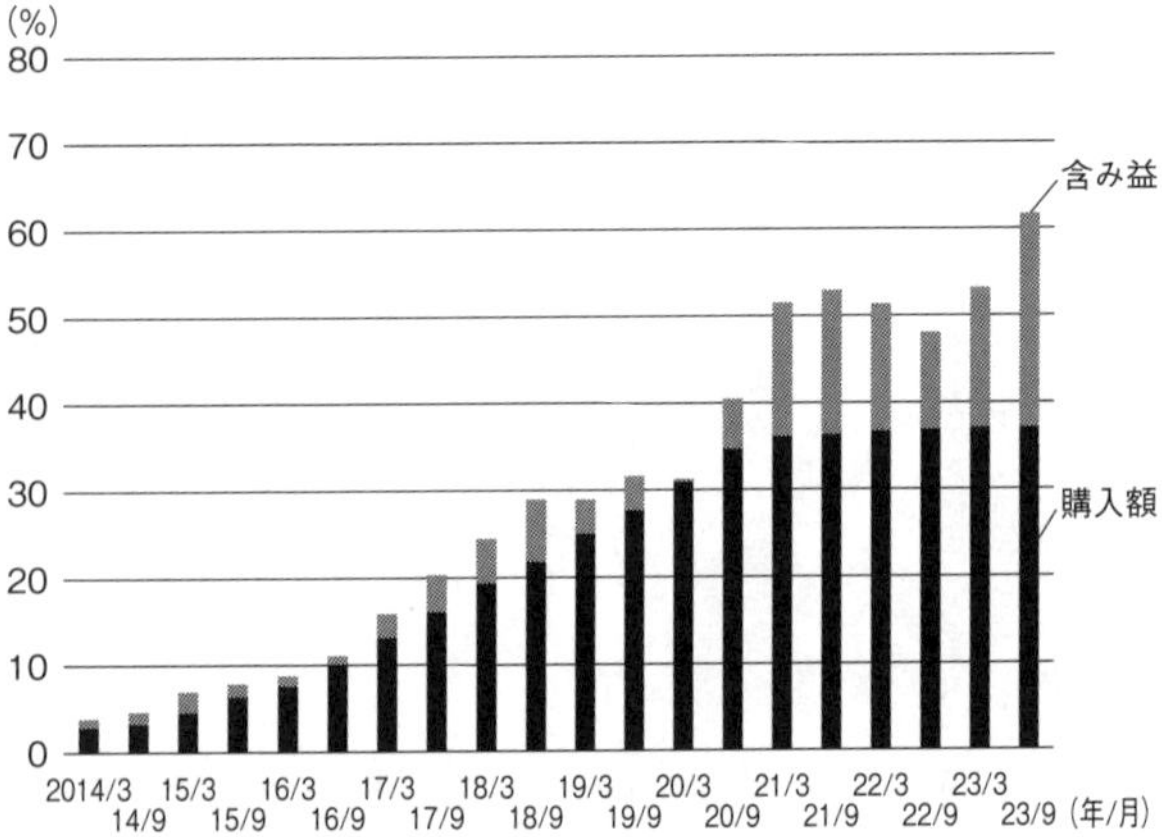


（注）2023年9月末は筆者推定
（出所）日銀決算・上期財務諸表

図表5－6に示すように、その後の元本ベースの購入残高はほぼ横ばいになっている。含み益は株式相場の騰落によって変動するが、2023年9月末時点では筆者の試算で約24兆5000億円と、2022年度の決算で報告された3月末時点の16兆356億円を8兆円余り上回っている。

このETFをどう処分するかは市場関係者の関心事の1つだが、植田総裁は5月10日の参院決算委員会で「処分価格は時価によることになる」と述べた。具体的な手法に関しては、6月7日の衆院財務金融委員会で「物価安定の目標の実現が近づいたら具体論について金融政策決定会合で議論し、適切に情報発信していきたい」と述べるにとどめている。

処分方法をめぐっては各方面からさまざまな意見が出ている。少子化対策の観点から政府が簿価で買い取り、若年層に投資の原資として配布する案なども取り沙汰されたが、鈴木俊一財務相は6月7日の衆院財務金融委で「政府が財源確保目的で簿価で買い取るといったことが許容されるのかどうかといった点も含め、考えていかなければならない」と語り、課題があるとの認識を示した。

野村総合研究所は国民全員に証券の受け取り専用口座（アカウント）を自動的に付与する「ベーシック・アカウント構想」を唱えている。毎年の新成人に対して、成人を迎えてから10年間、政府が日銀から買い取ったＥＴＦの一部をごく少額ずつベーシック・アカウントに振り替えるといった考え方だ。

いずれにしても日銀が処分方法の具体論を議論するのは尚早と考えているため、２０２４年に何かが動くことはないかもしれない。ただ、ほぼ塩漬けにしておくだけなのに、ＥＴＦを管理している投信運用会社に毎年６００億円もの信託報酬を払い続けるのはおかしいとの声はくすぶっている。株式相場が波乱局面を迎えれば、日銀が抱えるＥＴＦの価格変動リスクが顕在化する恐れもある。できる限り早く処分するに越したことはないのではないか。

## 3　民間部門にも日銀並みの含み損

### シリコンバレー銀破綻の教訓

日本では住宅ローンの新規契約者の約7割が変動金利を選んでいるため、金利が上昇すると、住宅ローン利用者の返済額が膨らみ、社会的に問題になるとの指摘もある。「自己責任ではないか」などと突き放すわけにはいかないのかもしれないが、より大きな問題は金融不安を引き起こしかねないことだ。

米国では２０２３年3月10日にカリフォルニア州に本拠を置く中堅地銀のシリコンバレー・バンク（ＳＶＢ）の経営が破綻し、その余波で3月12日にニューヨーク州のシグネチャー・バンクが、5月1日にカリフォルニア州のファースト・リパブリック・バンクが破綻した。

図表5-7 破綻した米地方銀行の財務指標

| | シリコンバレーバンク | | シグネチャーバンク | | ファースト・リパブリック・バンク | | |
|---|---|---|---|---|---|---|---|
| 破綻日 | 3月10日 | | 3月12日 | | 5月1日 | | |
| 決算期 | 2021 | 2022 | 2021 | 2022 | 2021 | 2022 | 2023/1~3 |
| 総資産 | 211,308 | 211,793 | 118,445 | 110,363 | 181,087 | 212,639 | 232,944 |
| 株主資本 | 16,236 | 16,295 | 7,840 | 8,013 | 15,898 | 17,446 | 17,990 |
| 純利益 | 1,770 | 1,509 | 880 | 1,300 | 1,379 | 1,507 | 229 |
| CET1 | 14.89 | 15.29 | 9.58 | 10.42 | 9.65 | 9.17 | 9.32 |

（注）単位100万ドル、%。CET1は普通株式等Tier1比率で規制上は4.5%以上を求められている
（出所）各行ホームページ、SEC提出資料（10Kなど）

ファースト・リパブリック銀の破綻は、米国の銀行破綻では史上2番目の規模だった。

図表5－7はこの3行の破綻直前の決算期の財務諸表から主な数字を抜き出してきたものだ。いずれも十分に利益を上げており、財務の健全性を示す普通株式等Tier1比率（CET1）は規制上の要求水準の4・5%を大きく上回っている。一般の投資家がここから破綻の兆候を読み取ることはまず無理だろう。

特にシリコンバレーバンクは図表5－8に示すように、スタートアップ（ベンチャー企業）のメインバンクとして順調に業績を伸ばしてきた。特に2021年にかけてのスタートアップブームのなかでの収益は絶好調だった。金利収入と同時に非金利収入も伸びているが、この多くは投信の販売手数料のようなものではなく、スター

図表5-8　シリコンバレーバンクの金利収入、非金利収入、純利益

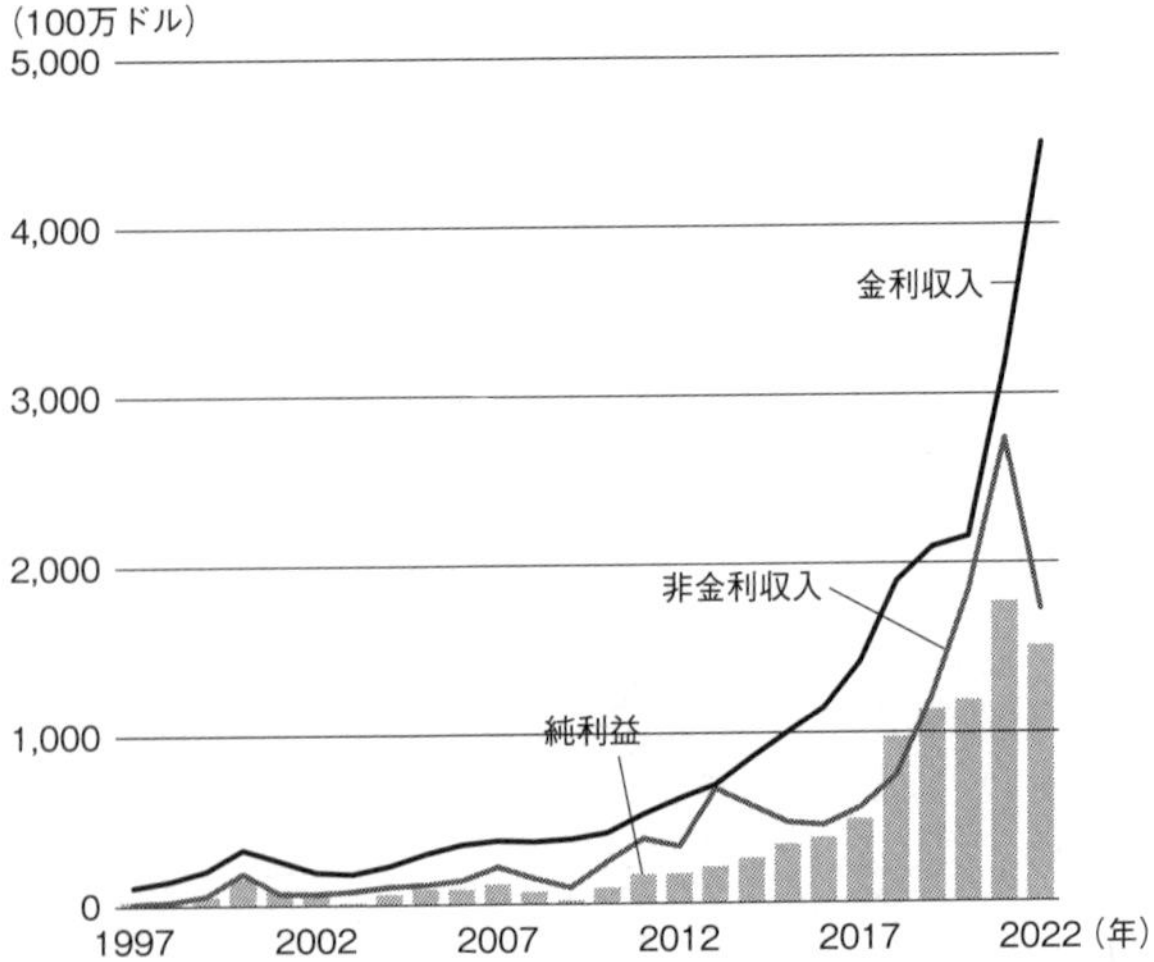


(出所) 同社ホームページ

トアップに融資するときに受け取った株式オプションなどのスイートナーの実現益で占めている。

スタートアップは一般的に成長段階に応じて何度かに分け、ベンチャーキャピタルから資金を募る。集まった資金をシリコンバレーバンクに預金し、その後、事業の進展に合わせて引き出していくのが普通だ。銀行側から見れば、大口預金をされたあとどんどん出ていくわけだから、その資金の運用先としては短期国債など換金しやすいものにしておくのが定石だ。

図表5-9　シリコンバレーバンクの預金、融資、債券

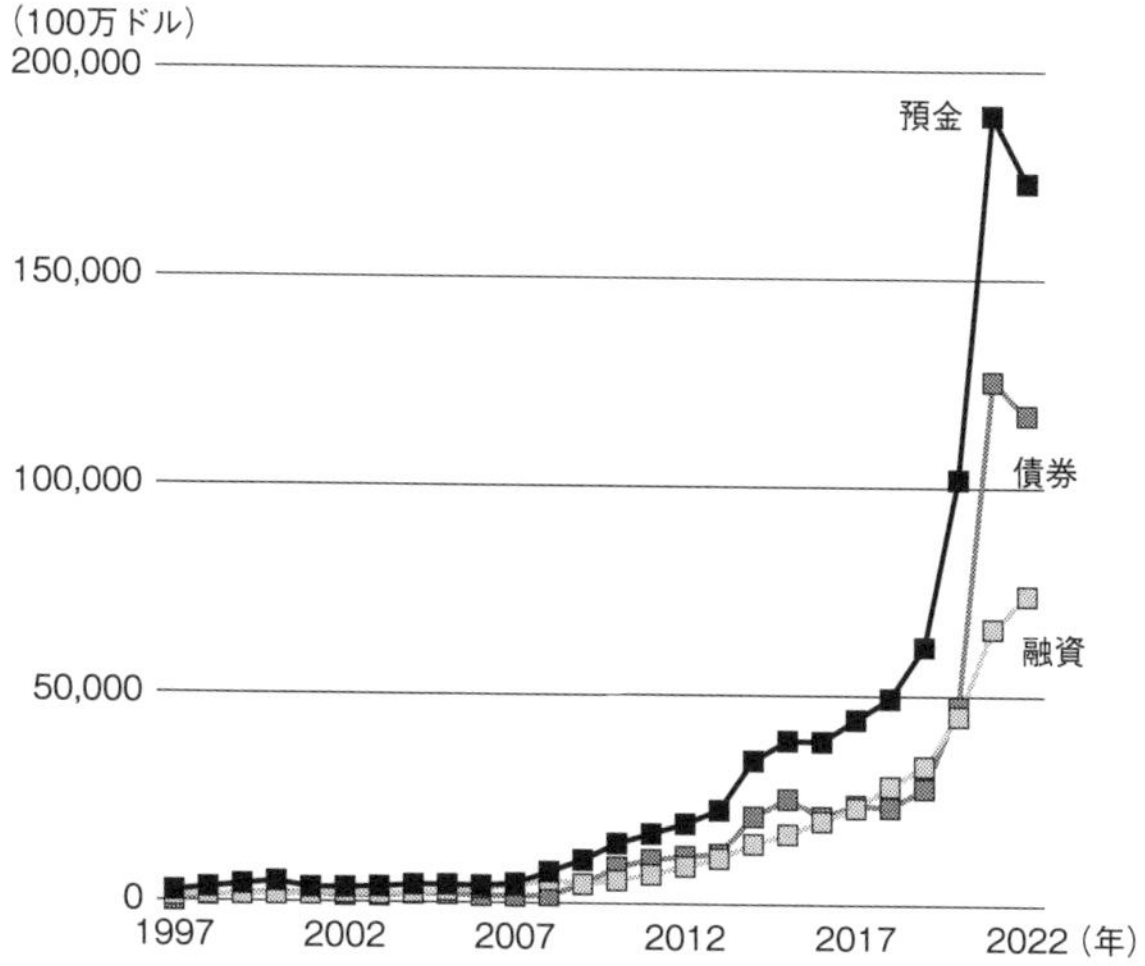


(出所) 同社ホームページ

ところが、シリコンバレーバンクはスタートアップブームが続くと見込み、資金をより多くの金利収入が見込める長期国債などに回したのである。図表5－9のグラフは債券残高が増えていった様子を示している。図表5－10は債券のうち、評価損益を財務諸表に計上しなくてもいい満期保有目的の債券のウエートが高まっていった様子を示している。

誤算だったのは2022年3月から米連邦準備理事会（FRB）がインフレ対策のために大幅な利上げに動いたことだ。スタートアップブー

**図表5-10　シリコンバレーバンクの保有債券の内訳**

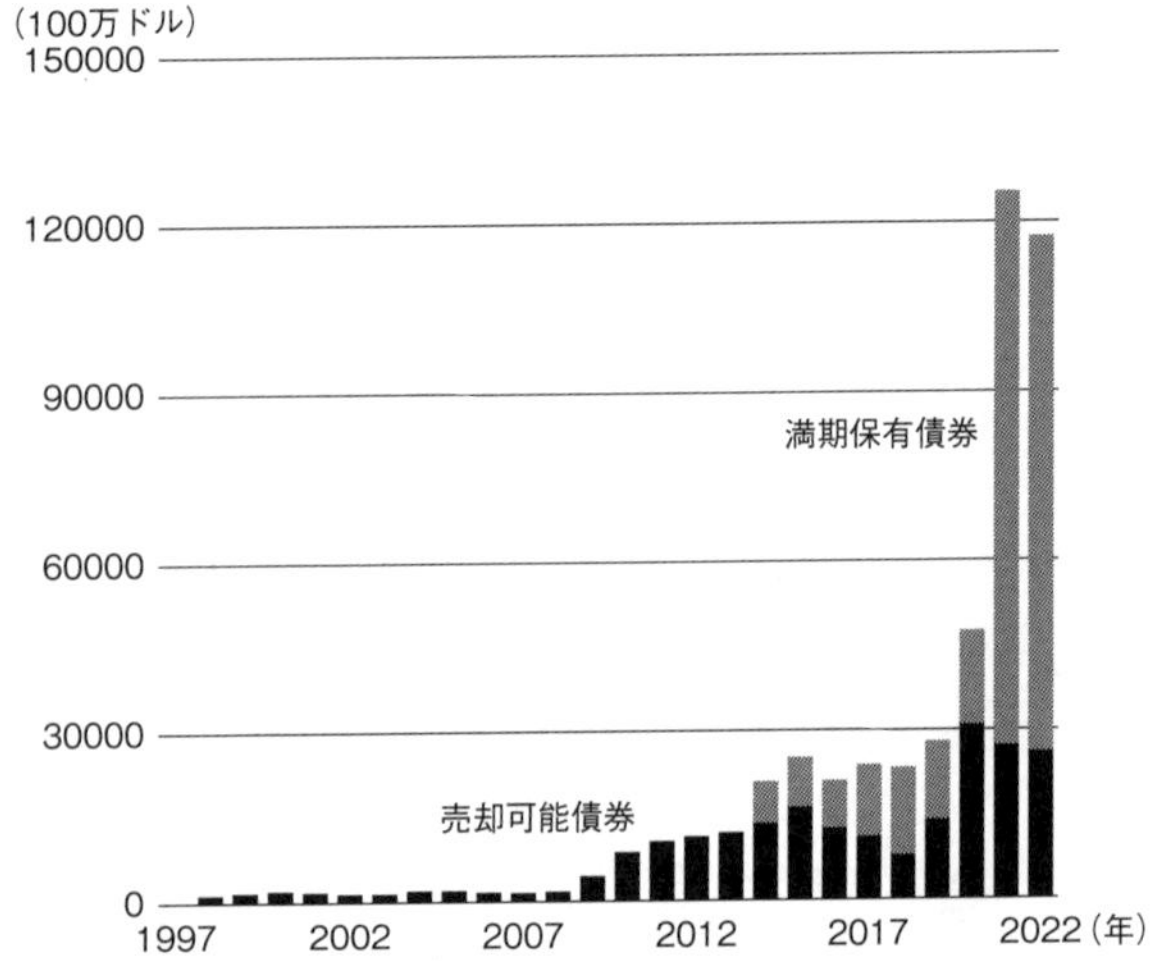


（出所）同社ホームページ

ムには急ブレーキがかかり、ベンチャーキャピタルからの資金調達もしにくくなった。シリコンバレーバンクには預金が集まりにくくなる一方で、事業運営のための預金の引き出しが増えた。

満期保有債券は原則、売却できない。金利の急上昇で保有国債が多額の含み損を抱えているとのうわさが広がると、ますます預金の引き出しが増えた。結局、当局が預金保険の保証限度額を撤廃して無制限に引き出しに応じる措置を決めて動揺を落ち着かせたのである。

短期調達・長期運用になっていたことで、シリコンバレーバンクの経営陣はＡＬＭ（資産・負債の総合管理）がなっていないと厳しく非難された。満期保有債券だから含み損を計上しなくていいなどという会計ルールは、実質的な財務内容が問われるような局面になると、何の役にも立たなかったことがわかる。

## 日本の地銀は大丈夫か

日銀が国債の発行残高の約半分を保有していて、長期金利が２％になると含み損が約50兆円に達するということは、残りの半分を保有する民間部門も、長期金利が２％になると、合わせて約50兆円の含み損を抱えることを意味している。

日銀の資金循環統計によると、２０２３年６月末現在の国債の保有者別構成は図表５－11の帯グラフの通りだ。５年前の２０１８年６月末現在の状況も併記した。

日銀に次いで保有額が多いのは生命保険会社で、次いで海外部門、中小企業金融機関等、公的年金、共済保険などとなっている。生命保険会社は責任準備金対応債券として大量の超長期国債を保有している。金利上昇で含み損は膨れるが、国債価格が減損しなければならな

図表5-11　国債保有割合の変化

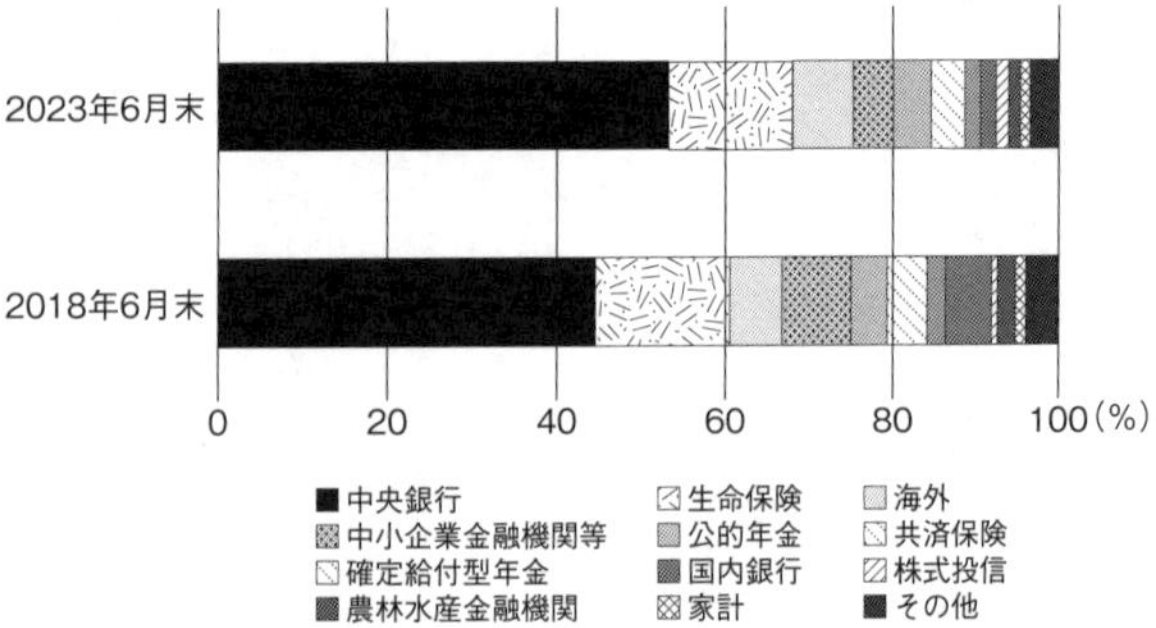


（出所）日銀「資産循環統計」

いほど大幅に下落しない限り、含み損を会計上、認識する必要がない。

金利上昇で問題になりそうなのは、ゆうちょ銀行を含む中小企業金融機関等と、国内銀行だ。国債保有割合は中小企業金融機関等が5年前の8・25％から4・78％に、国内銀行が5・57％から1・87％に低下した。かつてと比べれば、金利上昇から受ける衝撃は少なくなっている。

ただ、金利上昇で債券価格が下落する度合いは、満期までの期間が長い債券のほうが大きい。同じ国内銀行でもメガバンクは金利上昇に備えて、満期までの期間が短い国債のウエートを高めているが、地方銀行や第二地方銀行には期間の短期化に乗り遅れているところも多いといわれている。

地銀・第二地銀は2022年度も保有している外国債券や外債投信の評価損が膨らみ、純資産を目減りさせたところが多かった。満期保有でも売買目的でもない債券の会計処理は、損益計算書には響かないが、貸借対照表には響くルールだ。だから表向き増益になって経営に問題がないようにみえても、体力を弱めていたのである。

国内銀行の国債保有割合は1・87%と小さく見えるが、約600兆円を保有する日銀が50兆円の含み損を抱える局面に直面すれば、国内銀行にも全体として1兆円近い含み損・評価損が発生する可能性がある。その多くが地銀・第二地銀で発生する可能性が大きい。影響を甘く見ないほうがいいだろう。

## 4 国債格下げで動揺の恐れ

### 政府債務比率は世界最大

金利上昇でもっと大きな影響を受けそうなのが、日本の財政だ。国際通貨基金(IMF)

図表5-12　政府債務のGDP比率が100%を超える国

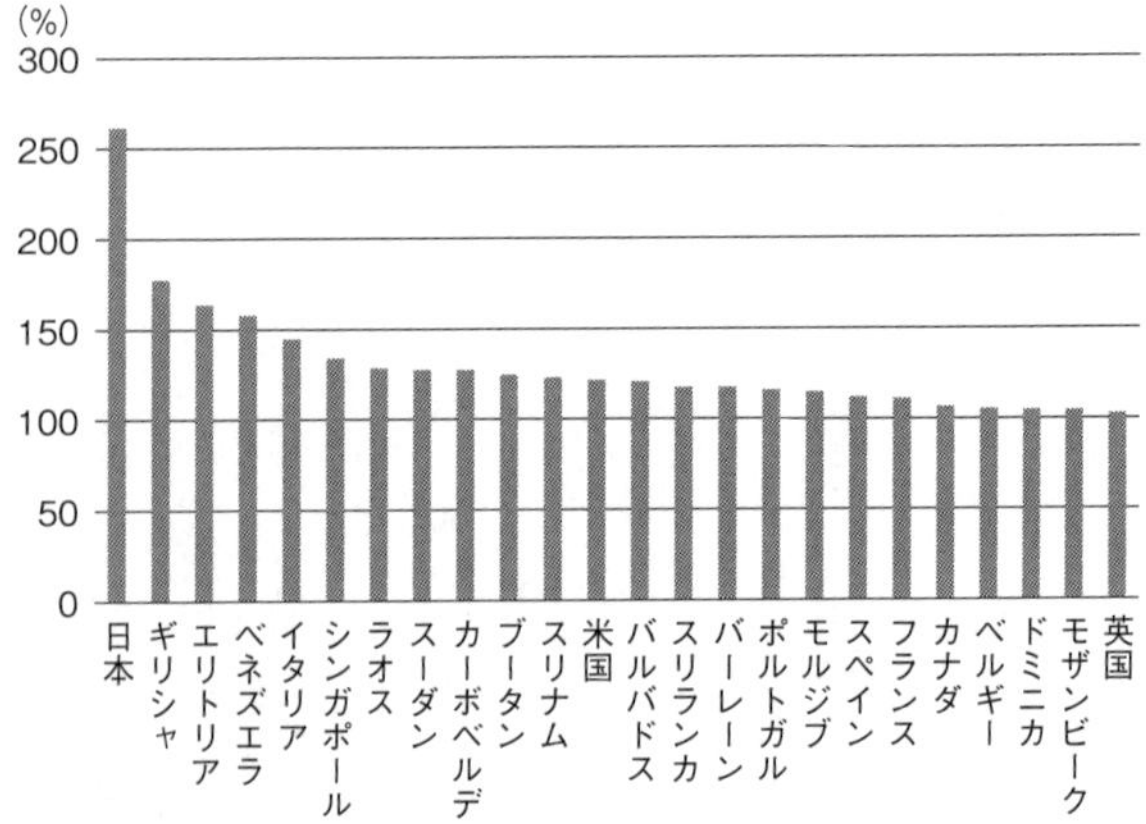


（注）2022年末。一部推定を含む
（出所）国際通貨基金（IMF）「世界経済見通しデータベース」

の世界経済見通しデータベースによると、図表5－12のグラフが示す通り、政府債務の対国内総生産（GDP）比率が2022年末に100％を超える国は24カ国ある（一部推定を含む）が、日本の比率は261％と世界で一番大きい。

国債の発行残高は2023年6月末現在で1090兆2785億円だから、今後、発行額が増えないと仮定しても、金利が1％上昇するたびに、金利負担が10兆円余り膨らむ計算になる。発行済みの国債は満期が来るまで発行時の金利を支払うだけでいいので、一気に金利負担が増えるわけではないが、徐々に財政破綻

図表5-13 主要7カ国の国債格付け

| | S&P | ムーディーズ | フィッチ |
|---|---|---|---|
| 米国 | AA＋ | Aaa | AA＋ |
| 英国 | AA | Aa3 | AA－ |
| フランス | AA | Aa2 | AA－ |
| イタリア | BBB | Baa3 | BBB |
| ドイツ | AAA | Aaa | AAA |
| カナダ | AAA | Aaa | AA＋ |
| 日本 | A＋ | A1 | A |

（注）2023年10月16日現在

が心配される状況に近づいていく。

当面の問題は国債の格付けへの影響だ。図表5－13は大手格付け会社のS&Pグローバル・レーティング、ムーディーズ・インベスターズ・サービス、フィッチ・レーティングスによる主要7カ国の国債格付けを示している。2023年8月1日にはフィッチ・レーティングスが米国債の格付けを最上級のトリプルAから1段階引き下げてダブルAプラスにしたことが話題になったが、日本国債の格付けはすでにこれよりも大幅に低いシングルA級だ。

主要7カ国で日本よりも低いのはイタリアだけだ。信用格付けはトリプルB級までが「投資適格」とされ、ダブルB級以下は「投機的」と分類されるが、どの格付けの債券まで投資対象にするかは世界のそれぞれの機関投資家が決めており、安全度をみて、トリプルB級の債券には投資しないところも多い。

日本国債はプラスマイナスの符号も考慮すると、もう2～3段階の格下げでトリプルB級になる。日本国債を買う世界の投資家が減る分、国債を発行するときにより高い金利を提示せざるをえなくなる恐れがある。日本国内の企業の格付けは、必ずしも国債格付けが天井になるわけではないが、国債格付けが基準になって決まるので、日本企業の資金調達コストにも上昇圧力が働く可能性がある。

## 拙速な正常化は格下げ招く

振り返れば、図表5－14に示す通り、日本国債の格付けは2001年2月22日にS&Pグローバル・レーティング（当時はスタンダード・アンド・プアーズ）がダブルAプラスに引き下げるまで、最上級のトリプルAを維持していた。格下げをした当時、政府債務の対GDP比率は約145％だったが、それでも最上級の資格はないと判断された。

その後にS&Pでは日本国債の格下げを3回、格上げを1回実施し、2015年9月16日

図表5-14　主要7カ国（G7）の国債格付け

| | 米国 | 英国 | フランス | イタリア | ドイツ | カナダ | 日本 |
|---|---|---|---|---|---|---|---|
| 現在 | AA＋ | AA | AA | BBB | AAA | AAA | A＋ |
| 2017/10/27 | | | | BBB | | | |
| 2016/06/27 | | AA | | | | | |
| 2015/09/16 | | | | | | | A＋ |
| 2014/12/05 | | | | BBB－ | | | |
| 2013/11/08 | | | AA | | | | |
| 2013/07/09 | | | | BBB | | | |
| 2012/01/13 | | | AA＋ | BBB＋ | | | |
| 2011/09/19 | | | | A | | | |
| 2011/08/05 | AA＋ | | | | | | |
| 2011/01/27 | | | | | | | AA－ |
| 2007/04/23 | | | | | | | AA |
| 2006/10/19 | | | | A＋ | | | |
| 2004/07/07 | | | | AA－ | | | |
| 2002/04/15 | | | | | | | AA－ |
| 2001/11/27 | | | | | | | AA |
| 2001/02/22 | | | | | | | AA＋ |
| 2000年時点 | AAA | AAA | AAA | AA | AAA | AAA | AAA |

（注）S&P グローバル・レーティングの格付けに基づく、2023年10月16日現在

にダブルAマイナスだった格付けをシングルAプラスに引き下げて、現在に至っている。格付け見通し（アウトルック）も含めて細かくいえば、2018年4月13日に「安定的」から「ポジティブ」に変更したものの、2020年6月9日に再び「安定的」に引き下げた。

2023年9月現在では日本国債の格付けは安定的に推移している。しかし、日銀の金融政策の変更が日本経済に混乱を招けば、格下げもありうるというのが、市場関係者のコンセンサスだ。

8月22日付のブルームバーグはS&Pのシニア・ディレクター、キムエン・タ

ン氏がインタビューで、日本の金融政策は正常化すべきではあるが、急激に金利を引き上げて国債の買い入れを減らすと経済に大きなショックを与え、「日本国債の格下げが現実になるリスクがある」と指摘したと報じている。

今後、日銀の金融政策は長短金利操作の撤廃とマイナス金利政策の解除を模索することになりそうだ。ただ、日本の経済主体があまりにも長く超低金利政策に慣れ親しんできたため、ちょっとした政策変更が思わぬ反応を招かないとも限らない。植田総裁が微妙なかじ取りをできるかどうかに日本経済の浮沈がかかる。

## 円安進めば、財政は「健全化」？

「必ずしも適切な言い方ではなかった」。翌日の参院財政委員会で釈明に追われたが、日銀の黒田総裁（当時）がアンケート調査の結果を引用し、「家計の値上げ許容度の改善につながっている可能性がある」と発言したことがあった。共同通信社が2022年6月6日に開催した会合でのことだった。

家計が許容するのならば、経済をインフレ体質にしたいというのは、政府や日銀の本音か

図表5-15　一般会計税収と名目GDPに対する割合

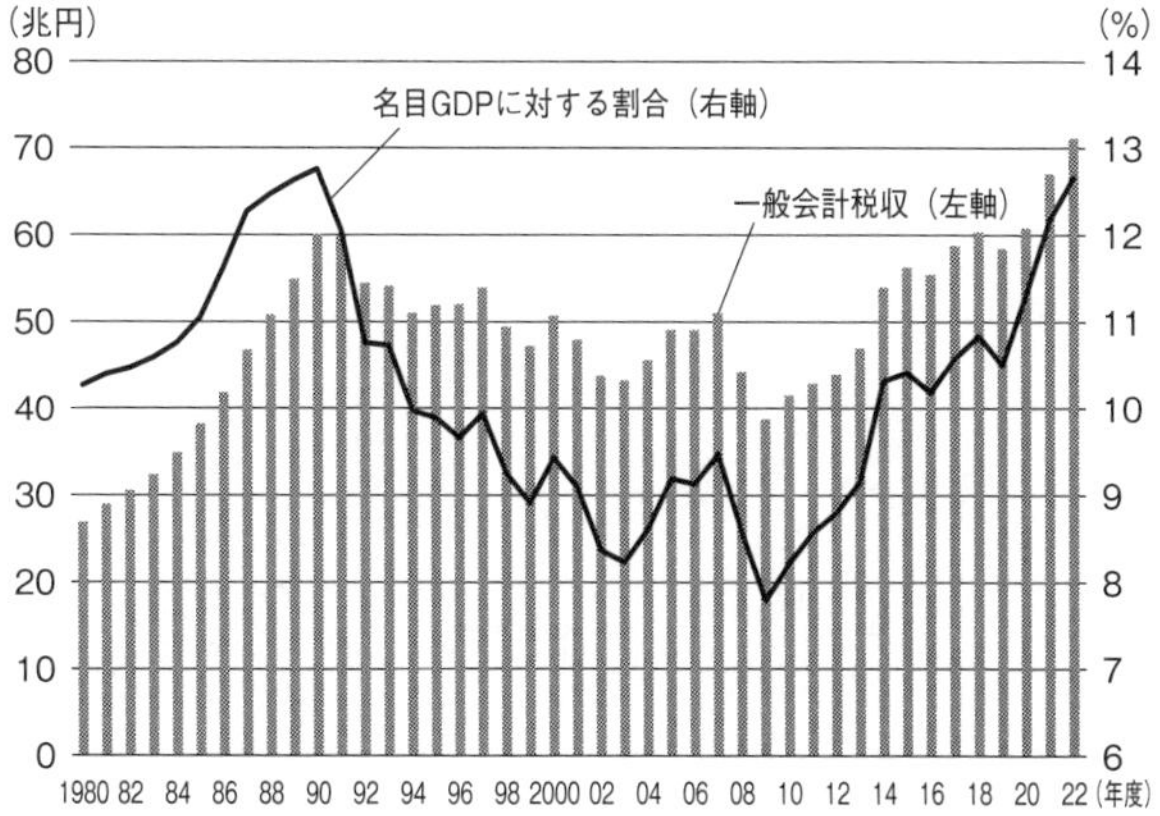


（注）税収、GDPとも年度のデータ
（出所）財務省、内閣府

もしれない。何しろ2022年度の一般会計税収は71兆1373億円と2021年度の67兆378億円を6・1%上回り、過去最高を更新したからだ。図表5−15に示すように、名目GDPに対する割合も12・66%と、過去最高だった1990年度の12・76%に肉薄した。

国税の主要3税のうち最も伸び率が大きかったのは法人税で、9・5%増の14兆9398億円になった。次いで消費税が5・4%増の23兆7993億円、所得税が5・3%増の22兆5217億円だった。主要3税の合計で60兆5408億円となり、一般会計税収の85・1%を占めた。

法人税は円安やインフレによって企業収益が膨らんだことによって増加した。消費税もインフレ要因によって増加した。所得税は就業者の増加と賃上げの相乗効果だ。インフレは原油や食料品価格の上昇、ロシアのウクライナ侵攻や米中対立によってもたらされたもので、政府や中央銀行が意図的に起こす調整インフレとは異なるが、財政の改善に寄与したことは確かだ。

インフレは金融資産の実質的な価値を目減りさせるが、負債の実質的な返済負担が減る。日本でいちばん負債を抱えているのは政府だから、家計が許容する範囲でインフレが進むことを、政策的に食い止める必要はなさそうだ。程度問題ではあるが、円安進行を政府が許容しているようにみえるのは、財政健全化のチャンスとみているからかもしれない。政府の本音がどこにあるのか、見極める必要がある。

第 6 章

# 2024年、株高の条件は整うか

## 1　設備投資や銀行融資に動意の兆し

### IMFの予想はなお慎重

日本経済が前向きに動き出したかどうかをめぐってはさまざまな見方がある。四半期ごとの世界経済見通しをまとめている国際通貨基金（IMF）の2023年10月時点の見通しは、図表6－1の通りだ。日本経済に関しては、方向は前向きだが、水準は低い。

具体的には2023年の実質成長率見通しが2・0％と2022年の1・0％を上回った。多くの国では2023年の成長率見通しが2022年の実績を下回っている。ただ、新型コロナウイルス流行前の2019年の水準を100とすると、2023年が99・7、2024年は100・7と、世界の主要国・地域のなかで最も低い。

図表6－2ではIMFが予想を発表するたびに、GDP水準の見通しがどう変化してきたかを示している。2023年の見通しを見ると、世界全体では2022年10月に見通しを発

図表6-1　IMFの世界経済見通し（2023年10月）

| | 実績 | 実質成長率見通し | | | | | | | 2019年を100としたときに | | | |
|---|---|---|---|---|---|---|---|---|---|---|---|---|
| | 2022年 | 2023年 | | | | 2024年 | | | 2023年 | | 2024年 | |
| 予想時期→ | 23/10 | 23/1 | 23/4 | 23/7 | 23/10 | 23/4 | 23/7 | 23/10 | 23/7 | 23/10 | 23/7 | 23/10 |
| 世界全体 | 3.5 | 2.9 | 2.8 | 3.0 | 3.0 | 3.0 | 3.0 | 2.9 | 109.3 | 109.3 | 112.6 | 112.4 |
| 米国 | 2.1 | 1.4 | 1.6 | 1.8 | 2.1 | 1.1 | 1.0 | 1.5 | 106.0 | 106.3 | 107.1 | 107.9 |
| ユーロ圏 | 3.3 | 0.7 | 0.8 | 0.9 | 0.7 | 1.4 | 1.5 | 1.2 | 102.6 | 102.2 | 104.2 | 103.4 |
| 日本 | 1.0 | 1.8 | 1.3 | 1.4 | 2.0 | 1.0 | 1.0 | 1.0 | 99.3 | 99.7 | 100.2 | 100.7 |
| 新興・途上国 | 4.1 | 4.0 | 3.9 | 4.0 | 4.0 | 4.2 | 4.1 | 4.0 | 112.8 | 112.9 | 117.4 | 117.4 |
| ロシア | ▲2.1 | 0.3 | 0.7 | 1.5 | 2.2 | 1.3 | 1.3 | 1.1 | 100.8 | 101.5 | 102.1 | 102.6 |
| 中国 | 3.0 | 5.2 | 5.2 | 5.2 | 5.0 | 4.5 | 4.5 | 4.2 | 119.8 | 119.6 | 125.2 | 124.6 |
| インド | 7.2 | 6.1 | 5.9 | 6.1 | 6.3 | 6.3 | 6.3 | 6.3 | 113.3 | 114.0 | 120.5 | 121.1 |
| ブラジル | 2.9 | 1.2 | 0.9 | 2.1 | 3.1 | 1.5 | 1.2 | 1.5 | 105.4 | 106.4 | 106.7 | 108.0 |
| ASEAN-5 | 5.5 | 4.3 | 4.5 | 4.6 | 4.2 | 4.6 | 4.5 | 4.5 | 110.2 | 109.8 | 115.2 | 114.7 |
| 中東・中央アジア | 5.6 | 3.2 | 2.9 | 2.5 | 2.0 | 3.5 | 3.2 | 3.4 | 109.5 | 109.3 | 113.0 | 113.0 |

（注）成長率は単位%、▲はマイナス
（出所）国際通貨基金（IMF）「世界経済見通し」

表するまでは下方修正が続いていたが、その後は若干の上向きとなっている。日本もようやく下方修正が止まり、こころもち上方修正されたが、まだ力強さは感じられない。

## 設備投資増に3要因

ただ、多様な経済データのなかには日本の先行きへの期待感がにじむものもある。日本政策投資銀行の調査では２０２３年度の資本金10億円以上の大企業の国内設備投資計画は前年度実績比で20・7%増えるという。２０２２年度は10・7%増と3年ぶりに増加し

**図表6-2　IMFの予想はこう変わってきた**

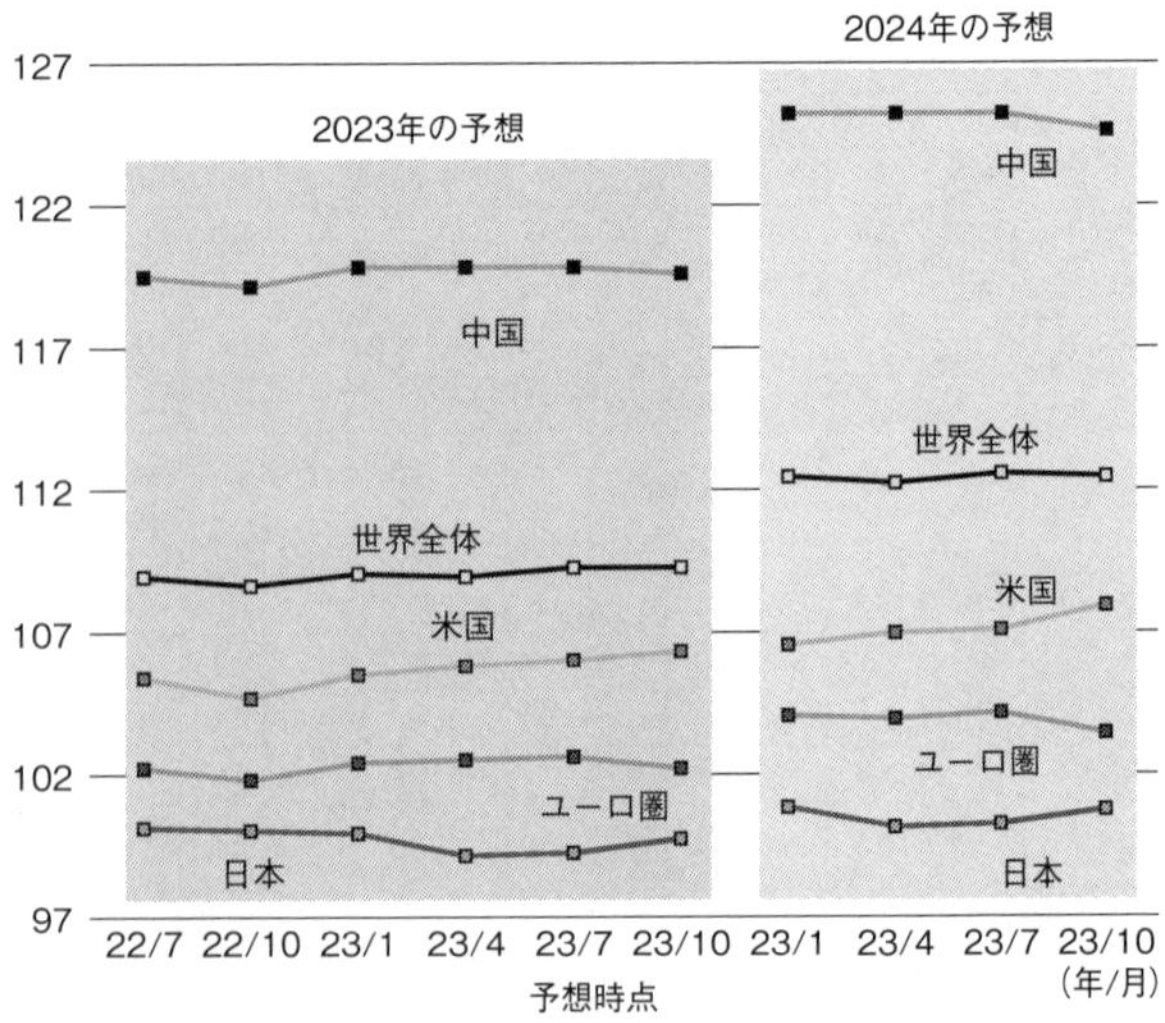


（注）2019年を100としたときの2023～24年の実質国内総生産（GDP）の水準が予想公表のたびにどう変わってきたかをグラフ化
（出所）国際通貨基金（IMF）「世界経済見通し」のデータをもとに筆者作成

たが、２０２３年度は計画ベースとはいえ、大幅に上乗せされる。

　この傾向を裏付けるように、銀行融資が伸びている。全国銀行協会によると、全国銀行の貸出金の前年同月末比増減率は図表６－３に示すように、２０２２年10月から２０２３年５月にかけてプラス４％台で推移し、資金需要が旺盛だったことを示している。

　ここにきて設備投資が増え

**図表6-3　貸出金増減率**

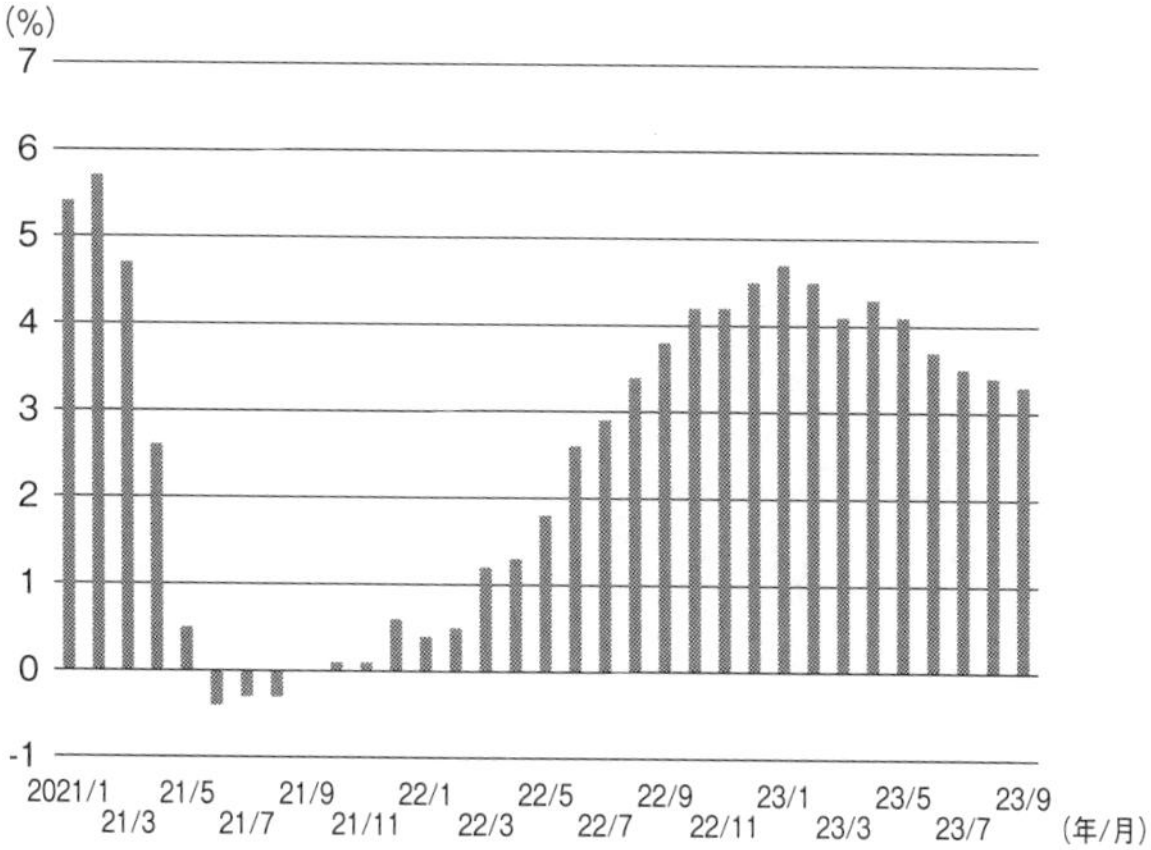


（注）全国銀行の月末の貸出金の前年同月末比増減率
（出所）全国銀行協会

ているのは3つの要因がある。1つ目は人手不足に対応するためだ。2つ目はデジタルトランスフォーメーション（DX）やグリーントランスフォーメーション（GX）関連の投資が増えている。3つ目はサプライチェーンの見直しのための投資だという。

　第1章では円安を背景に企業業績が上振れ傾向にあることを説明した。日銀の企業短期経済観測調査などでも先行きへの強気な見方が増えている。ただ、まだこうした前向きの動きが日本の景気全体を押し上げるところまでは至っていない。どこまで持続性があるのか、見極めるべき局面なのかもしれない。

## 東証の時価総額ウエートが底入れ？

東京株式市場の動向から何か前向きな兆しをくみ取るとすれば、円安によって縮んできたドル換算の東京証券取引所の上場株式時価総額が２０２２年９月を底に増加に転じ、世界全体の株式時価総額に占めるウエートも底入れから反転の兆しがみえてきたことだ。

１９８９年末のバブル相場のピーク時には東証時価総額の対世界ウエートは約40％だった。バブル崩壊後は新興国市場の台頭もあって急速に低下したが、それでも２０００年当時には11～13％を保っていた。東京市場の地盤沈下はその後も止まらず、世界取引所連盟（ＷＦＥ）の統計では２０１０年前後から２０２１年春先まで６％から７％台前半を中心に推移していた。

図表６－４は２０１０年以降のドル換算の東証時価総額と対世界ウエートを示している。２０２１年４月以降は円安の進行につれて対世界ウエートが急速に低下し、２０２２年９月末にわずか５・01％になった。その後は日本株の上昇率が相対的に高かったこともあり、２

図表6-4 東証時価総額と対世界ウエート

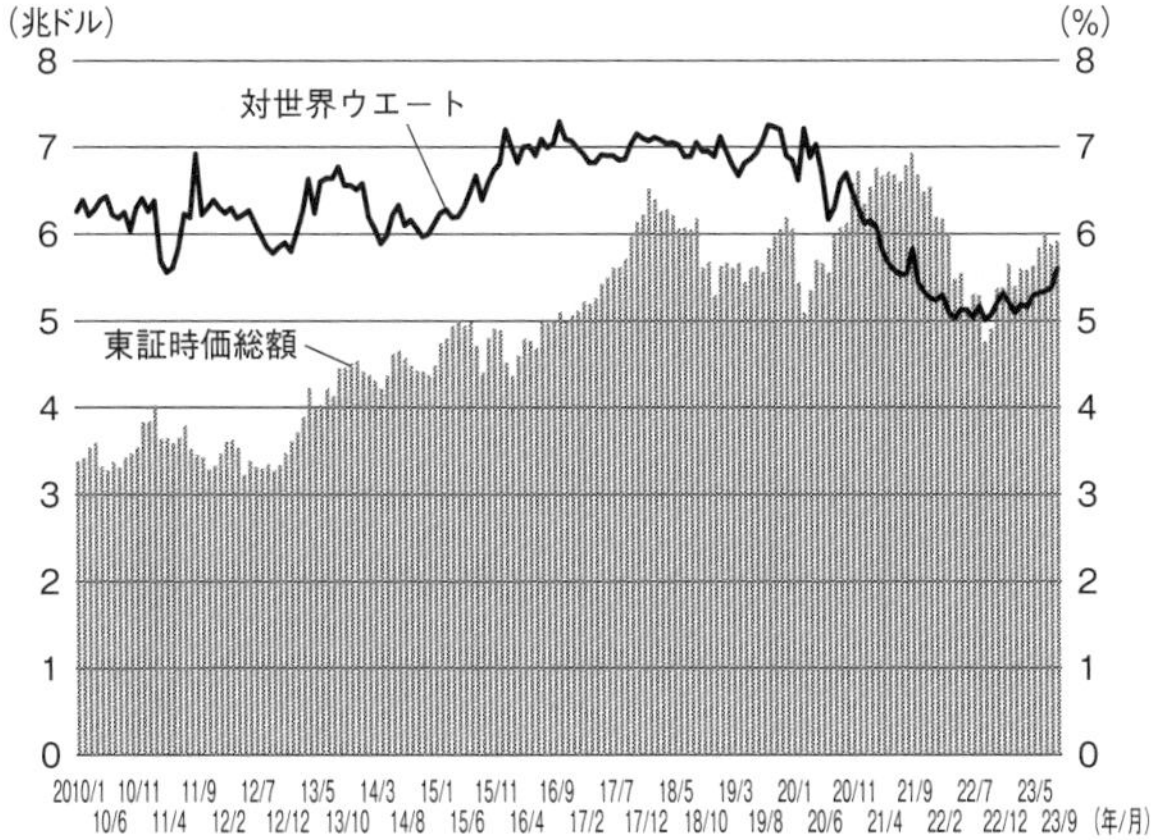


(出所) 世界取引所連盟(WFE)

023年9月末に5・51%まで回復した。

まだ東京市場の地盤沈下が終わったとみるのは尚早かもしれない。しかし、日本経済にはさまざまな変化への胎動が感じられる。2024年の株式相場の浮揚につながることを期待したい。

## 2　インフレと株価、微妙な関係

### 預貯金が弱いのは確かだが

「インフレが進むのだから株式を買おう」というセールストークはいまに始まったことではないが、２０２４年から新ＮＩＳＡに切り替わることもあって、証券会社や投資アドバイザーらの声は一段と高まっている。

確かに超低金利の預貯金だけではインフレに対抗できない。預金通帳に書かれた金額は変わっていなくても、購買力を失った分、金融資産が目減りしたのと同じことだ。株式は投資先企業が解散したときに残余財産の分配を受ける権利があるという意味で「物的証券」だといわれている。「モノ」ならば、インフレには強いはずだという考え方はある。

しかし、本当に物価上昇率以上に株式相場が上昇するかというと、時と場合によるとしかいえないのではないか。たとえば、米国の消費者物価指数は図表６－５に示すように、２０

図表6-5 米消費者物価指数とS&P500

(注) 消費者物価指数は2020年12月、S&P500は2020年12月末のデータを100として指数化
(出所) 米労働省、QUICK

21年に入ってから上昇基調を強めた。2020年12月末の260・474から2023年9月末の307・789にかけて18・2%上昇した。

S&P500は2020年12月末の3756・07から2023年9月末の4288・05まで14・2%上昇した。S&P500の上昇率のほうが低く、インフレヘッジになったとはいえない。

買うタイミングや売るタイミングによっては、物価上昇率を上回るリターンをえられることもあるが、株式を買えばインフレに勝てると言い切れるほど、株式市場の値動きは単純ではない。

## 欧州では長期的に負けた国も

それでも米国は株価の上昇率がわりと高かった国の１つだが、物価の上昇率に株価指数がまったく追い付いていない国もある。世界79カ国・地域について、２００５年から２０２３年までの消費者物価指数上昇率を株価指数騰落率（２０２３年は10月6日まで）と比較したところ、株価指数上昇率が消費者物価指数上昇率を上回っていたのが40カ国・地域、下回っていたのが39カ国・地域だった。

アンダーパフォームした39カ国・地域のうち20カ国・地域は株式がインフレヘッジにならなかったどころか、株価指数自体がこの間に下落した。主な国の状況は図表６－６の通りだ。株式と物価との関係が単純でないことがわかる。

株価が下落した国々のなかには金融不安を起こしたところが多い。欧州金融危機は２０１0年代前半に起きた。ギリシャの財政問題に端を発し、欧州全体に広がって、いくつかの金融機関が破綻した。巻き込まれた国々の共通項を探ると、財政規律が弱くて国債の格付けが低かったり、もともと金融機関の経営が脆弱だったりすることが挙げられる。

## 図表6-6 株価指数と消費者物価指数の関係

| 国・地域名 | 消費者物価指数上昇率 | 株価指数騰落率 |
|---|---|---|
| 株価指数が下落 | | |
| アイスランド | 143.5 | ▲85.7 |
| ギリシャ | 35.1 | ▲67.0 |
| サウジアラビア | 58.3 | ▲33.8 |
| ポルトガル | 38.5 | ▲29.3 |
| イタリア | 44.6 | ▲20.9 |
| スペイン | 43.4 | ▲12.2 |
| ロシア | 287.4 | ▲10.5 |
| 株価指数上昇も物価に追い付かない | | |
| ベルギー | 53.8 | 0.1 |
| フィンランド | 48.2 | 16.6 |
| 香港 | 60.0 | 19.7 |
| 英国 | 69.5 | 35.4 |
| シンガポール | 50.8 | 41.1 |
| オーストラリア | 63.3 | 54.0 |
| 物価を上回る株価指数の上昇 | | |
| スイス | 9.3 | 44.6 |
| フランス | 39.4 | 51.3 |
| オランダ | 49.4 | 66.9 |
| ニュージーランド | 54.9 | 67.8 |
| カナダ | 46.6 | 73.4 |
| 韓国 | 50.4 | 78.7 |
| 日本 | 12.1 | 97.7 |
| タイ | 39.4 | 106.2 |
| スウェーデン | 50.3 | 124.5 |
| 台湾 | 25.4 | 149.7 |
| 中国 | 53.5 | 167.9 |
| ドイツ | 48.5 | 184.5 |
| フィリピン | 94.2 | 201.6 |
| メキシコ | 119.4 | 203.2 |
| ブラジル | 167.9 | 248.4 |
| ベトナム | 204.2 | 274.2 |
| 南アフリカ | 173.4 | 300.0 |
| インドネシア | 126.3 | 496.9 |
| 米国 | 55.3 | 499.4 |
| インド | 216.6 | 600.5 |
| トルコ | 1408.8 | 1995.4 |

（注）単位%、▲は下落。2005年末から2023年9月末まで
（出所）物価上昇率は国際通貨基金（IMF）「世界経済見通しデータベース」

インフレには商品やサービスに対する需要の増加によって価格が上昇するディマンドプル型と、原材料や賃金などの生産コストの上昇によって引き起こされるコストプッシュ型とがある。コストプッシュ型の場合にはコストの上昇に直面して経営が悪化する企業もあり、国民生活の改善も伴わない。

値上げが浸透せず、企業の利益を圧迫する可能性があるコストプッシュ型のインフレ局面では、株価の上昇も限られるのではないか。株式はインフレに強いなどと単純に考えないほうがいいかもしれない。

## 3　女性活躍企業はPBRが高い

### M字カーブはほぼ解消

日本経済のあちこちで人手不足が問題になっているのは、これまで人手不足を補ってきた女性や高齢者の労働市場への参入が一巡したことも一因である。総務省が2023年7月21

図表6-7 年齢別有業率のカーブ

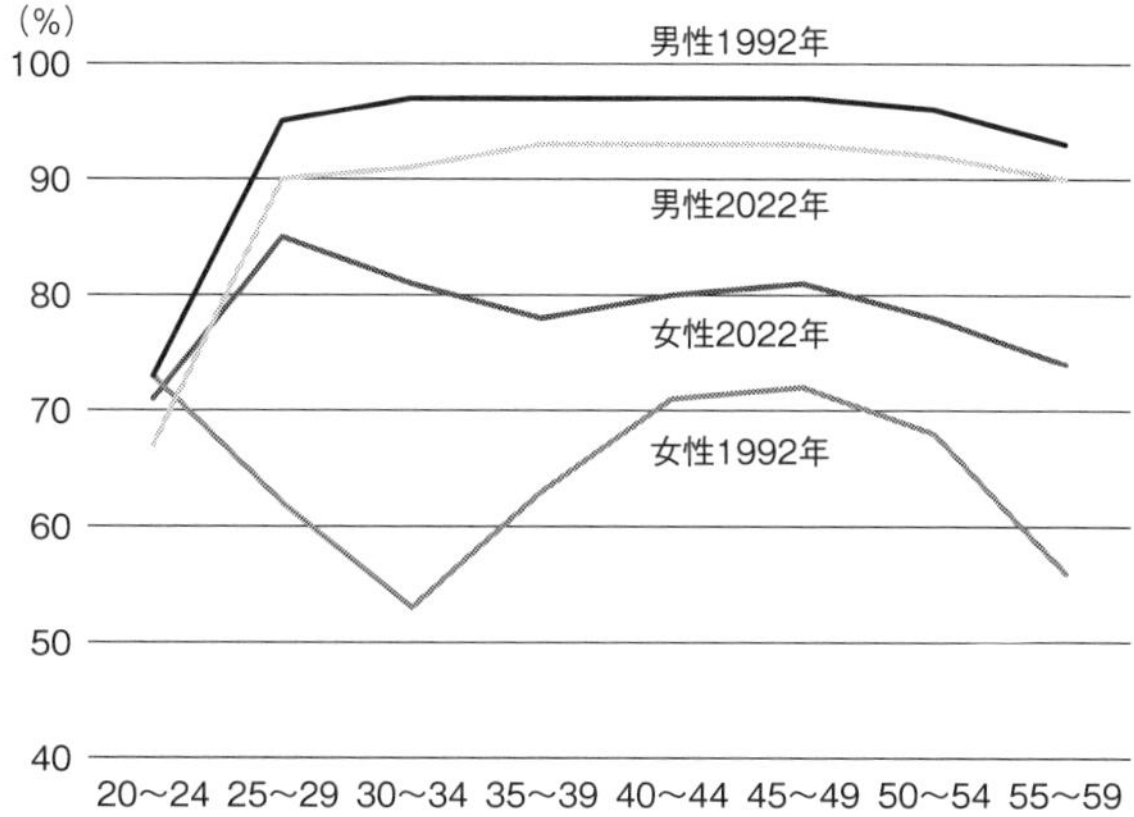


（出所）総務省「就業構造基本調査」

日に発表した2022年の就業構造基本調査によると、25～39歳の女性のうち働く人の割合が81・5%と初めて80%を超え、女性のM字カーブがほぼ解消したといわれている（図表6－7）。

理想とすべき水準にはまだ届いていないが、厚生労働省の賃金構造基本統計調査によると、男女間賃金格差も図表6－8に示すように、徐々に縮小してきている。働く女性の増加は日本経済にさまざまなプラスをもたらしている。第一に図表6－9が示すように、家計収支の改善につながっている。このグラフは総務省の家計調査報告をもとに作成したものだ。

図表6-8　縮む男女間の賃金格差

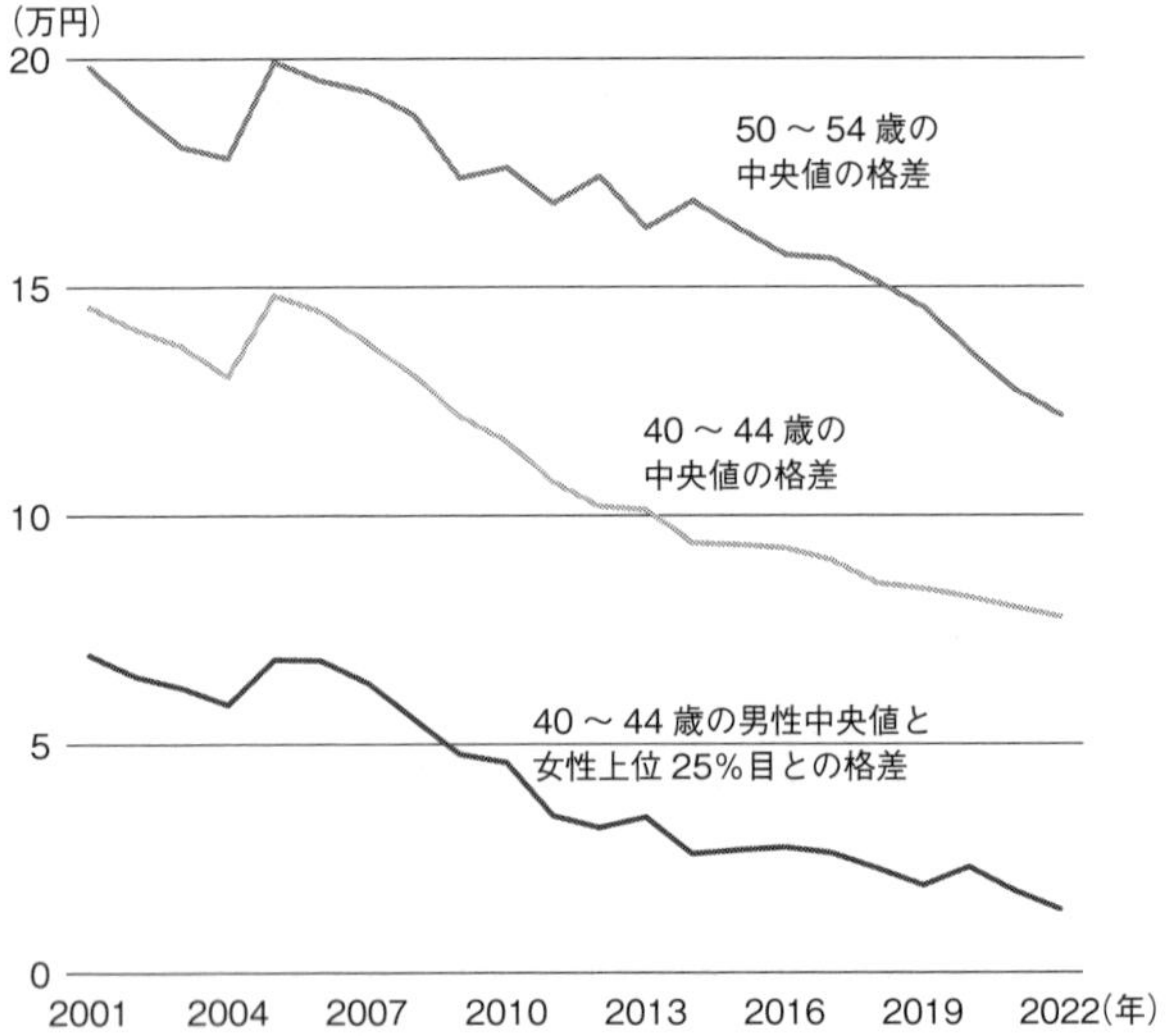


（出所）厚生労働省「賃金構造基本統計調査」

「税金や社会保険料の負担が増えているのになぜ？」と思われるかもしれないが、統計データをひもとく限り、家計収支の改善は男性の世帯主の収入減と税金・社会保険料の支払い増というマイナス要因を、女性の世帯主や配偶者の収入増で補って余りあるかたちでもたらされている。

といっても公的年金の先細りが予想されるなど将来への不安が消えるわけではないから、一部の富裕層や高収入カップルを

**図表6-9　現役世代と年金生活者の所得と収支**

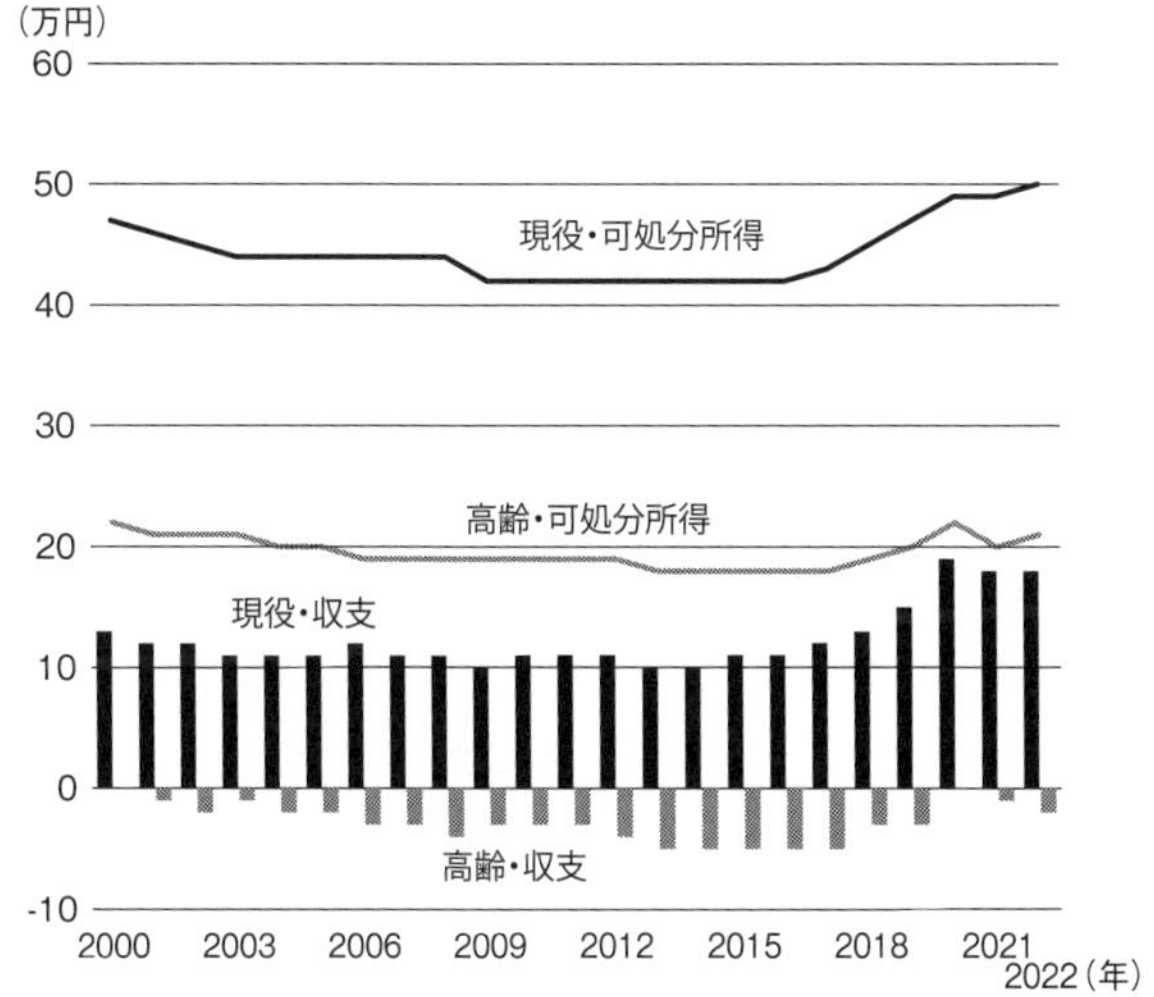


（注）現役世代は2人以上の勤労者世帯、年金生活者は夫婦高齢者無職世帯。収支は可処分所得から消費支出を差し引いたもの
（出所）総務省「家計調査報告」

除くと、財布のひもはきつく締めたままだ。この結果、図表6－10に示すように、2人以上の勤労者世帯の家計の黒字率はこのところ30％台の高水準で推移するようになっている。

2022年のデータを10年前の2012年と比較すると、2人以上の勤労者世帯の可処分所得（実収入から税・社会保険料負担を引いた金額）は2022年に月50万914円と、2012年の42万

**図表6-10　家計貯蓄率と勤労者世帯黒字率**

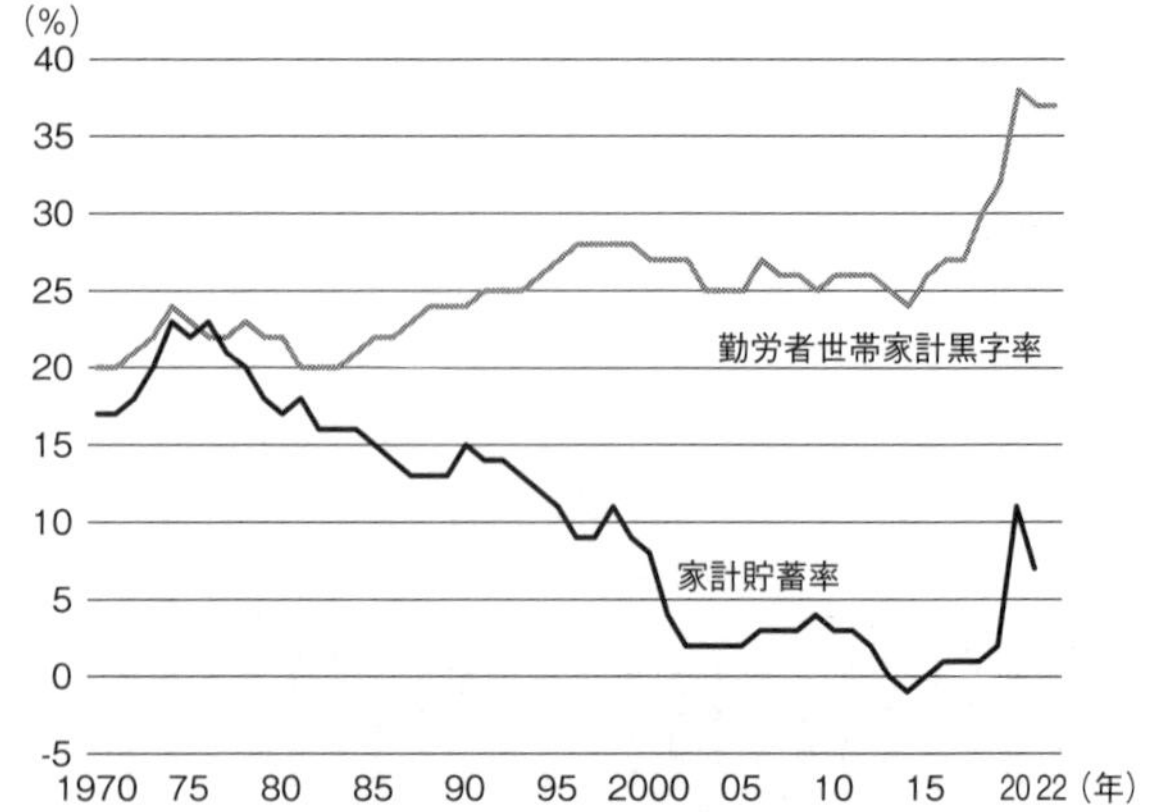


（出所）家計貯蓄率は内閣府「国民経済計算」、勤労者世帯家計黒字率は総務省「家計調査」

５００５円に比べて７万５９０９円増加した。一方、消費支出は２０２２年に32万６２２７円と２０１２年の31万３８７４円に比べて６７５３円増えただけだ。

　両者の差額である黒字は２０２２年に18万２８８６円と２０１２年の11万１１３１円に比べて６万９１５５円増加した。黒字額を可処分所得で割った黒字率は２０１２年には２０１２年の26・１％から２０２２年には36・０％に高まった。これだけの金額を家計は将来に備えて貯蓄するようになったともいえる。

　このところの消費者物価の上昇を踏まえると、名目的なことにすぎないかもしれないが、岸田文雄首相は2023年10月にまとめる経済対策を通じ、「物価高に負けない構造的な賃上げと投資拡大の流れを強化する」と語っている。女性の活躍と賃上げで家計収支の改善はしばらく続く可能性がある。

## 人的資源を生かす経営

第4章では年金積立金管理運用独立行政法人（GPIF）が取り組んでいる日本株女性活躍指数（WIN）に連動する運用が、3年連続で東証株価指数（TOPIX）を下回るリターンしか出せなかったことを指摘した。

しかし、その要因を分析すると、運用成績がパッとしなかったのは指数に組み入れる企業を選ぶ方法に課題があったからのようで、女性役員や女性社員が企業経営の足を引っ張っているわけではなさそうだ。

その証拠に、厚生労働省の「女性の活躍推進企業データベース」に登録している1609社（10月13日現在）の上場企業のデータを分析すると、女性活躍に前向きな企業ほど株価純資産倍率（PBR）が高くなる傾向がうかがえる。平均値でみるのは乱暴かもしれないが、

**図表6-11　女性管理職割合とPBR**

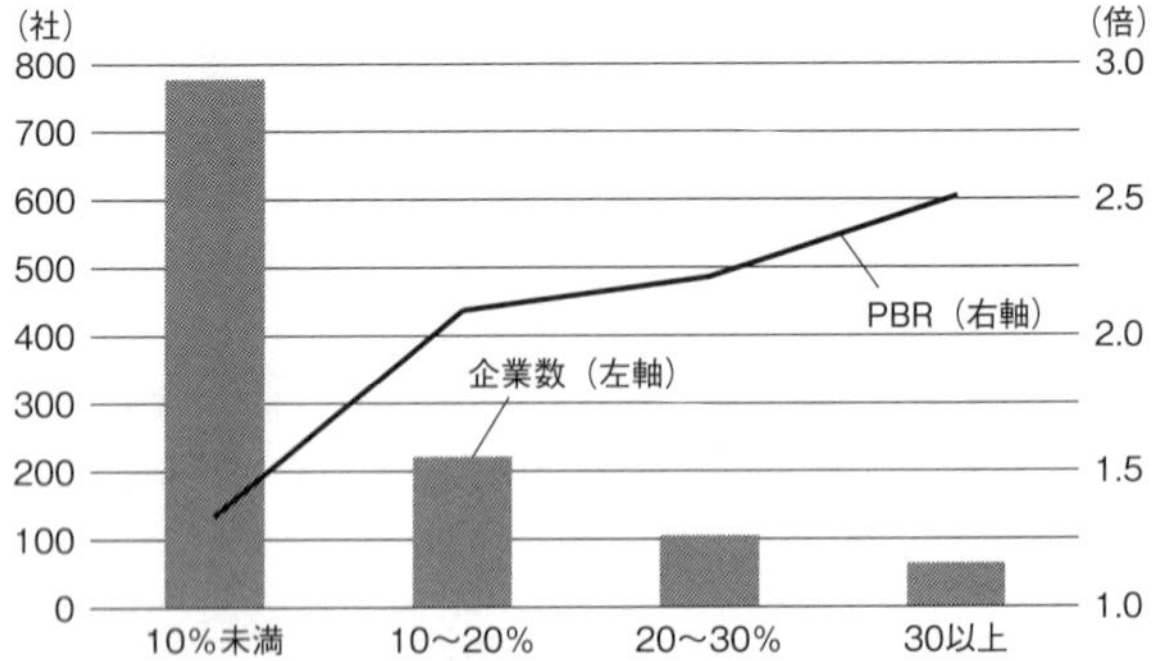


（注）対象は上場企業のうち有効データがある1168社。PBRは10月13日現在
（出所）厚生労働省「女性の活躍推進企業データベース」

分析結果は一応、次のようになっている。

女性管理職割合を登録しているのは１１６８社だが、この割合とＰＢＲとの関係を調べると、前者が10％未満の７７８社のＰＢＲの単純平均値は１・34倍だった。ところが、図表６－11のグラフに示すように、管理職割合が10～20％の２２１社だと平均ＰＢＲは２・09倍、20～30％の１０５社だと平均ＰＢＲは２・21倍、30％以上の64社だと平均ＰＢＲは２・51倍という結果になっている。

同じような傾向は男女間賃金格差とＰＢＲとの関係についても、当てはまる。賃金格差のデータを登録しているのは９８３社だが、図表６－12のグラフに示すように、女性の賃金が男

**図表6-12 男女賃金格差とPBR**

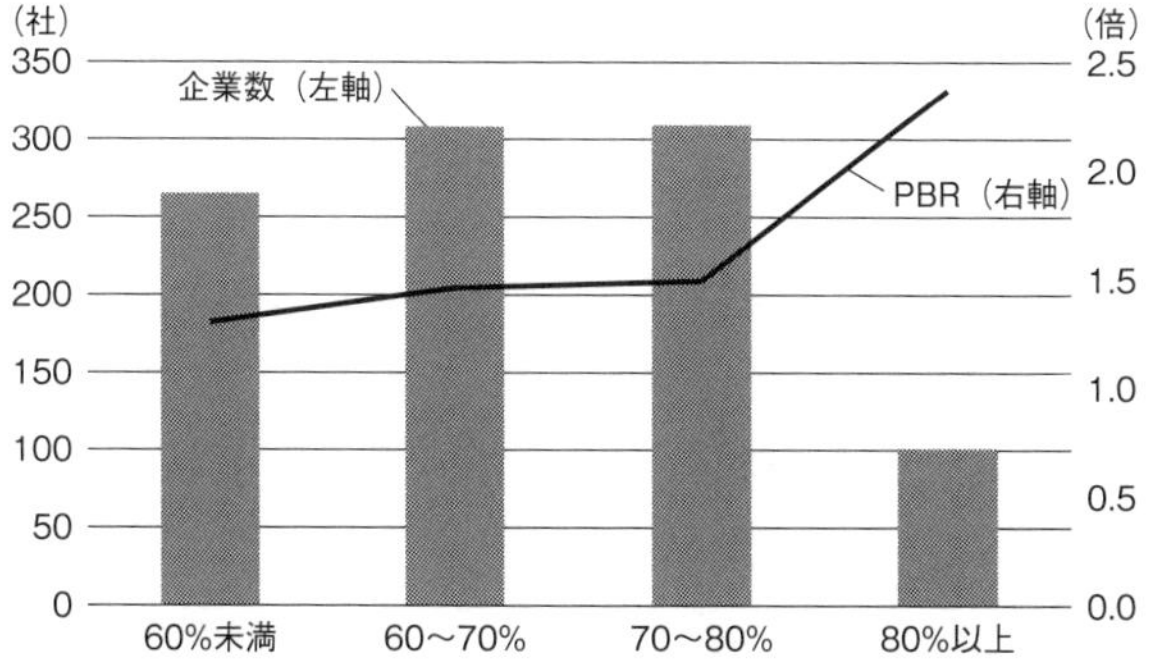


（注）対象は上場企業のうち有効データがある983社。賃金格差は女性の賃金の男性の賃金に対する割合。PBRは10月13日現在
（出所）厚生労働省「女性の活躍推進企業データベース」

性の賃金の60％未満の265社は平均PBRが1・30倍、60～70％の308社は1・46倍、70～80％の309社は1・49倍、80％以上の101社は2・37倍という具合だ。

PBRは平均値にすぎず、個々の企業を詳しくみると例外も多いので、集計値は目安の1つ程度に考えておきたいが、こうした傾向が出てくる一因は、女性活躍に前向きな企業は、人材という経営資源の有効活用にたけているからではないだろうか。社員が男性だろうが女性だろうが能力開発に熱心で、思う存分、働いてもらうだけの環境が整っているのではないかと考えられる。

人材を育てる投資なども含め、企業が経営

資源を有効活用しようと真剣に考えることは、株高につながる大きな要因であることを示している。

## 富裕層消費も経済のリード役に

日本でも格差拡大は問題になっているが、誰が消費のリード役になるのかという観点からは、富裕層の増加は無視できない。図表6－13は野村総合研究所が2023年3月1日に公表した2021年版の「国内の金融資産に関する調査」から作成したものだ。

10年前の2011年に比べ、純金融資産が5億円以上の超富裕層の世帯数が80％増え、保有資産総額が139％増えたことや、純金融資産が1億円以上5億円未満の富裕層の世帯数が84％増え、保有資産総額が80％増えたことがうかがえる。

「超富裕層」と「富裕層」を1つにまとめ、純金融資産が1億円以上の層が全世帯の何パーセント程度を占め、個人金融資産のどれだけの割合を握っているのかを示したのが、図表6－14のグラフだ。調査を2000年版までさかのぼってみると、富裕層割合は2000年の1・79％から2021年の2・74％へ1ポイント近く高まった。富裕層への純金融資産の集

## 図表6-13 富裕層の増加を示すデータ

| | 2011 | 2013 | 2015 | 2017 | 2019 | 2021 |
|---|---|---|---|---|---|---|
| 保有資産総額（兆円） | | | | | | |
| マス層 | 500 | 539 | 603 | 673 | 656 | 678 |
| アッパーマス層 | 254 | 264 | 282 | 320 | 310 | 332 |
| 準富裕層 | 196 | 242 | 245 | 247 | 255 | 258 |
| 富裕層 | 144 | 168 | 197 | 215 | 236 | 259 |
| 超富裕層 | 44 | 73 | 75 | 84 | 97 | 105 |
| 合計 | 1138 | 1286 | 1402 | 1539 | 1554 | 1632 |
| 保有資産の分布（%） | | | | | | |
| マス層 | 43.9 | 41.9 | 43.0 | 43.7 | 42.2 | 41.5 |
| アッパーマス層 | 22.3 | 20.5 | 20.1 | 20.8 | 19.9 | 20.3 |
| 準富裕層 | 17.2 | 18.8 | 17.5 | 16.0 | 16.4 | 15.8 |
| 富裕層 | 12.7 | 13.1 | 14.1 | 14.0 | 15.2 | 15.9 |
| 超富裕層 | 3.9 | 5.7 | 5.3 | 5.5 | 6.2 | 6.4 |
| 合計 | 100.0 | 100.0 | 100.0 | 100.0 | 100.0 | 100.0 |
| 世帯数（万世帯） | | | | | | |
| マス層 | 4048.2 | 4182.7 | 4173.0 | 4203.1 | 4215.7 | 4213.2 |
| アッパーマス層 | 638.4 | 651.7 | 680.8 | 720.3 | 712.1 | 726.3 |
| 準富裕層 | 268.7 | 315.2 | 314.9 | 322.2 | 341.8 | 325.4 |
| 富裕層 | 76.0 | 95.3 | 114.4 | 118.3 | 124.0 | 139.5 |
| 超富裕層 | 5.0 | 5.4 | 7.3 | 8.4 | 8.7 | 9.0 |
| 合計 | 5036.3 | 5250.3 | 5290.4 | 5372.3 | 5402.3 | 5413.4 |
| 世帯数の分布（%） | | | | | | |
| マス層 | 80.4 | 79.7 | 78.9 | 78.2 | 78.0 | 77.8 |
| アッパーマス層 | 12.7 | 12.4 | 12.9 | 13.4 | 13.2 | 13.4 |
| 準富裕層 | 5.3 | 6.0 | 6.0 | 6.0 | 6.3 | 6.0 |
| 富裕層 | 1.5 | 1.8 | 2.2 | 2.2 | 2.3 | 2.6 |
| 超富裕層 | 0.10 | 0.10 | 0.14 | 0.16 | 0.16 | 0.17 |
| 合計 | 100.0 | 100.0 | 100.0 | 100.0 | 100.0 | 100.0 |

（注）各階層の区切りは世帯の純金融資産でみて3000万円未満がマス層、3000万円以上5000万円未満がアッパーマス層、5000万円以上1億円未満が準富裕層、1億円以上5億円未満が富裕層、5億円以上が超富裕層
（出所）野村総合研究所「国内の金融資産に関する調査」

**図表6-14　富裕層への集中は過去最高**

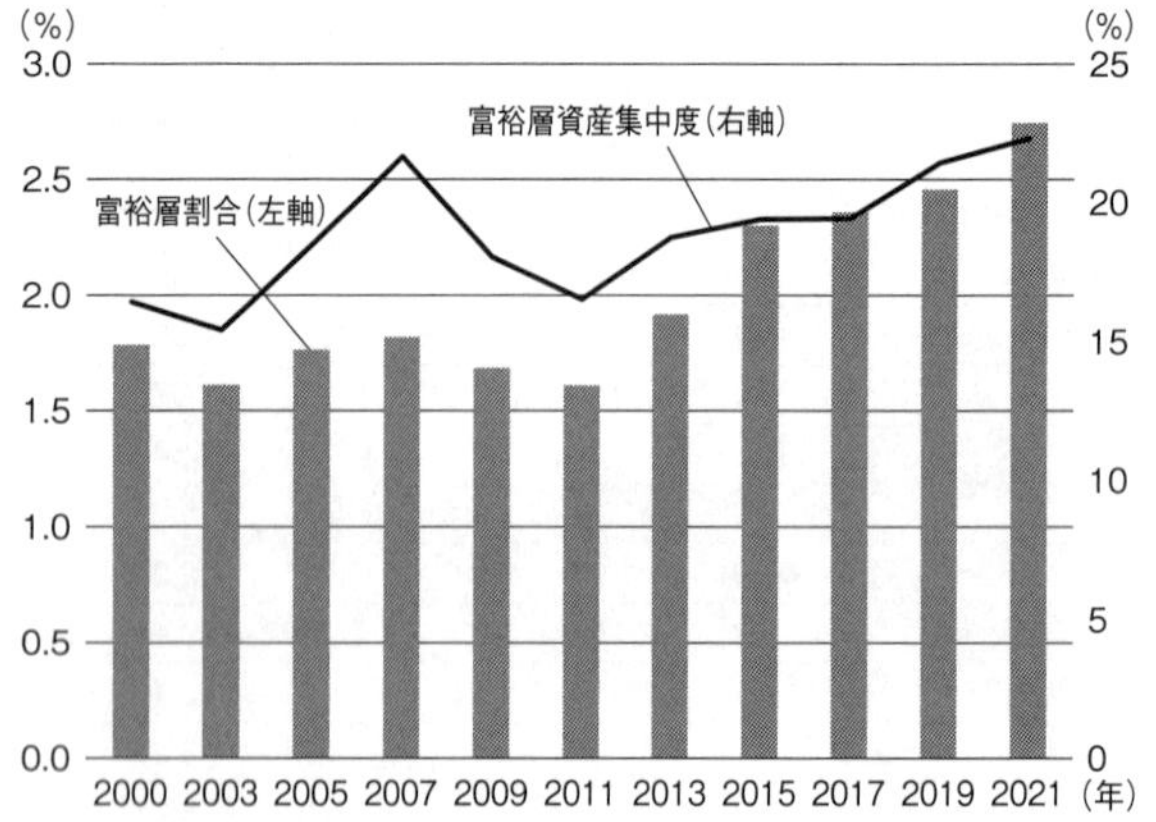


(注) 純金融資産5億円以上の「超富裕層」と1億～5億円の「富裕層」をまとめて富裕層とした
(出所) 野村総合研究所「国内の金融資産に関する調査」(過去分含む)

中度は２０００年の16・4％から２０２1年の22・3％へ６ポイント近く高まった。

　消費をリードしているのは、すでに金融資産を積み上げた富裕層だけではない。若年層でも夫婦ともに高収入が得られる仕事に就いているいわゆるスーパーカップルらも、販売価格が1億円を超えるマンションや高額商品の買いの担い手になっている。

　だからというわけではないが、景気が低迷している日本でも世界の高級ブランドは不況知らずである。図表６－15と図表６－16のグラフはフランスに本拠を置

図表6-15 モエ・ヘネシー・ルイ・ヴィトンの全世界売り上げに占める日本市場のウエート

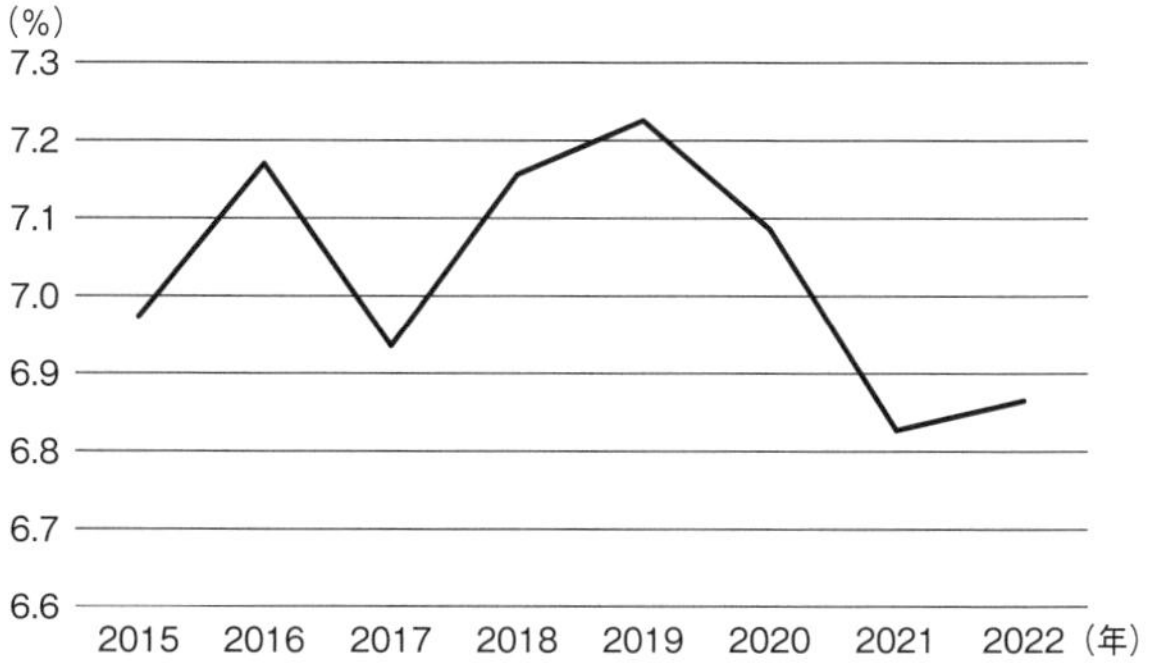

(出所) LVMH「アニュアルレポート」

くLVMH(モエ・ヘネシー・ルイ・ヴィトン)の全世界の売り上げに占める日本での売上高の割合と、日本での売上高の実額での推移を示している。新型コロナウイルスの流行が始まった2020年にはさすがに落ち込んだが、その後は増収の勢いを取り戻している。

百貨店も全国的には閉店が相次いでいるが、図表6－17が示す通り、伊勢丹新宿店のように消費者の心をつかんだところは売上高が順調に伸びている。2023年はインバウンド(訪日観光客)の増加も加わって、一段と増収にはずみがついているようだ。

日本はまだ公式にはデフレ脱却を宣言するに至っていない。足元の物価上昇はあくまでもコ

図表6-16　モエ・ヘネシー・ルイ・ヴィトンの日本市場での売上高

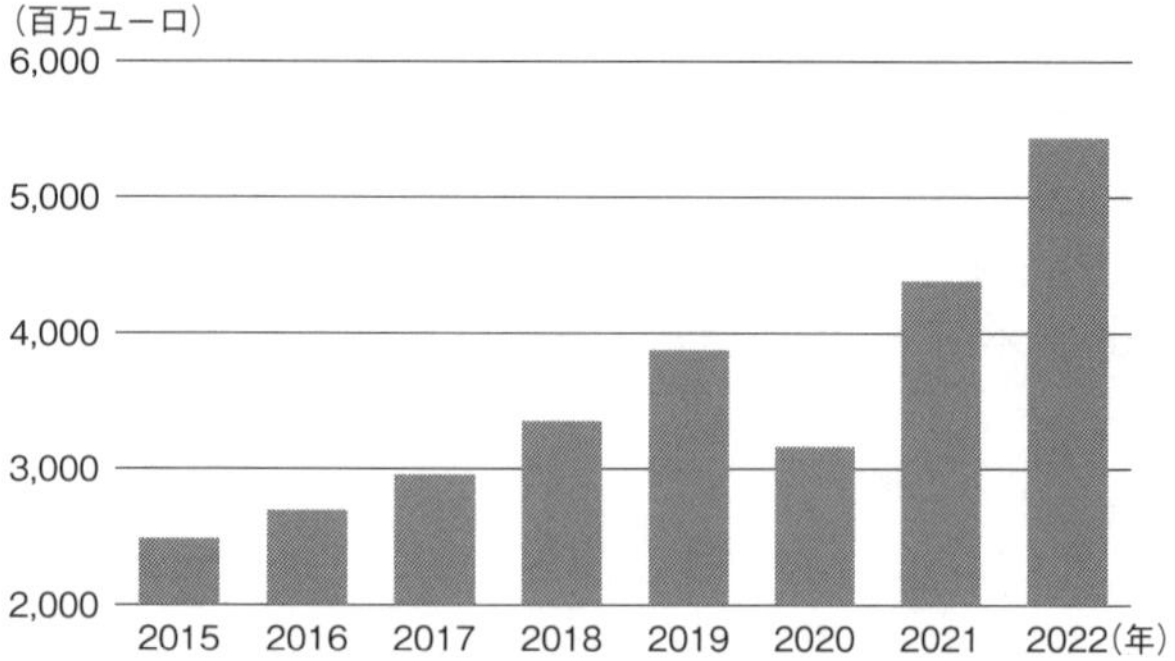


（出所）LVMH「アニュアルレポート」

図表6-17　百貨店の売上高

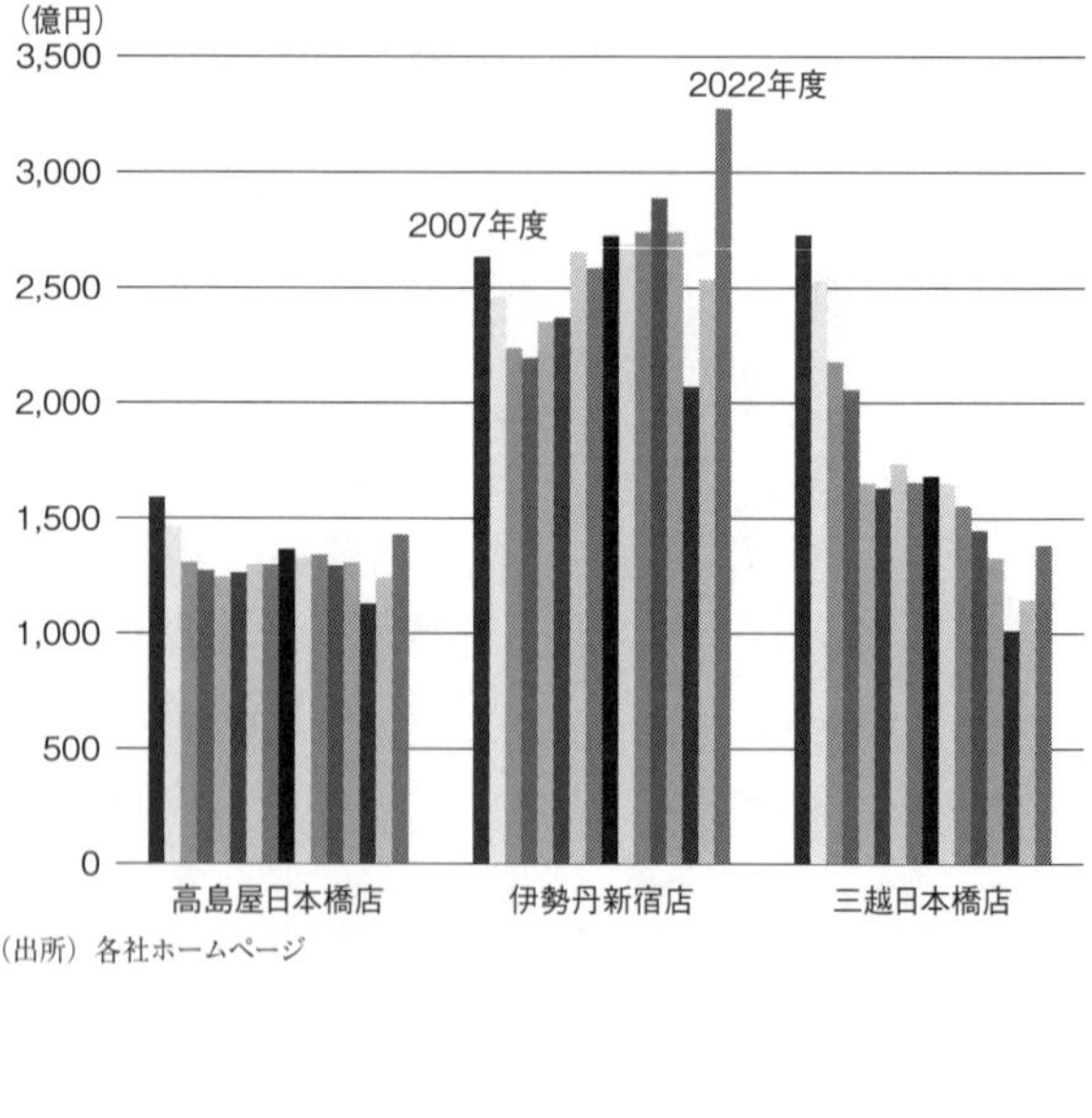


（出所）各社ホームページ

ストプッシュ型であり、需要が弱いことから、原材料価格の上昇が止まれば、また物価が下落に転じるのではないかという懸念が強いからだ。

しかし、サービス業のなかには人手不足もあって、供給を絞り、値上げをすることで収益の確保を目指し、その戦略が成功しているところもある。全国の有名観光地のホテルや旅館では2人で1泊10万円を超えるような宿泊料金を提示するところも珍しくなくなった。デフレへの後戻りを心配しなくてもいい状況になれば、日銀の金融政策も大きく変わり、日本経済が成長のモメンタムを取り戻す可能性もある。

## 4　乗り越えられるか、少子高齢化を

### マスク氏の予言、現実になるかも

国立社会保障・人口問題研究所が2023年4月26日に6年ぶりに「将来推計人口」を公表した。その要点は図表6－18の通りだ。出生率の前提も死亡率の前提も実現可能性が高そ

図表6-18　新しい将来推計人口のポイント

| | 推計人口 | うち日本人 | 生産年齢人口 |
|---|---|---|---|
| 2020 | 12615 | 12340 | 7509 |
| 2030 | 12012 | 11591 | 7076 |
| 2040 | 11284 | 10698 | 6213 |
| 2050 | 10469 | 9740 | 5540 |
| 2060 | 9615 | 8767 | 5078 |
| 2070 | 8700 | 7761 | 4535 |
| 2080 | 7827 | | 3989 |
| 2090 | 7034 | | 3592 |
| 2100 | 6278 | | 3210 |
| 2110 | 5582 | | 2827 |
| 2120 | 4973 | | 2517 |

（注）単位万人。生産年齢人口は15～64歳の人口
（出所）国立社会保障・人口問題研究所「将来推計人口（令和5年推計）」

うな「出生中位・死亡中位」と仮定した場合、２０２０年に１億２６１５人だった日本の人口は50年後の２０７０年には８７００万人に、１００年後の２１２０年には４９７３万人に減少すると予測している。

しかもこれは外国人を加えた人口である。日本人だけの人口は２０２０年に１億２３４０万人だったのが、２０７０年には７７６１万人まで減少する見通しだ。言い方を変えれば、２０２０年には日本に住む46人のうち１人が外国人だったが、２０７０年には日本に住む９人のうち１人が外国人になると予測している。

経済成長に最も影響がある15歳から64歳

**図表6-19　やはり日本は消えてなくなる？**

| 前提 死亡 | 前提 出生 | 2020 | 2070 | 2120 | 2220 | 2520 | 3020 |
|---|---|---|---|---|---|---|---|
| 中位 | 中位 | 12,615 | 8,700 | 4,973 | 1,961 | 120.15 | 1.14 |
| | 高位 | 12,615 | 9,549 | 7,062 | 3,954 | 693.85 | 38.16 |
| | 低位 | 12,615 | 8,024 | 3,587 | 1,020 | 23.43 | 0.04 |
| 高位 | 中位 | 12,615 | 8,508 | 4,852 | 1,866 | 106.21 | 0.89 |
| | 高位 | 12,615 | 9,356 | 6,920 | 3,796 | 626.62 | 31.13 |
| | 低位 | 12,615 | 7,833 | 3,483 | 962 | 20.23 | 0.03 |
| 低位 | 中位 | 12,615 | 8,893 | 5,095 | 2,057 | 135.52 | 1.46 |
| | 高位 | 12,615 | 9,744 | 7,203 | 4,113 | 765.89 | 46.50 |
| | 低位 | 12,615 | 8,217 | 3,692 | 1,080 | 27.07 | 0.06 |

（注）単位万人。2120年までは今回公表された推計、それ以降は2020～2021年の減少率がそのまま続いたと仮定した場合の筆者推計
（出所）国立社会保障・人口問題研究所「将来推計人口（令和5年推計）」

までの生産年齢人口の減少はもっと著しい。２０２０年の７５０９万人が２０７０年には４５３５万人になる見通しだ。減少率は39・6％減と全人口の減少率の31・0％を上回る。２１２０年には２０２０年比66・5％減の２５１７万人になると予測している。これも全人口の減少率の60・6％を上回る。

将来推計人口には「出生中位・死亡中位」のほか、「出生低位・死亡高位」など全部で９パターンがある。それぞれについて２１２０年までの推計人口が計算されているが、同じペースでの減少が１０００年後の３０２０年まで続いた場合にどうなるかを試算したのが図表６－19の表だ。

「出生中位・死亡中位」が前提でも3020年の日本の人口は1万1400人になりそうだ。前提を「出生低位・死亡中位」とした場合には、3020年の人口はわずか400人になる見通しだ。米国の電気自動車メーカー、テスラの創業経営者イーロン・マスク氏は2022年5月7日にツイッター（現在はX）で「当たり前のことを言うが、出生率が死亡率より高くなるような何らかの変化をもたらさない限り、日本は消滅するだろう」とつぶやいた。荒唐無稽な予想ではない。

## 80歳まで働いて人口減克服

1000年先はともかくとして、少子高齢化がもたらす経済的な問題は、経済成長を支える側の生産年齢人口が相対的に少なくなり、子どもや高齢者の生活を支える余裕がなくなってしまうことだ。15~64歳の生産年齢人口を14歳以下と65歳以上の従属人口で割った値は「人口ボーナス指数」と呼ばれている。

人口の年齢構成が若い国は一般に人口ボーナス指数が高く、高齢者が増えると低下する傾向がある。人口ボーナス指数が200%を超えている局面は「人口ボーナス期」といわれ、

**図表6-20 新しい人口推計に基づく人口ボーナス指数**

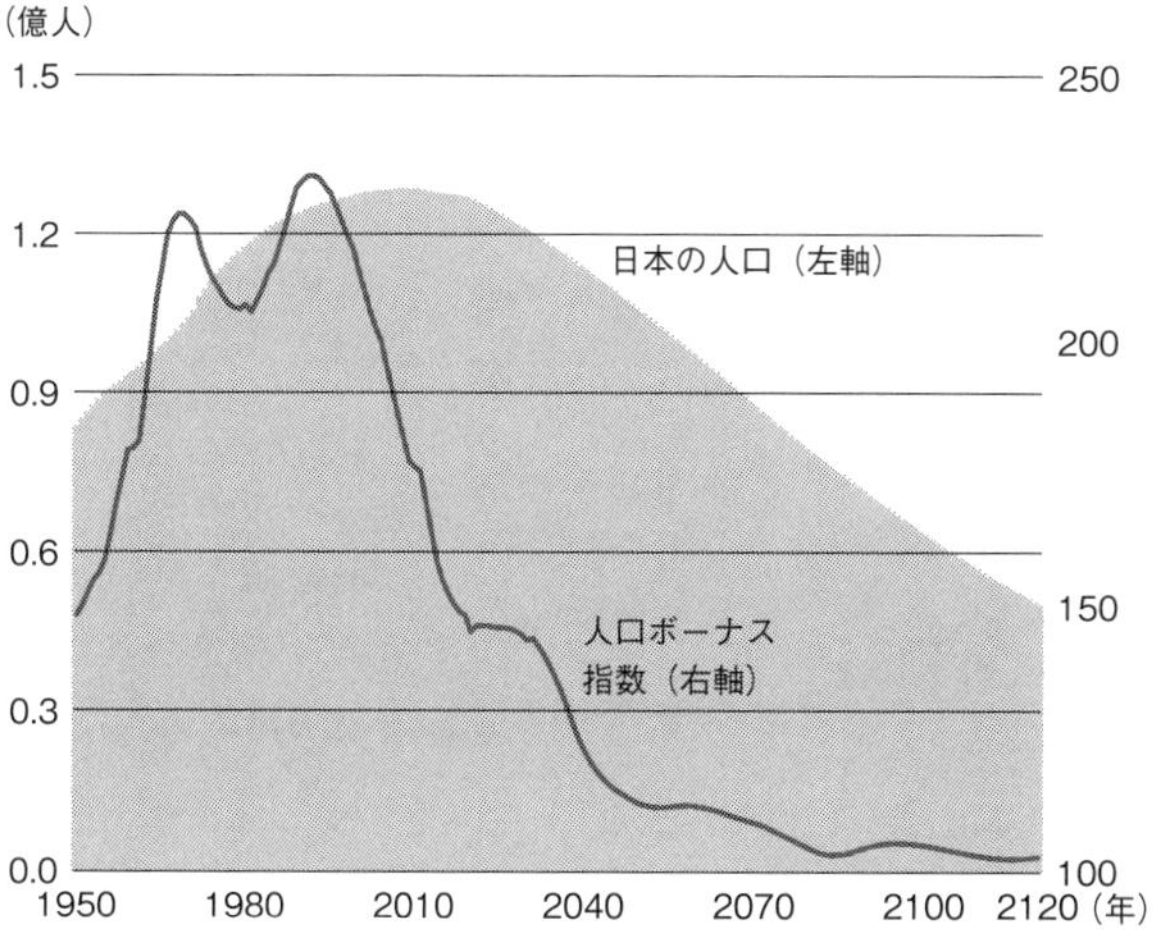


（注）人口ボーナス指数は生産年齢人口（15～64歳）を従属人口（0～14歳と65歳以上）で割った比率
（出所）国立社会保障・人口問題研究所のデータをもとに筆者作成

高い経済成長が期待できる。逆に人口ボーナス指数が急速に低下している局面や100％を割った局面は「人口オーナス期」といわれ、社会保障負担などが足かせになって経済成長が止まりやすい。

国立社会保障・人口問題研究所の新しい推計人口に基づくと、戦後の高度成長期には200％を超えていた人口ボーナス指数は2020年に147％まで低下した。図表6－20が示す通り、このまま人口の減少と少子高齢化が続くと、2050年には112％、2

**図表6-21　人口ボーナスを維持するには**

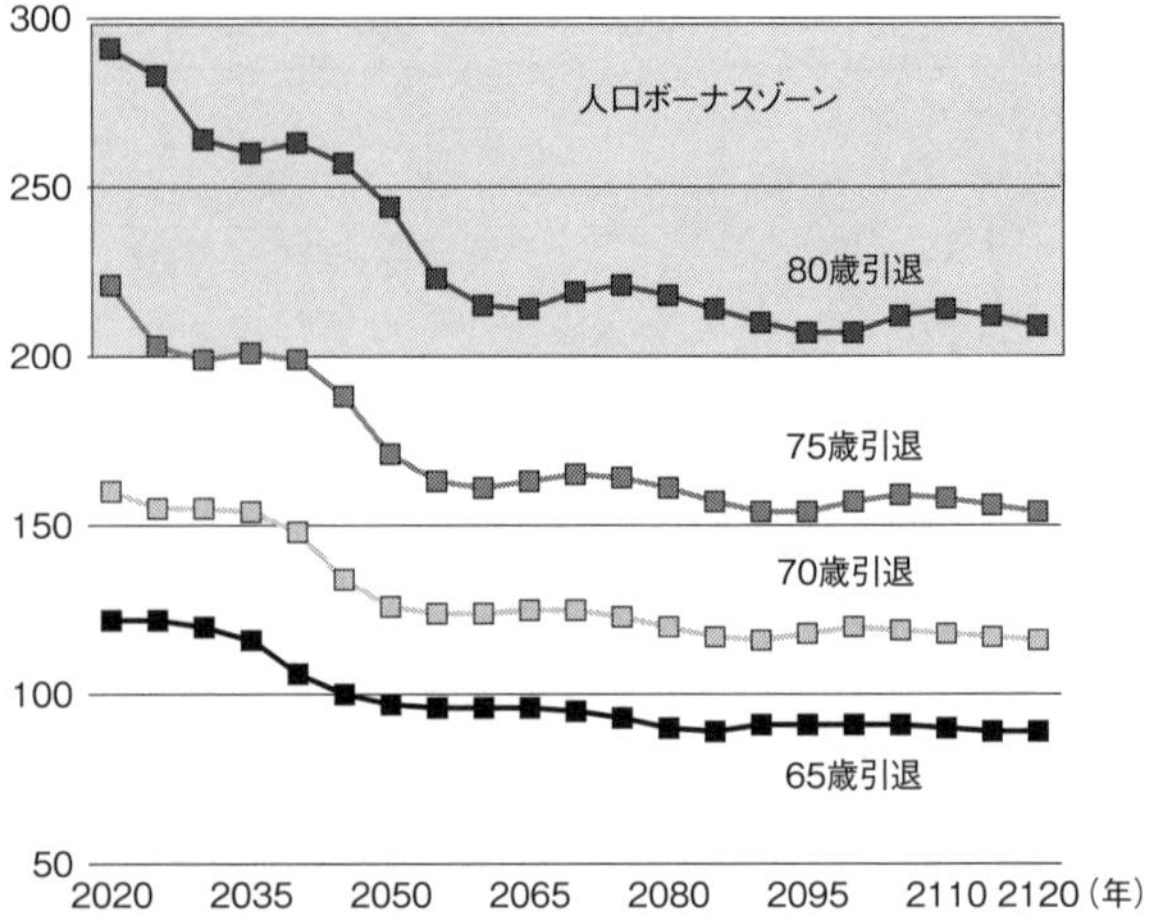


（注）20歳から就業すると仮定。生産年齢人口は20歳から引退前年までの人口、従属人口は0〜19歳と引退から死亡までの人口の合計とした
（出所）国立社会保障・人口問題研究所「将来人口推計」のデータをもとに筆者試算

１００年には１０５％まで低下する見通しだ。

　この状況を克服するには、就業年齢を延ばし、生産年齢人口を増やすしかないだろう。現在は15歳から働き始める人は少ないので、生産年齢人口としてカウントするのは20歳からと仮定しよう。何歳まで働けば、言い換えれば、何歳までを生産年齢人口をカウントすれば、人口ボーナス指数を押し上げられるかを試算したのが、図表6－21だ。

　人口ボーナス指数を２００％以

図表6-22　60歳以上の就業率

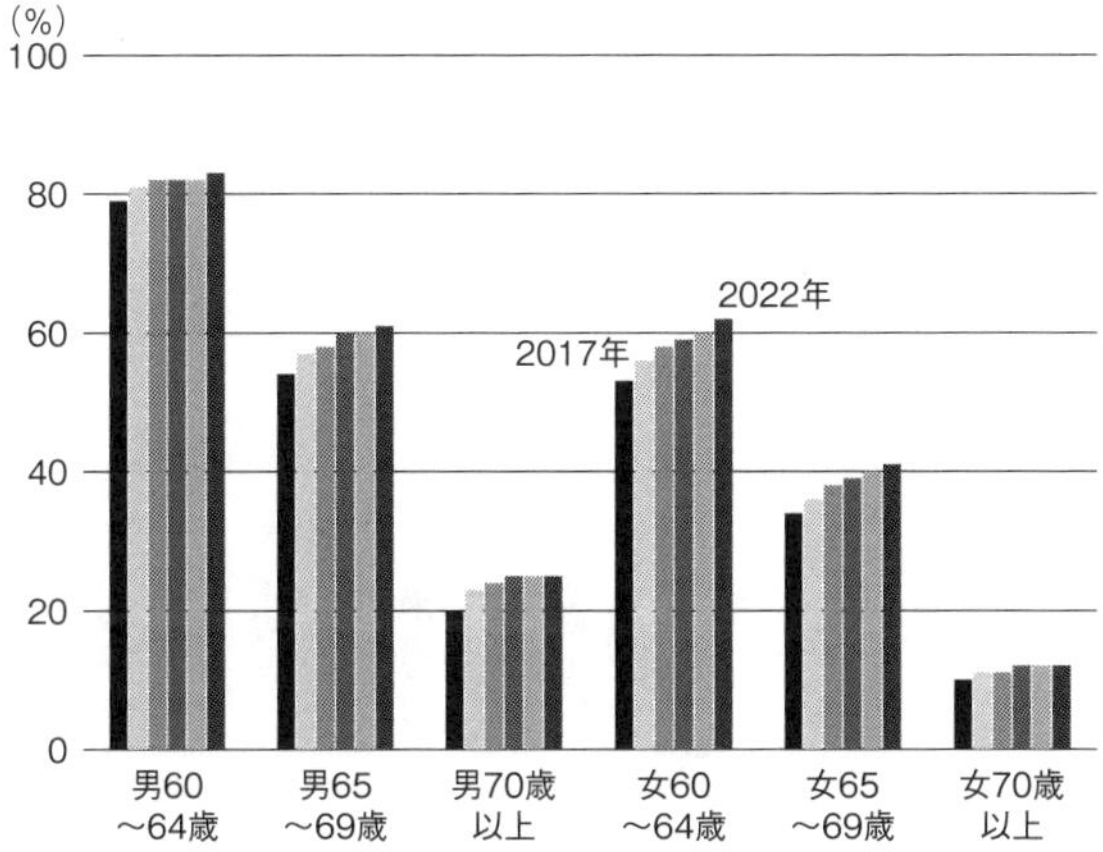


(出所) 総務省「労働力調査」

上に押し上げるには、20～79歳を生産年齢人口とカウントしなければならない。現状と同じ150％程度を維持するためには、20～74歳を生産年齢人口に区分する必要がありそうだ。企業の定年をそこまで引き上げるのは無理だとしても、高齢者も何らかのかたちで働き、収入をえる社会に転換することが求められる。

日本が少子高齢化をどう乗り越えていくかは世界的にも注目されているが、実際、日本では60歳や65歳で仕事から引退する人は減っている。図表6－22は総務省の労働力調査をもとに作成したが、65～69歳では男性の61・0％が、女性の

図表6-23　60歳以上の勤労者世帯の収入

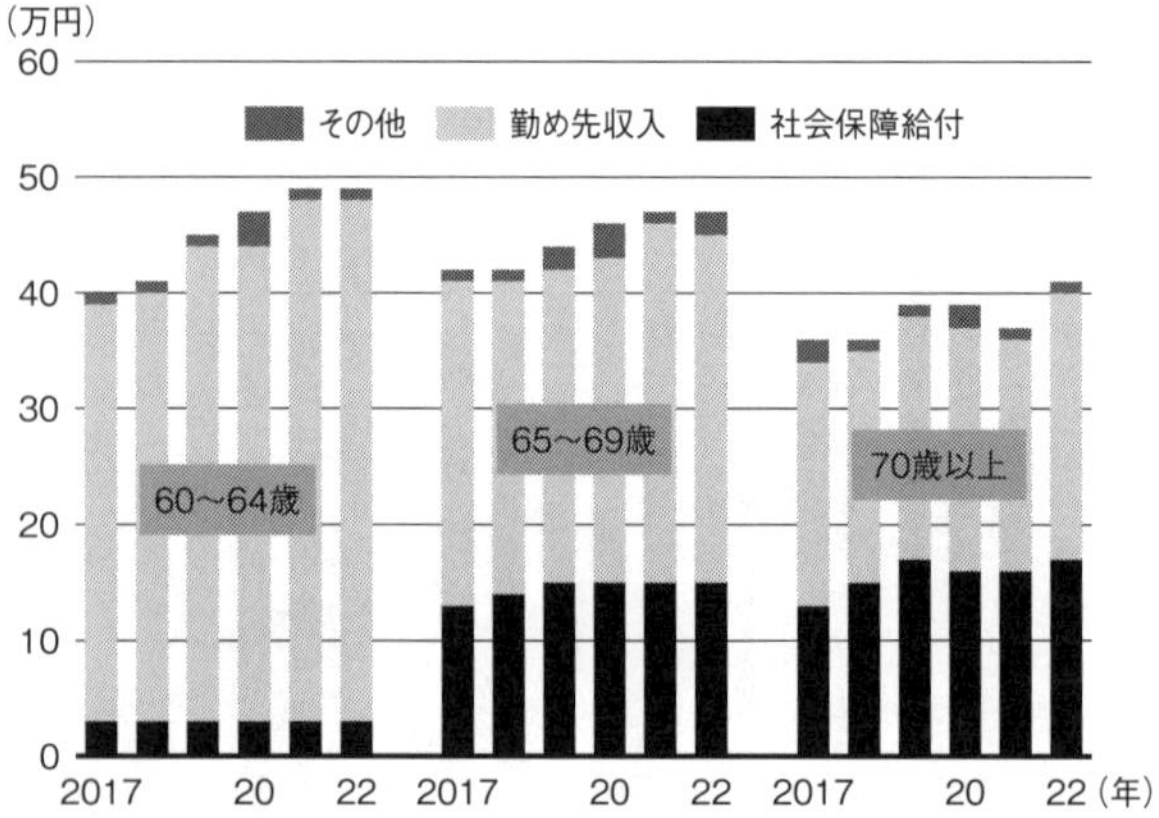


（注）２人以上の勤労者世帯のデータ
（出所）総務省「家計調査」

41・3％が就業している。70歳以上でも男性の25・9％が、女性の12・9％が就業している。

図表６－23と図表６－24は世帯主が60歳以上の２人以上の勤労者世帯の家計収支の状況を示している。高齢になっても貯蓄を取り崩して生きるのではなく、働いて収入を得て、多少ゆとりのある生活を楽しみながら、若干の余剰（黒字）は余生に備えて蓄えておく。こんな暮らしが高齢者のデフォルトになるのならば、少子高齢化は経済成長の足かせにならないのではないか。

図表6-24 60歳以上の勤労者世帯の支出と黒字

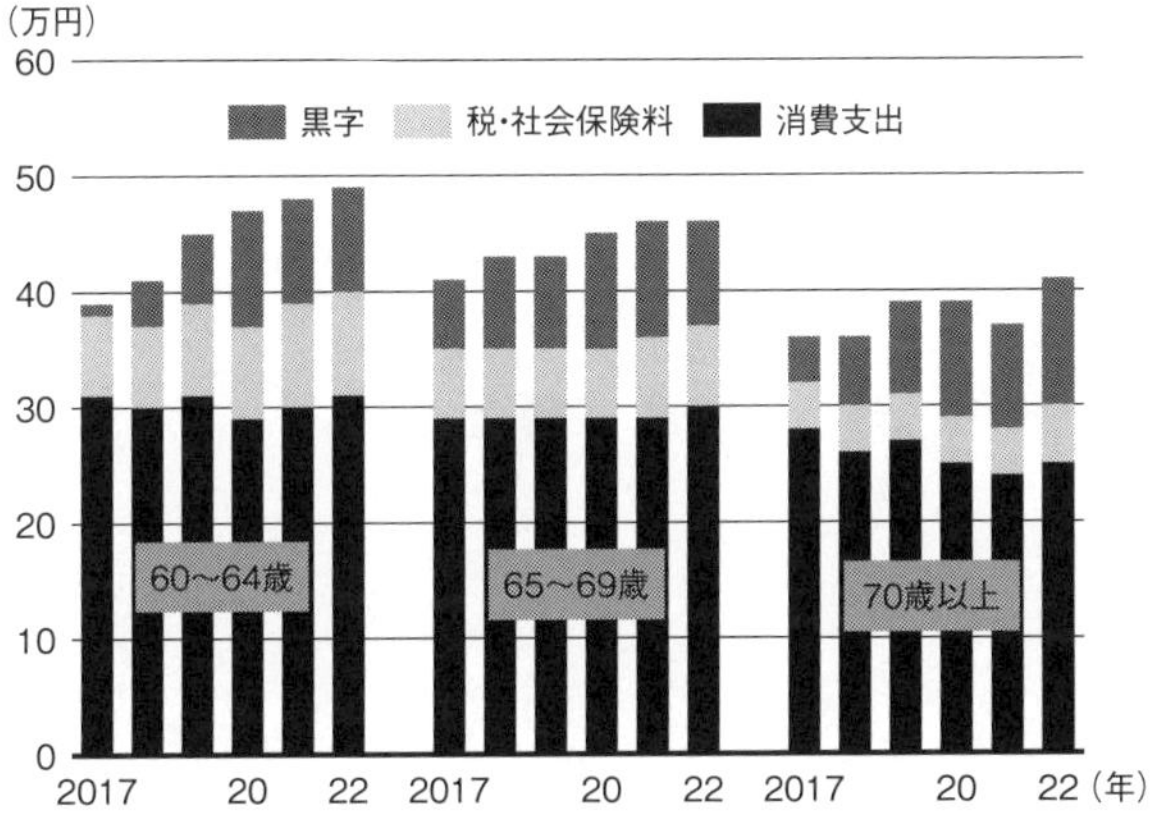


(注) 2人以上の勤労者世帯のデータ
(出所) 総務省「家計調査」

## 5 実現するか、1株単位の売買

### 売買意欲高まる個人投資家

30歳代を中心に若年層の投資意欲が高まっている姿は第1章で説明した通りだ。実際、東証が毎週発表している株式の投資部門別売買状況を集計すると、2023年の個人投資家の株式売買代金は2013年に記録した369兆8844億円を10年ぶりに上回り、初めて400兆円を超える見通しだ。

個人投資家の売買意欲の高まりは全国

証券取引所が毎年1回、7月に公表する株式分布状況調査にも表れている。7月6日に発表した2022年度版によると、図表6−25に示すように、個人株主の延べ人数（1人の株主が例えば5社の株式を保有していれば、5人と数える）は2021年度を521万人上回る6982万人となった。

個人・その他の株式保有比率（金額ベース）も1・0ポイント高まって17・6%になった。個人の株式売買代金差額も2021年度に続いて買い越しとなり、時価ベースの株式保有金額も131兆2553億円と2020年度の125兆5428億円を上回り、過去最高になった。

複数の銘柄を保有している株主も1人と数えた場合の株主数（名寄せ後の個人株主数）は証券保管振替機構（ほふり）のデータから確認することができる。2023年10月16日時点での最新情報では1528万3952人となっている。東証の統計と異なり、この数字には単元未満株（ミニ株）だけを保有する株主も含まれている。

すべての決算期を横断した名寄せ後個人株主数の過去のデータはほふりホームページでの公表時期をすぎてしまったため、少なくとも1社以上の3月期決算企業の株式を保有する名

図表6-25 取引所の株式分布状況調査から

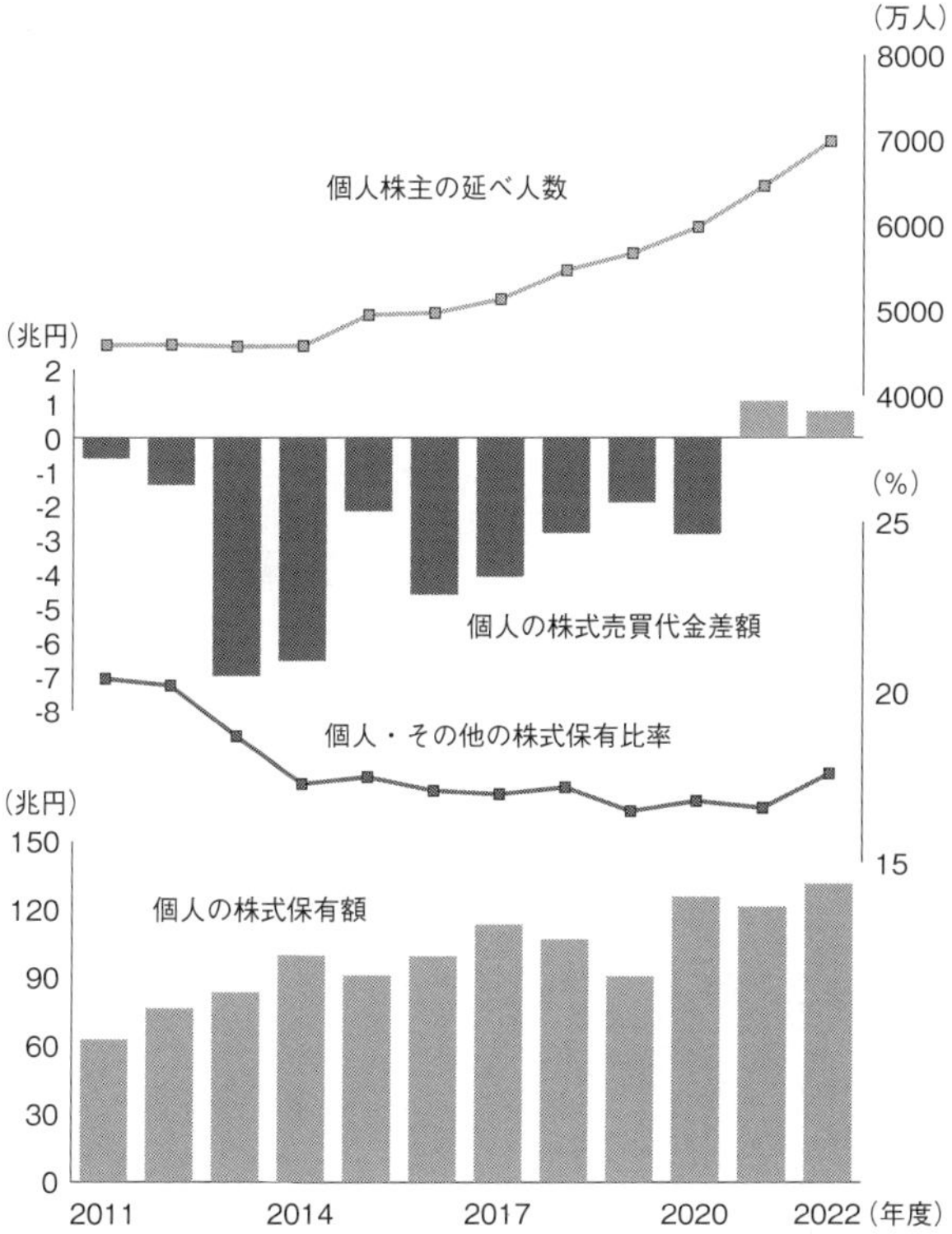


(出所)全国証券取引所「株式分布状況調査」

**図表6-26　名寄せ後個人株主数**

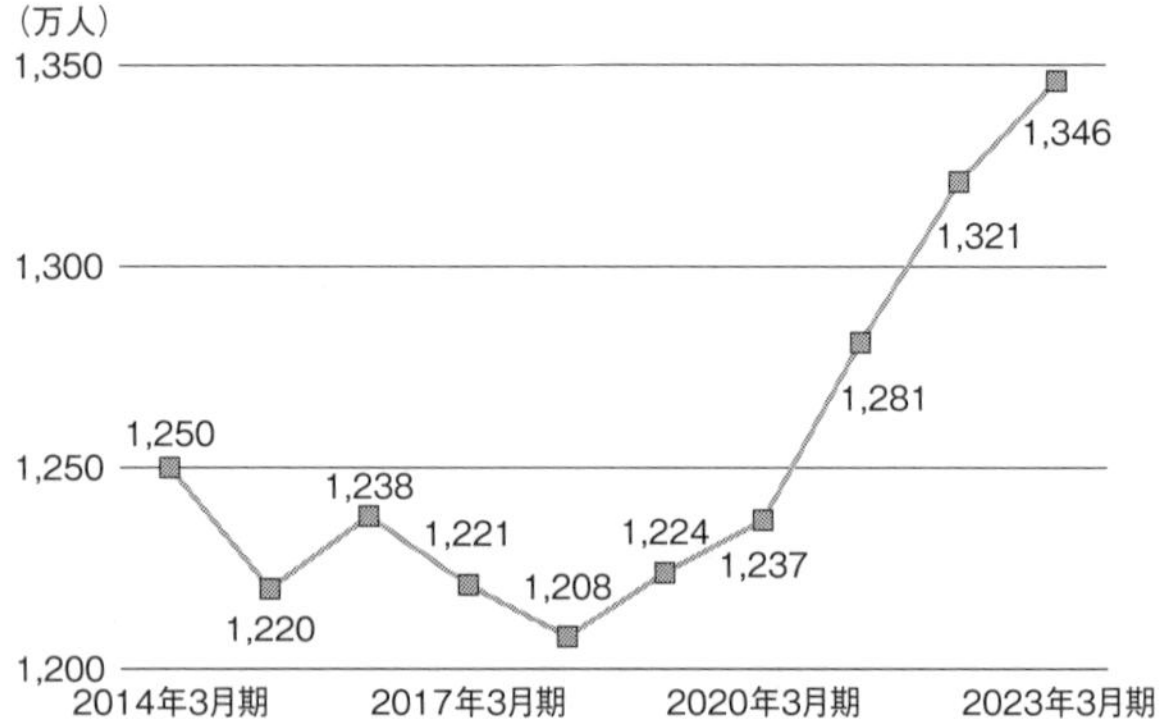


（注）3月期決算会社だけのデータ（3月期以外の決算会社の株式だけを保有する株主は含まない）
（出所）証券保管振替機構

寄せ後個人株主数をグラフ化すると、図表６－26のようになる。２０１８年３月期の１２０８万人から２０２３年３月期の１３４６万人へ５年間で11・４％増加した。

年代別の株主数の増加率は、図表６－27の棒グラフの通りだ。20歳未満の増加率が最も大きく、次いで20歳代、80歳以上などとなっている。ただ、若年層は折れ線グラフが示す通り、もともとの株主数が少ないから、多少増加したところで、高齢者中心の日本株全体の株主構成を大きく買えるほどの影響が出ているわけではない。

図表６－28に示すように、39歳以下の株主の全体に占める割合は、２０２３年３月

図表6-27 年代別の株主数と増減率

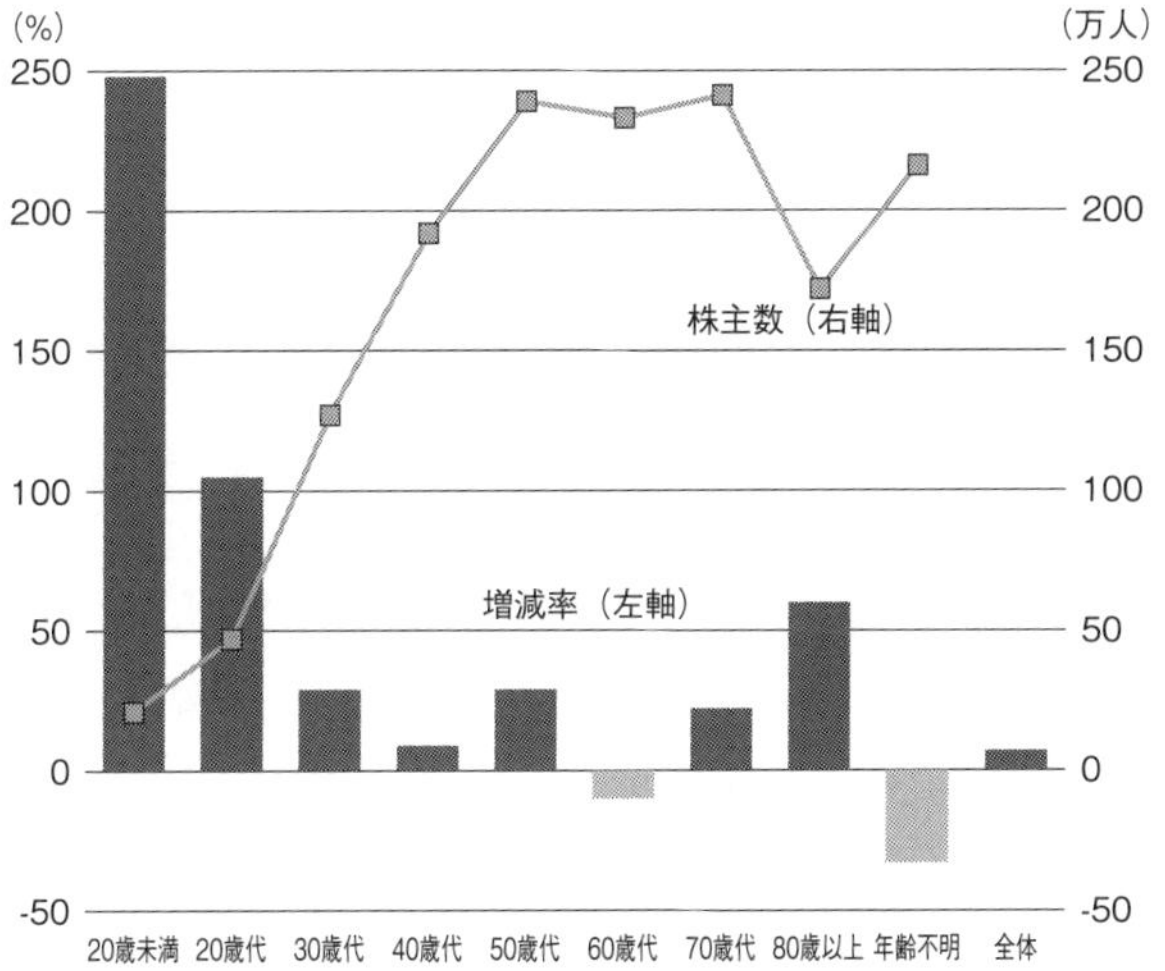


(注) 株主数は名寄せ後（2023年6月末現在）、増減率は2023年3月期決算会社の名寄せ後株主数を2014年3月期決算会社の名寄せ後株主数と比較
(出所) 証券保管振替機構のデータをもとに作成

期に14・6％と9年前の2014年3月期の11・4％に比べて3・2ポイント高まった。しかし、金額ベースでは図表6－29が示す通り、2015年度の5・4％から2022年度には4・8％と0・6ポイント減少した。60歳以上の株主の株式保有額は2015年度が全体の66・7％、2022年度が67・7％と相変わらず約3分の2を占めている。

### 図表6-28　株主の年代別構成

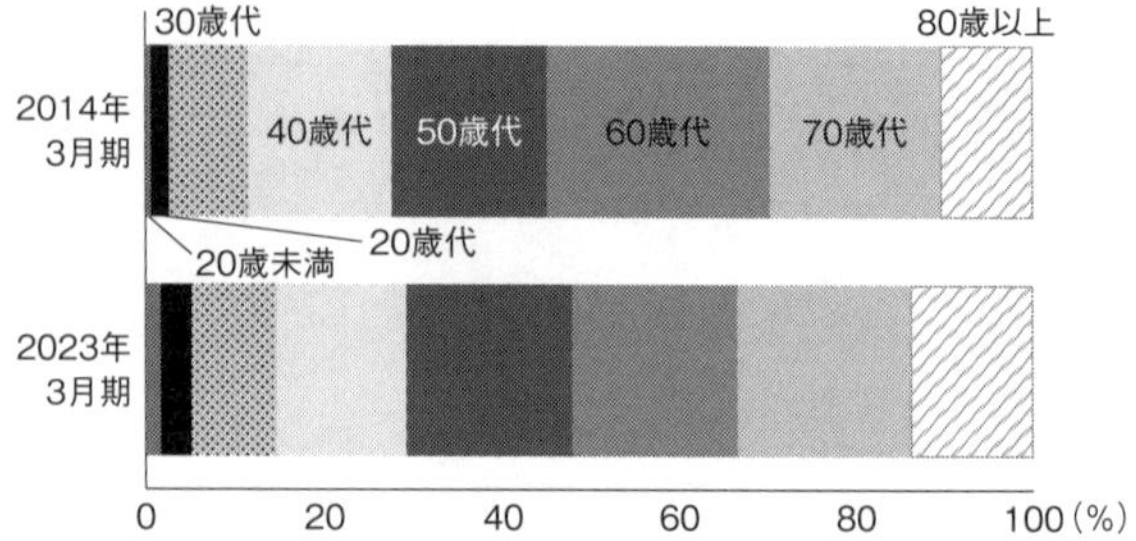


（注）名寄せ後の株主数の構成をグラフ化。年齢不明株主を除く構成比
（出所）証券保管振替機構

### 図表6-29　株式保有額の年代別構成

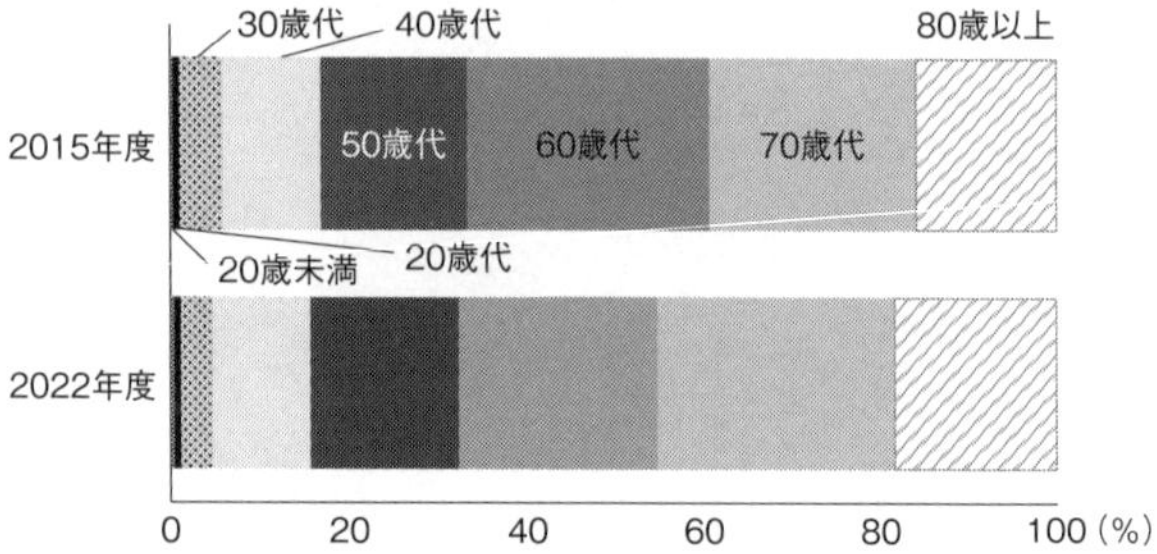


（注）2015年度と2022年度の株式保有額の構成をグラフ化。年齢不明株主を除く構成比
（出所）証券保管振替機構

## 株主構成の若返りが急務

若年層の株主数が大きく増えながら株式保有額があまり増えていない現状から判断すると、単元未満株（ミニ株）だけの投資にとどめている若年層が多いのではないかと想像できる。企業が同意なき買収（敵対的買収）に直面した場合に、判断を仰ぐのは議決権を持った株主なので、議決権を持たない単元未満株主は中途半端な存在だ。

株主の年齢構成と企業の若さとは直接、関係がないかもしれないが、高齢の株主が多ければ、相続とともに売却されることも多く、企業が望ましいと考えている株主構成から離れていく可能性がある。

2023年7月1日に1株を25株に分割したNTTはその理由について「2024年から新しいNISA制度が導入されることも踏まえ、株式分割を行い、投資単位当たりの金額を引き下げることにより、より投資しやすい環境を整え、当社グループの持続的な成長に共感していただける投資家層を幅広い世代において拡大することを目的としております」と説明している。

図表6－30は2022年度末の個人株主数が30万人以上の31社のリストだ。

株主優待に人気がある企業も多いが、たとえば首位のトヨタ自動車は個人株主数の増加を意図して2021年10月1日に1株を5株に分割し、株価水準を引き下げた。2020年度末に43万3223人まで減っていた個人の単元株主が2022年度末に2・1倍の90万1833人になったのは、1単元株の代金が20万円程度になり、買いやすくなった効果が大きい。

図表6－31には2022年度に個人株主数を5万人以上増やした20社を並べている。商船三井、日本郵船、任天堂も大幅な株式分割を実施して株価水準を引き下げ、個人株主の買いを誘った。

株式分割の効果については、全国証券取引所が株式分布状況調査の一環として毎年調査し、7月に公表している。2022年度の集計によると、2021年度末に上場していて2022年度中に1対1・5以上の株式分割をした上場企業は101社ある。分割前の2021年度末には合わせて71万7549人の個人株主がいたが、分割後の2022年度末には2・05倍の147万2644人になった。

2022年度中の株式分割に伴う個人株主の増加率別の企業数は図表6－32の通りだ。2

## 図表6-30 個人単元株主数30万人以上の31社

| 順位 | 証券コード | 企業名 | 個人単元株主数 | | |
|---|---|---|---|---|---|
| | | | 2022年度末 | 2021年度末 | 順位 |
| 1 | 7203 | トヨタ自動車 | 901,833 | 745,076 | 6 |
| 2 | 8306 | 三菱UFJFG | 900,283 | 798,776 | 4 |
| 3 | 8267 | イオン | 863,220 | 813,822 | 3 |
| 4 | 8591 | オリックス | 847,682 | 818,505 | 2 |
| 5 | 9434 | ソフトバンク(SB) | 811,469 | 832,816 | 1 |
| 6 | 9202 | ANAHD | 720,155 | 705,088 | 7 |
| 7 | 2914 | JT | 716,575 | 686,383 | 9 |
| 8 | 9432 | NTT | 703,517 | 683,177 | 10 |
| 9 | 6178 | 日本郵政 | 703,407 | 763,132 | 5 |
| 10 | 8750 | 第一生命HD | 682,990 | 688,821 | 8 |
| 11 | 8411 | みずほFG | 640,574 | 676,336 | 11 |
| 12 | 7182 | ゆうちょ銀行 | 640,461 | 421,221 | 17 |
| 13 | 7201 | 日産自動車 | 541,118 | 535,575 | 13 |
| 14 | 4502 | 武田薬品工業 | 540,329 | 603,638 | 12 |
| 15 | 5020 | ENEOSHD | 515,778 | 443,994 | 15 |
| 16 | 3197 | すかいらーくHD | 484,410 | 484,596 | 14 |
| 17 | 9201 | 日本航空 | 442,234 | 436,418 | 16 |
| 18 | 9501 | 東京電力HD | 421,413 | 421,118 | 18 |
| 19 | 5401 | 日本製鉄 | 419,754 | 351,415 | 24 |
| 20 | 9433 | KDDI | 416,752 | 338,140 | 27 |
| 21 | 8058 | 三菱商事 | 399,304 | 346,823 | 25 |
| 22 | 6752 | パナソニックHD | 393,484 | 408,589 | 19 |
| 23 | 7751 | キヤノン | 392,162 | 404,870 | 20 |
| 24 | 6758 | ソニーグループ | 390,484 | 393,887 | 22 |
| 25 | 9831 | ヤマダHD | 379,986 | 404,168 | 21 |
| 26 | 8316 | 三井住友FG | 375,498 | 370,285 | 23 |
| 27 | 4755 | 楽天G | 373,790 | 226,222 | 41 |
| 28 | 8604 | 野村HD | 331,847 | 338,864 | 26 |
| 29 | 9104 | 商船三井 | 316,316 | 94,901 | 105 |
| 30 | 2503 | キリンHD | 314,253 | 316,546 | 28 |
| 31 | 9861 | 吉野家HD | 310,552 | 311,261 | 29 |

(出所) 各社有価証券報告書

図表6-31　個人単元株主が5万人以上増えた企業

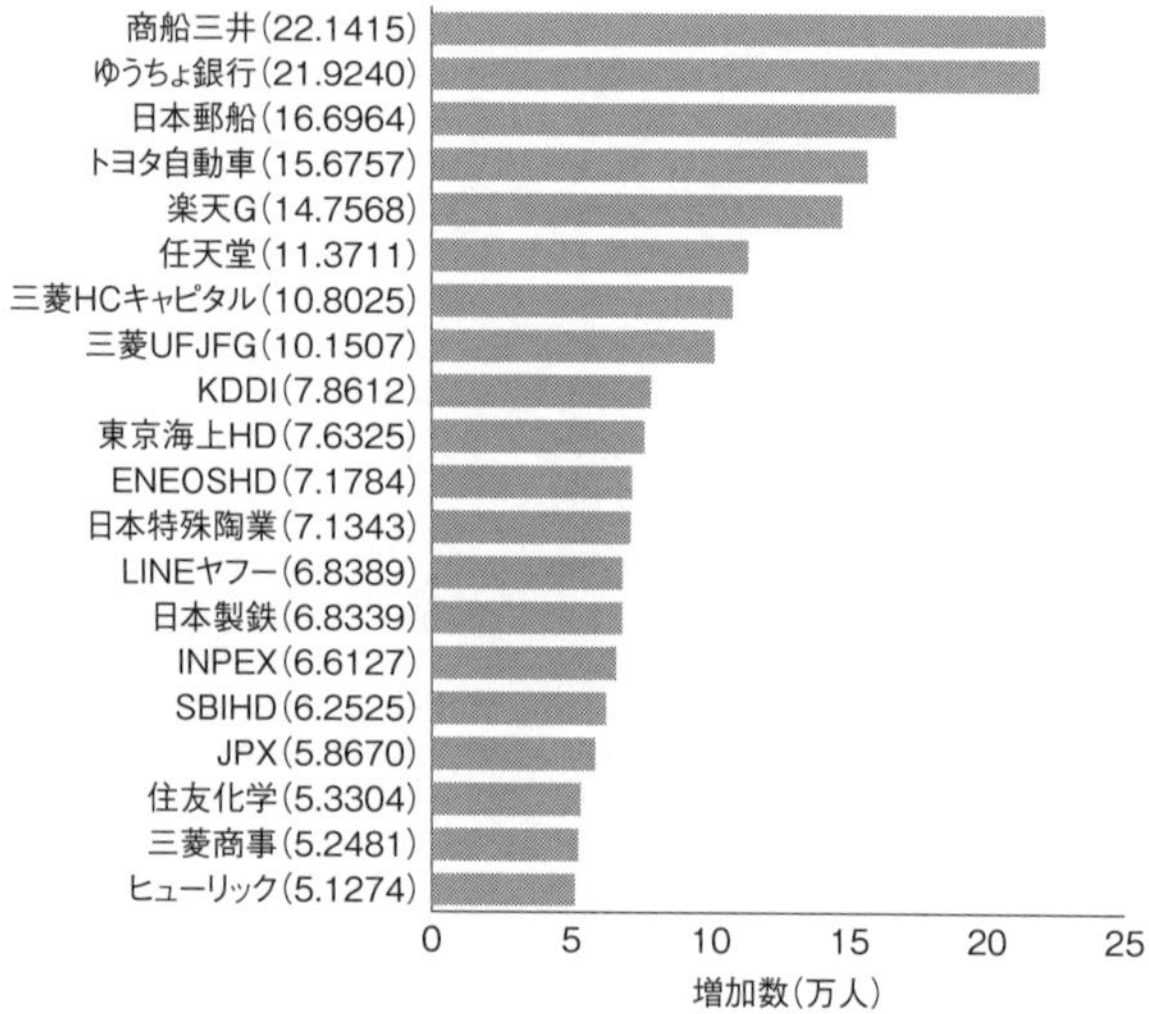


(注) 2022年度末と2021年度末の比較。カッコ内は増加数(単位万人)
(出所) 各社有価証券報告書

０２３年に入ってからの主な企業の株式分割の状況は第１章（39ページ）の図表１－10に掲載したが、東証が望ましい投資単位の金額の下限５万円を撤廃したこともあり、今後も株式分割に踏み切る企業が相次ぐ可能性がある。

**本命は単元株制度の撤廃**

　単元未満株でも証券会社によっては日中の株価変動にあわせたリアルタイムの売買ができるが、１００株単位の売買であ

図表6-32 株式分割による個人株主増加倍率別の企業数

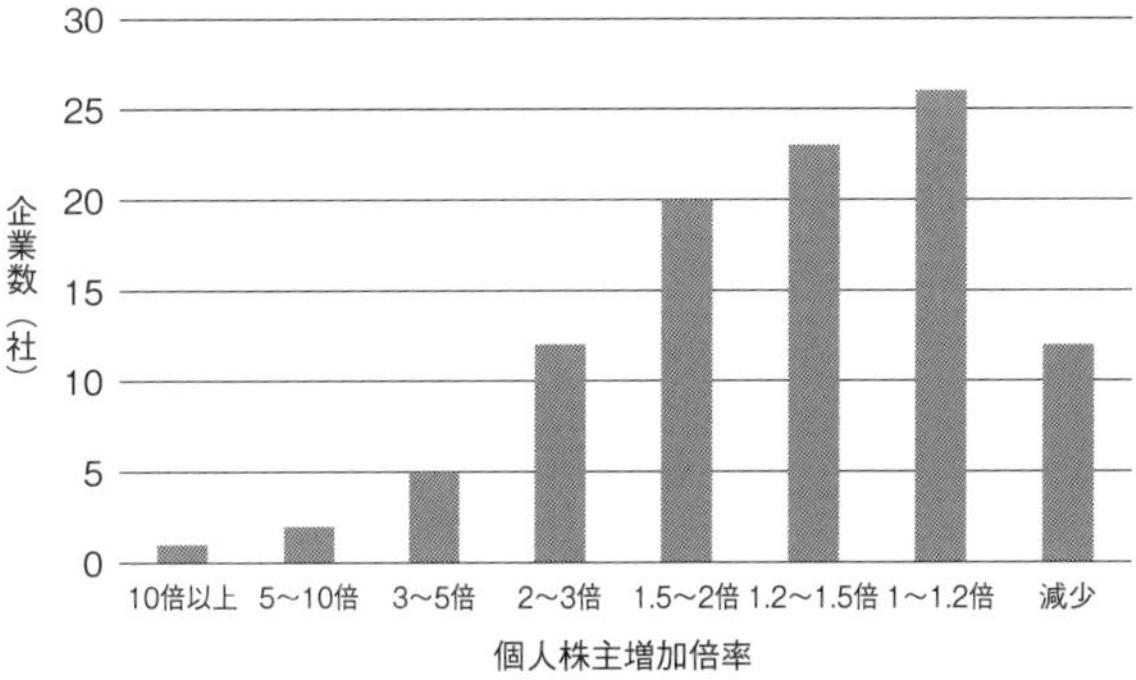


（注）対象は2021年度末に上場していて2022年度中に1対1.5以上の株式分割をした101社
（出所）東京証券取引所「株式分布状況調査」

る単元株制度を廃止して取引所で1株単位の売買ができるようになれば、全国のどこの証券会社を通じても1株単位の売買注文を出せるようになり、投資家の利便性は大きく向上する。

株式には利潤証券、支配証券、物的証券の3つの側面があるが、単元未満株に与えられるのは自益権である利潤証券としての権利と、解散時に残余財産の分配を受ける物的証券としての権利だけ。議決権行使を通じて企業経営の方向性を決める支配証券としての権利は、単元株主でないと与えられない。

米国には単元株制度などはなく、1株単位の売買ができる。

日本では2023年2月までは株主から電子

図表6-33　主な株主の権利

| 株式保有比率などの条件 | 行使できる権利 |
|---|---|
| 1株 | 利益配当請求権（自益権） |
| 1単元株（100株） | 議決権（共益権） |
| 1%または300単元株 | 株主提案権 |
| 3% | 株主総会招集請求権、会計帳簿閲覧請求権 |
| 10% | 解散請求権 |
| 3分の1 | 特別決議の成立阻止 |
| 過半数 | 普通決議の可決 |
| 3分の2 | 特別決議の可決 |
| 4分の3 | 特殊決議の可決 |

（注）筆者作成

交付の同意を取り付けない限り、株主総会招集通知などを印刷して郵送しなければならず、株主の管理コストもバカにならなかった。２０２３年３月以降に開催される総会からは招集通知のホームページ上での開示がデフォルトとなり、株主には株主総会の日時や場所、議決権行使の方法、株主総会資料の掲載場所などを記載した簡単な書面だけを郵送するだけとなった。

単元株制度の廃止は上場企業の理解をえないと進められない話ではあるが、若年層の間で盛り上がってきた株式投資意欲を生かすためにも、２０２４年には議論を前進させてほしいところだ。

## 関心呼ぶかアクティブETF

まだ人気を集めるかどうかはわからないが、東証には2023年9月7日に新しいタイプの金融商品としてアクティブETF6本が上場した。東証には2023年8月末現在258本のETFが上場していたが、すべてが何らかの指標に連動するインデックス型。

アクティブETFは連動する指数がない上場商品だ。海外ではすでに幅広く普及していて、純資産残高は90兆円程度に達している。東証の9月7日時点の品ぞろえは図表6－34の通りだ。一般的な公募投信と異なり、取引価格がリアルタイムで変動し、個別株同様、指値注文も成行注文も入れられるし、信用取引もできる。

アクティブ運用の投信は信託報酬が1%を超えるのが一般的だが、アクティブETFは総じてコストが低い。個別株同様、新NISAの成長投資枠で投資できる。オンライン証券を通じて売買すれば、売買手数料がかからないこともある。

ただ、組み入れ証券の時価をもとに決まる基準価格で売買できる一般の公募投信と異なり、取引価格は個別株の株価のように、市場での需給によって決まる。前日の組み入れ証券

### 図表6-34　9月7日に東証に上場した6本のアクティブETF

| 証券コード | 銘柄名 | 運用会社 | 信託報酬（税込み） |
|---|---|---|---|
| 2083 | NEXT FUNDS 日本成長株アクティブ上場投信 | 野村AM | 0.6875%以内 |
| 2084 | NEXT FUNDS 日本高配当株アクティブ上場投信 | 野村AM | 0.5225%以内 |
| 2085 | MAXIS高配当日本株アクティブ上場投信 | 三菱UFJAM | 0.4125%以内 |
| 2080 | PBR1倍割れ解消推進ETF | シンプレクスAM | 0.99%以内 |
| 2081 | 政策保有解消推進ETF | シンプレクスAM | 0.99%以内 |
| 2082 | 投資家経営者一心同体ETF | シンプレクスAM | 0.99%以内 |

（注）AMはアセットマネジメント
（出所）東京証券取引所、各ETFの交付目論見書

の時価に基づく基準価格は公表されるが、インデックス型のＥＴＦと異なり、その基準価格が日中にどう変動しているのかはわかりにくい。

ＥＴＦが保有する銘柄情報は毎日、開示されるから、保有銘柄の株数に、リアルタイムで変動する個々の株価を掛け合わせれば、計算は可能だと思われるが、一般の個人投資家にとってはハードルが高そうだ。この点、インデックス型のＥＴＦならば、連動する指数自体が日中に変動するので、リアルタイムで変動する取引価格が妥当かどうかは、指数の動きをみて判断できる。

東証のマーケットメイク制度の対象なので、ある程度の流動性は担保されると思われるが、始まったばかりなので、安心して売買できるほどの

流動性が確保されるかどうかは、何ともいえない。投資先の選択肢の一つになりうるかどうか見極める必要がありそうだ。

## 6 起業社会実現へ改革急げ

### 忘れ去られたグロース市場

２０２３年末でバブル崩壊から34年になる。日本経済には前向きな動きも出てきたが、いまひとつ元気になれない要因もいくつかある。特に新しい企業があまり育たず、経済の構造改革や若返りが進まないことは、停滞感をもたらす大きな要因になっている。

２０２２年4月に東証が実施した市場区分の見直しでは、東証1部の後継となるプライム市場の見栄えを良くすることに向けてはさまざまな対策が講じられた。しかし、米国のように成熟企業が上場するニューヨーク証券取引所と、成長企業の株式の取引の場となるナスダックが並立するような市場構造にすることはできなかった。

図表6-35　グロース250指数と日経平均、TOPIX

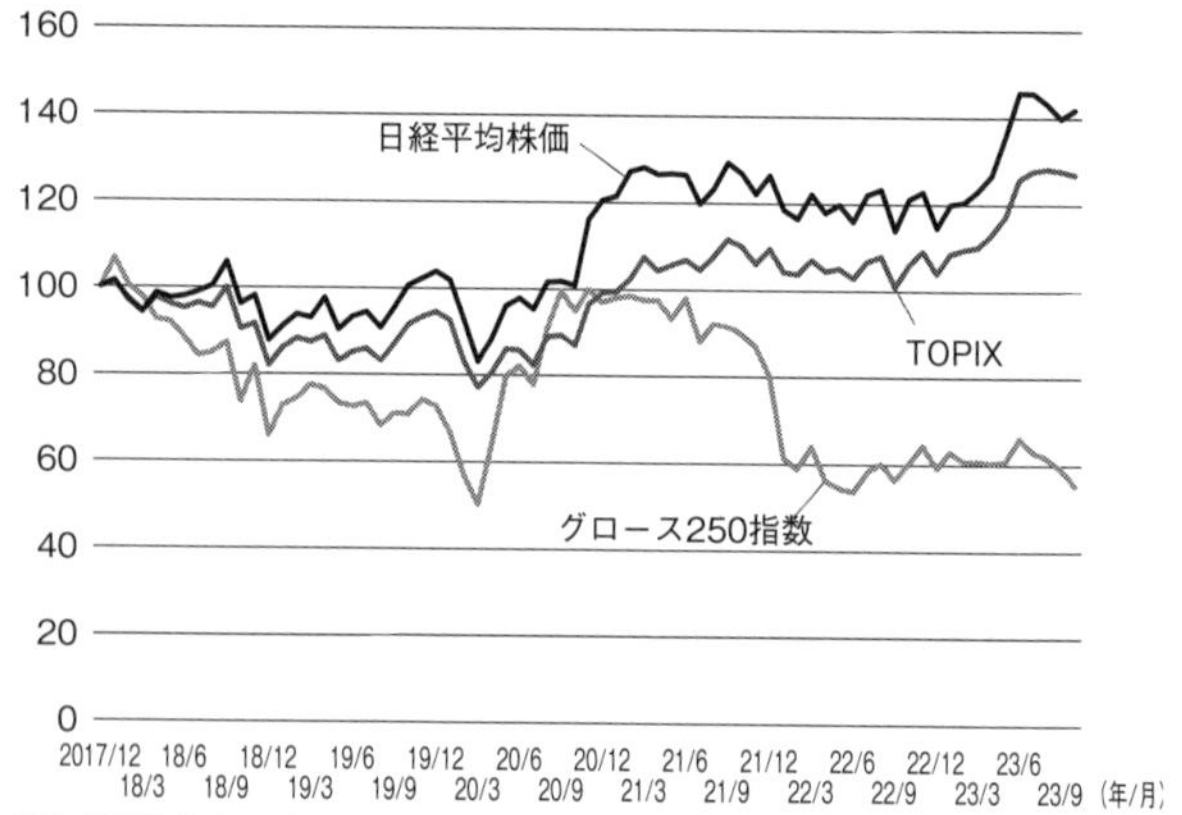


（注）月間終値（2023年10月は13日）。2017年末＝100として指数化
（出所）東京証券取引所「統計月報」のデータをもとに作成

新しい企業を育てるメカニズムが機能していない日本経済の姿は、図表6－35に示した東証グロース市場250指数（旧マザーズ指数）の推移が如実に表している。月間終値だけの比較だが、2017年末を100とすると、日経平均株価は2023年6月末に145・8、東証株価指数は2023年8月末に128・3まで上昇したのに、グロース250指数は2022年1月以降、60前後の水準で一進一退を繰り返している。

関係者の話を総合すると、東証グロース市場の問題は①まだビジネスモデルがしっかり固まっていない企業の上場が多い②上場時の規模が小さく、機関投資家の投資対象になりにくい③個人投資家が売買の主体なので、赤字決算に対する理解を得にくい、といった点にある。

もっと先行投資をして企業を大きく育てるべきなのに、決算の見栄えを気にすると、十分な先行投資もできず、結局、小粒で中途半端な企業になってしまうから、機関投資家の投資対象にもならない。あすの成長企業を発掘しようと投資資金を振り向けてきた個人投資家も、失望して株式を手放してしまう。こんな悪循環が繰り返されているようなのだ。

## 起業エコシステムの整備を

グロース市場が新興企業を育てる場として機能していないのは、取引所の問題だけではない。米国のシリコンバレーのように、生まれたばかりの企業を上場してもいいような企業に育てるまでの環境が整っていないことが、悪循環のおおもとの原因になっている。

若年層の間に起業ブームが起きているとの指摘もある。確かに図表6－36が示すように、日本経済新聞電子版に掲載された「起業」という単語を含む記事の本数は、新型コロナウイルスの流行下で一時的に減った局面はあったが、基調的には右肩上がりになっている。20

図表6-36 「起業」を含む記事の本数

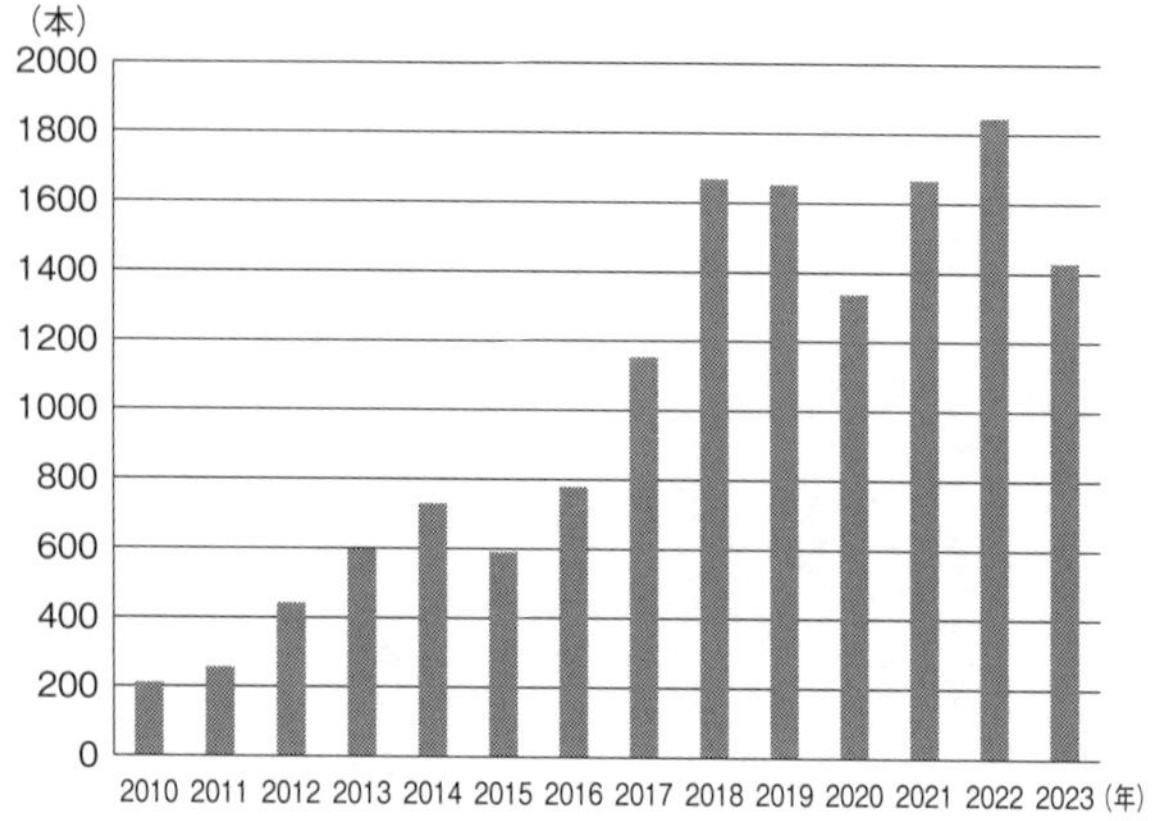


(注) 2023年は9月30日まで
(出所) 日本経済新聞電子版

23年は9月末までで1430本なので、このままのペースが続くと、年末までには過去最高の1900本前後になりそうだ。

ただ、厚生労働省の雇用保険事業年報から企業の開業率と廃業率のデータを引用すると、図表6-37が示すように、ここ数年はどちらとも減少基調で、企業の新陳代謝が進んでいるわけではない。スタートアップに資金を提供するベンチャーキャピタルの関係者からは「以前と比べ、起業を目指す人材の質は格段に向上した」との声もある。しかし、まだ部分的な動きのようだ。

図表6-37　企業の開業率と廃業率

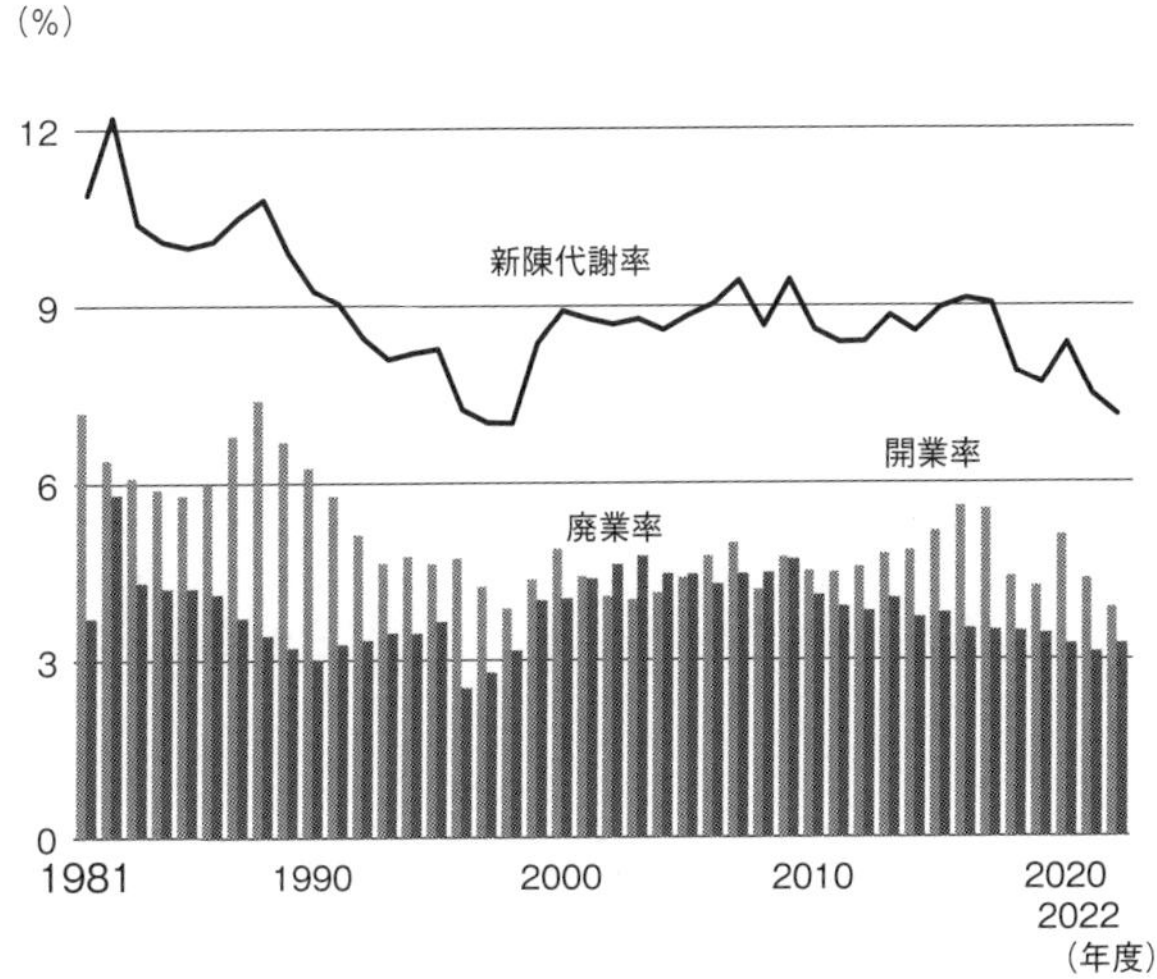


(注) 開業率は雇用関係が新規に成立した事業所数を前年度末の適用事業者数で割った値、廃業率は雇用関係が消滅した事業所数を前年度末の適用事業者数で割った値、新陳代謝率は開業率と廃業率の和
(出所) 厚生労働省「雇用保険事業年報」

こうした状況から脱し、スタートアップを育成することは岸田政権が掲げる「新しい資本主義」に向けた重点投資分野の1つだ。2022年11月28日には内閣府主導で「スタートアップ育成5カ年計画」も策定され、「人材・ネットワークの構築」「資金供給の強化と出口戦略の多様化」「オープンイノベーションの推進」の3つを柱に、いつまでに何をするかのロードマップも描かれている。

一般社団法人日本ベンチャーキャピタル協会（ＪＶＣＡ）も２０２３年７月14日に「２０２７年までに上場・非上場の（国内）スタートアップの株式評価額を合計１００兆円規模にする」との目標を打ち出した。現状では20兆円前後なので、５倍にする考えである。確かに同協会の統計では、過去10年間、国内のベンチャーキャピタル投資は新型コロナウイルスの影響で一時的に減少した２０２０年を除いて増加基調をたどっており、１社当たりの資金調達額も増えてきた。しかし、まだ理想とすべき状況にはほど遠い。

次々とスタートアップが生まれて育つような起業エコシステムが本当に機能するようになるまでには、おカネの出どころから関係者の意識に至るまで、まだ課題が山積しているのである。具体的な問題点を一つ一つつぶし、何が何でも日本経済を若返らせなければ、日本の地盤沈下は止まらず、株式相場の浮揚力も高まらないだろう。

# むすび

本書が発売されるころには秋色が深まっているでしょうが、2023年は9月末まで最高気温が摂氏30度を超える日々が続き、秋の訪れを感じるのは10月中旬になりました。

筆者が日本経済新聞の若手証券記者として仕事をしていたころは、「夏は夏らしく暑く、冬は冬らしく寒くないと、売れる季節商品も売れず、景気の悪化を招いて株式相場の下げ要因になる」と言われたものですが、ここまで暑いと、人々の活動が鈍り、景気の下押し要因になるのではないかと心配になります。

本書を書き終えてみて、何か大切なことで書き残したことはないか、思いをめぐらせています。株主優待を廃止する企業が相次ぐ一方で、株主優待を新設する企業も相次ぎました。株主との関係を見直す一環のようです。毎月分配型投信に資金が回帰し始めたことなども触れておくべきだったかもしれません。

筆者は65歳の誕生日を迎えた2022年1月の末日に、43年近く勤めた日経を嘱託定年で退職し、直後にシニア起業をして、毎週、証券市場に関するニュースレターを発行する仕事をしています。長年、十分に証券市場を観察してきたつもりなのですが、いまでもさまざまなできごとに驚かされます。

2023年に驚いたことの第一は米著名投資家のウォーレン・バフェット氏の来日でした。第二は20~30歳代を中心とする若年投資家がかってない勢いで株式市場に参入してきたことです。第三はオンライン証券大手が株式の売買手数料の無料化という大きな勝負に出たことです。

2024年には新しいNISAも始まり、株式市場にはもっと大きな変化が訪れるかもしれません。日経平均株価が1989年末に記録した3万8915円87銭の史上最高値を上回る日がくる可能性もあります。それは「失われた三十数年」から日本が脱出したことを示すシグナルになるでしょう。

偶然の重なりもあって新聞記者になり、証券分野を担当してきたのですが、証券市場の変化を見届け、それを文章やグラフにして残しておくことは、筆者の生涯の仕事になりました。

本書を書き終えると同時に、できれば1年後に出版したいと考えている『株式投資2025』の執筆に向けての情報収集活動をスタートさせたいと思っています。
　本書から何らかのヒントはえられたでしょうか。最後までご精読いただき、ありがとうございました。

２０２３年10月

マーケットエッセンシャル主筆　前田昌孝

## 2023年の株式相場の騰落の記録

| 日付 | 日経平均 | 前日比 | 値動きの特徴・騰落要因など |
|---|---|---|---|
| 2023年1月 | | | |
| 2023/1/4(水) | 25,716.86 | ▲377.64 | 米国株安、円高で9カ月半ぶり安値に |
| 2023/1/5(木) | 25,820.80 | 103.94 | 欧州のインフレ減速の兆しを好感 |
| 2023/1/6(金) | 25,973.85 | 153.05 | 値ごろ感から海外の投機筋が買い |
| 2023/1/10(火) | 26,175.56 | 201.71 | 米雇用統計で平均時給が予想下回る |
| 2023/1/11(水) | 26,446.00 | 270.44 | 前日の米株高と中国経済正常化期待 |
| 2023/1/12(木) | 26,449.82 | 3.82 | |
| 2023/1/13(金) | 26,119.52 | ▲330.30 | 円高進行と日銀の政策変更への懸念 |
| 2023/1/16(月) | 25,822.32 | ▲297.20 | 127円台への円高で輸出関連株売り |
| 2023/1/17(火) | 26,138.68 | 316.36 | 円高一服で自律反発狙いの買い入る |
| 2023/1/18(水) | 26,791.12 | 652.44 | 日銀が政策修正を見送り、安心感 |
| 2023/1/19(木) | 26,405.23 | ▲385.89 | 米小売統計が予想下回り、景気懸念 |
| 2023/1/20(金) | 26,553.53 | 148.30 | 中国ゼロコロナ政策終了で景気期待 |
| 2023/1/23(月) | 26,906.04 | 352.51 | 米ハイテク株高受け、値がさ株上昇 |
| 2023/1/24(火) | 27,299.19 | 393.15 | 米半導体株指数の上昇受け3日続伸 |
| 2023/1/25(水) | 27,395.01 | 95.82 | |
| 2023/1/26(木) | 27,362.75 | ▲32.26 | |
| 2023/1/27(金) | 27,382.56 | 19.81 | |
| 2023/1/30(月) | 27,433.40 | 50.84 | 12月16日以来約1か月半ぶりの高値 |
| 2023/1/31(火) | 27,327.11 | ▲106.29 | IMFがASEAN5の見通しを下方修正 |
| 2月 | | | |
| 2023/2/1(水) | 27,346.88 | 19.77 | |
| 2023/2/2(木) | 27,402.05 | 55.17 | |
| 2023/2/3(金) | 27,509.46 | 107.41 | 米ハイテク株高受け、値がさ株買い |
| 2023/2/6(月) | 27,693.65 | 184.19 | 日銀人事報道で緩和続くとの見方 |
| 2023/2/7(火) | 27,685.47 | ▲8.18 | |
| 2023/2/8(水) | 27,606.46 | ▲79.01 | |
| 2023/2/9(木) | 27,584.35 | ▲22.11 | |
| 2023/2/10(金) | 27,670.98 | 86.63 | |
| 2023/2/13(月) | 27,427.32 | ▲243.66 | 米雇用統計受けインフレ高止まり警戒 |
| 2023/2/14(火) | 27,602.77 | 175.45 | 米ハイテク株高で半導体関連に買い |
| 2023/2/15(水) | 27,501.86 | ▲100.91 | 米消費者物価が市場予想上回る |

| | | | |
|---|---|---|---|
| 2023/2/16(木) | 27,696.44 | 194.58 | 米株高や円安進行で幅広く買い入る |
| 2023/2/17(金) | 27,513.13 | ▲ 183.31 | 米卸売物価が市場予想上回る |
| 2023/2/20(月) | 27,531.94 | 18.81 | |
| 2023/2/21(火) | 27,473.10 | ▲ 58.84 | |
| 2023/2/22(水) | 27,104.32 | ▲ 368.78 | 米主要3指数が2%を超える下げ |
| 2023/2/24(金) | 27,453.48 | 349.16 | 植田次期日銀総裁発言で安心感 |
| 2023/2/27(月) | 27,423.96 | ▲ 29.52 | |
| 2023/2/28(火) | 27,445.56 | 21.60 | |
| 3月 | | | |
| 2023/3/1(水) | 27,516.53 | 70.97 | |
| 2023/3/2(木) | 27,498.87 | ▲ 17.66 | |
| 2023/3/3(金) | 27,927.47 | 428.60 | 中国全人代開幕控え、刺激策期待 |
| 2023/3/6(月) | 28,237.78 | 310.31 | 米株高受け、ハイテク株買い |
| 2023/3/7(火) | 28,309.16 | 71.38 | |
| 2023/3/8(水) | 28,444.19 | 135.03 | 円安進行受け、先物主導で買われる |
| 2023/3/9(木) | 28,623.15 | 178.96 | 米ハイテク株高で6カ月半ぶり高値 |
| 2023/3/10(金) | 28,143.97 | ▲ 479.18 | 米シリコンバレーバンクの動向警戒 |
| 2023/3/13(月) | 27,832.96 | ▲ 311.01 | 米SVBの経営破綻受け、リスク回避 |
| 2023/3/14(火) | 27,222.04 | ▲ 610.92 | 米銀の相次ぐ破綻で金融混乱を警戒 |
| 2023/3/15(水) | 27,229.48 | 7.44 | |
| 2023/3/16(木) | 27,010.61 | ▲ 218.87 | クレディ・スイスの安値更新を嫌気 |
| 2023/3/17(金) | 27,333.79 | 323.18 | 米Fリパブリック銀の支援策を好感 |
| 2023/3/20(月) | 26,945.67 | ▲ 388.12 | 米銀破綻で貸し渋り・景気後退懸念 |
| 2023/3/22(水) | 27,466.61 | 520.94 | 米財務長官発言で金融不安が後退 |
| 2023/3/23(木) | 27,419.61 | ▲ 47.00 | |
| 2023/3/24(金) | 27,385.25 | ▲ 34.36 | |
| 2023/3/27(月) | 27,476.87 | 91.62 | |
| 2023/3/28(火) | 27,518.25 | 41.38 | |
| 2023/3/29(水) | 27,883.78 | 365.53 | 配当や優待の権利取り狙いの買い |
| 2023/3/30(木) | 27,782.93 | ▲ 100.85 | 配当落ち約250円を埋め、実質上昇 |
| 2023/3/31(金) | 28,041.48 | 258.55 | 東証のPBR向上要請で割安株買い |
| 4月 | | | |
| 2023/4/3(月) | 28,188.15 | 146.67 | 米株高受け、割安株中心に買われる |
| 2023/4/4(火) | 28,287.42 | 99.27 | |
| 2023/4/5(水) | 27,813.26 | ▲ 474.16 | 米景気懸念と機関投資家の益出し |

| | | | |
|---|---|---|---|
| 2023/4/6(木) | 27,472.63 | ▲ 340.63 | 米で予想を下回る景気指標相次ぐ |
| 2023/4/7(金) | 27,518.31 | 45.68 | |
| 2023/4/10(月) | 27,633.66 | 115.35 | 米雇用統計が市場予想並みで安心感 |
| 2023/4/11(火) | 27,923.37 | 289.71 | バフェット氏が商社株買い増し公表 |
| 2023/4/12(水) | 28,082.70 | 159.33 | 円が1ドル=134円台前半まで下落 |
| 2023/4/13(木) | 28,156.97 | 74.27 | |
| 2023/4/14(金) | 28,493.47 | 336.50 | 好業績ファストリが261円押し上げ |
| 2023/4/17(月) | 28,514.78 | 21.31 | |
| 2023/4/18(火) | 28,658.83 | 144.05 | 金融不安後退に伴う米株高を好感 |
| 2023/4/19(水) | 28,606.76 | ▲ 52.07 | |
| 2023/4/20(木) | 28,657.57 | 50.81 | |
| 2023/4/21(金) | 28,564.37 | ▲ 93.20 | |
| 2023/4/24(月) | 28,593.52 | 29.15 | |
| 2023/4/25(火) | 28,620.07 | 26.55 | |
| 2023/4/26(水) | 28,416.47 | ▲ 203.60 | 米地銀からの資金流出で不安再燃 |
| 2023/4/27(木) | 28,457.68 | 41.21 | |
| 2023/4/28(金) | 28,856.44 | 398.76 | 日銀が緩和維持決め、先物から上昇 |
| 5月 | | | |
| 2023/5/1(月) | 29,123.18 | 266.74 | 円安進み、8カ月ぶり29000円台回復 |
| 2023/5/2(火) | 29,157.95 | 34.77 | |
| 2023/5/8(月) | 28,949.88 | ▲ 208.07 | 連休中の米利上げや円高で警戒感 |
| 2023/5/9(火) | 29,242.82 | 292.94 | 決算の好調や米ハイテク株高を好感 |
| 2023/5/10(水) | 29,122.18 | ▲ 120.64 | 高値警戒感に米ハイテク株安が重荷 |
| 2023/5/11(木) | 29,126.72 | 4.54 | |
| 2023/5/12(金) | 29,388.30 | 261.58 | 米国株より割安と外国人が食指 |
| 2023/5/15(月) | 29,626.34 | 238.04 | 海外勢が先物に買い。円安も追い風 |
| 2023/5/16(火) | 29,842.99 | 216.65 | 米ハイテク株高。TOPIX33年ぶり高値 |
| 2023/5/17(水) | 30,093.59 | 250.60 | 円安受け、輸出株やハイテク株買い |
| 2023/5/18(木) | 30,573.93 | 480.34 | 米債務上限問題で合意近いとの観測 |
| 2023/5/19(金) | 30,808.35 | 234.42 | 米ナスダックが9カ月ぶりの高値 |
| 2023/5/22(月) | 31,086.82 | 278.47 | 米債務協議難航で日本に逃避マネー |
| 2023/5/23(火) | 30,957.77 | ▲ 129.05 | 半導体装置などが輸出管理の対象に |
| 2023/5/24(水) | 30,682.68 | ▲ 275.09 | 米株安と中国の感染再拡大が重荷に |
| 2023/5/25(木) | 30,801.13 | 118.45 | 米エヌビディア好決算で半導体株高 |
| 2023/5/26(金) | 30,916.31 | 115.18 | 米ハイテク株高と円安で買い続く |

| | | | |
|---|---|---|---|
| 2023/5/29(月) | 31,233.54 | 317.23 | 米債務上限問題の基本合意を好感 |
| 2023/5/30(火) | 31,328.16 | 94.62 | |
| 2023/5/31(水) | 30,887.88 | ▲ 440.28 | 中国の経済指標悪化で景気に警戒感 |
| 6月 | | | |
| 2023/6/1(木) | 31,148.01 | 260.13 | 前日の大幅安の反動で押し目買い |
| 2023/6/2(金) | 31,524.22 | 376.21 | 米株高や米財政責任法案可決を好感 |
| 2023/6/5(月) | 32,217.43 | 693.21 | 米株大幅高受け海外勢が先物買い |
| 2023/6/6(火) | 32,506.78 | 289.35 | 海外勢が先物に断続的な買い入れる |
| 2023/6/7(水) | 31,913.74 | ▲ 593.04 | 日銀総裁がETF処分に関する発言 |
| 2023/6/8(木) | 31,641.27 | ▲ 272.47 | 過熱感警戒し、海外短期筋が先物売り |
| 2023/6/9(金) | 32,265.17 | 623.90 | 米株高やSQの無難な通過で安心感 |
| 2023/6/12(月) | 32,434.00 | 168.83 | 米ハイテク株買い受け、成長株上昇 |
| 2023/6/13(火) | 33,018.65 | 584.65 | トヨタ「全固定電池」EV開発を好感 |
| 2023/6/14(水) | 33,502.42 | 483.77 | 米FOMCで利上げ見送りの観測 |
| 2023/6/15(木) | 33,485.49 | ▲ 16.93 | |
| 2023/6/16(金) | 33,706.08 | 220.59 | 日銀が緩和策維持を決め、円が軟化 |
| 2023/6/19(月) | 33,370.42 | ▲ 335.66 | 高値警戒感や円安一服が重荷に |
| 2023/6/20(火) | 33,388.91 | 18.49 | |
| 2023/6/21(水) | 33,575.14 | 186.23 | バフェット氏の商社株買い増しを好感 |
| 2023/6/22(木) | 33,264.88 | ▲ 310.26 | 米利上げ継続観測受け、値がさ株下落 |
| 2023/6/23(金) | 32,781.54 | ▲ 483.34 | 月末の需給悪化警戒で先物を手じまい |
| 2023/6/26(月) | 32,698.81 | ▲ 82.73 | |
| 2023/6/27(火) | 32,538.33 | ▲ 160.48 | 米のハイテク株安の流れ引き継ぐ |
| 2023/6/28(水) | 33,193.99 | 655.66 | 米株高受け、今年2番目の上げ幅に |
| 2023/6/29(木) | 33,234.14 | 40.15 | |
| 2023/6/30(金) | 33,189.04 | ▲ 45.10 | |
| 7月 | | | |
| 2023/7/3(月) | 33,753.33 | 564.29 | 短観での景況感改善受け33年ぶり高値 |
| 2023/7/4(火) | 33,422.52 | ▲ 330.81 | 過熱感意識し、利益確定売り |
| 2023/7/5(水) | 33,338.70 | ▲ 83.82 | |
| 2023/7/6(木) | 32,773.02 | ▲ 565.68 | ソシオネクスト株の急落で不安感 |
| 2023/7/7(金) | 32,388.42 | ▲ 384.60 | 米雇用指標強く、金融引き締めを警戒 |
| 2023/7/10(月) | 32,189.73 | ▲ 198.69 | 米金利上昇受け、今年初の5日続落 |
| 2023/7/11(火) | 32,203.57 | 13.84 | |
| 2023/7/12(水) | 31,943.93 | ▲ 259.64 | 1ドル=139円台の円高で輸出株売り |

| | | | |
|---|---|---|---|
| 2023/7/13(木) | 32,419.33 | 475.40 | 米CPIの伸び軟化し、利上げ懸念後退 |
| 2023/7/14(金) | 32,391.26 | ▲ 28.07 | |
| 2023/7/18(火) | 32,493.89 | 102.63 | 米FRBが7月最後に利上げ停止の観測 |
| 2023/7/19(水) | 32,896.03 | 402.14 | 米主要3指数が年初来高値。円安も |
| 2023/7/20(木) | 32,490.52 | ▲ 405.51 | 米ハイテク株安で半導体株下げる |
| 2023/7/21(金) | 32,304.25 | ▲ 186.27 | 半導体株安。日銀会合控え様子見も |
| 2023/7/24(月) | 32,700.94 | 396.69 | 日銀が緩和継続との観測で円安進む |
| 2023/7/25(火) | 32,682.51 | ▲ 18.43 | |
| 2023/7/26(水) | 32,668.34 | ▲ 14.17 | |
| 2023/7/27(木) | 32,891.16 | 222.82 | 米利上げ受け、追加利上げ観測が後退 |
| 2023/7/28(金) | 32,759.23 | ▲ 131.93 | 日銀政策修正で一時850円超の下げ |
| 2023/7/31(月) | 33,172.22 | 412.99 | 米株高や円安受け、買い優勢に |
| 8月 | | | |
| 2023/8/1(火) | 33,476.58 | 304.36 | 円安好感。トヨタ好決算も買い材料に |
| 2023/8/2(水) | 32,707.69 | ▲ 768.89 | 米国債格下げで下げ幅今年最大に |
| 2023/8/3(木) | 32,159.28 | ▲ 548.41 | 米株安と米長期金利上昇が重荷に |
| 2023/8/4(金) | 32,192.75 | 33.47 | |
| 2023/8/7(月) | 32,254.56 | 61.81 | |
| 2023/8/8(火) | 32,377.29 | 122.73 | 米株大幅反発と円安背景に3日続伸 |
| 2023/8/9(水) | 32,204.33 | ▲ 172.96 | 米地銀格下げ受け、欧米に金融不安 |
| 2023/8/10(木) | 32,473.65 | 269.32 | 円安や中国の対日団体旅行解禁を好感 |
| 2023/8/14(月) | 32,059.91 | ▲ 413.74 | 香港・上海株下落で中国経済に不安 |
| 2023/8/15(火) | 32,238.89 | 178.98 | 米ハイテク株高と円安で値がさ株上昇 |
| 2023/8/16(水) | 31,766.82 | ▲ 472.07 | 中国経済や米銀不安で2カ月ぶり安値 |
| 2023/8/17(木) | 31,626.00 | ▲ 140.82 | 米FOMC議事要旨で追加利上げ警戒 |
| 2023/8/18(金) | 31,450.76 | ▲ 175.24 | 中国恒大集団の米での破産申請嫌う |
| 2023/8/21(月) | 31,565.64 | 114.88 | 米長期金利の上昇一服で一時300円高 |
| 2023/8/22(火) | 31,856.71 | 291.07 | 閑散ながら米ハイテク株買いが波及 |
| 2023/8/23(水) | 32,010.26 | 153.55 | 手控えムードでも米先物高が追い風 |
| 2023/8/24(木) | 32,287.21 | 276.95 | 米エヌビディア好決算で4日続伸 |
| 2023/8/25(金) | 31,624.28 | ▲ 662.93 | 米市場のエヌビディア小幅高に失望 |
| 2023/8/28(月) | 32,169.99 | 545.71 | 米国や中国の株高で買い戻し先行 |
| 2023/8/29(火) | 32,226.97 | 56.98 | |
| 2023/8/30(水) | 32,333.46 | 106.49 | 米長期金利低下と米株高を好感 |
| 2023/8/31(木) | 32,619.34 | 285.88 | 中国製造業PMIが49.7と予想上回る |

| 9月 | | | |
|---|---|---|---|
| 2023/9/1(金) | 32,710.62 | 91.28 | |
| 2023/9/4(月) | 32,939.18 | 228.56 | 米失業率上昇で追加利上げ観測後退 |
| 2023/9/5(火) | 33,036.76 | 97.58 | |
| 2023/9/6(水) | 33,241.02 | 204.26 | 円安で輸出企業の業績改善期待 |
| 2023/9/7(木) | 32,991.08 | ▲ 249.94 | 米ハイテク株安で先物主導の下げ |
| 2023/9/8(金) | 32,606.84 | ▲ 384.24 | 中国のiPhone禁止で摩擦激化警戒 |
| 2023/9/11(月) | 32,467.76 | ▲ 139.08 | 10年物国債0.7%台への上昇が重荷 |
| 2023/9/12(火) | 32,776.37 | 308.61 | 円安で企業業績に上方修正期待 |
| 2023/9/13(水) | 32,706.52 | ▲ 69.85 | |
| 2023/9/14(木) | 33,168.10 | 461.58 | 米ハイテク株高と金利先高観の後退 |
| 2023/9/15(金) | 33,533.09 | 364.99 | 米国と中国の景気が底堅いとの見方 |
| 2023/9/19(火) | 33,242.59 | ▲ 290.50 | 米ハイテク株安受け値がさ株が下落 |
| 2023/9/20(水) | 33,023.78 | ▲ 218.81 | 米FOMCの結果公表控え心理悪化 |
| 2023/9/21(木) | 32,571.03 | ▲ 452.75 | 米長期金利が16年ぶりの水準に上昇 |
| 2023/9/22(金) | 32,402.41 | ▲ 168.62 | 米金融引き締め長期化懸念 |
| 2023/9/25(月) | 32,678.62 | 276.21 | 日銀の早期の政策修正観測が後退 |
| 2023/9/26(火) | 32,315.05 | ▲ 363.57 | 米長期金利上昇嫌い値がさ株が下落 |
| 2023/9/27(水) | 32,371.90 | 56.85 | |
| 2023/9/28(木) | 31,872.52 | ▲ 499.38 | 配当落ちと米政府機関の閉鎖リスク |
| 2023/9/29(金) | 31,857.62 | ▲ 14.90 | |
| 10月 | | | |
| 2023/10/2(月) | 31,759.88 | ▲97.74 | |
| 2023/10/3(火) | 31,237.94 | ▲ 521.94 | 米長期金利16年ぶりの水準に上昇 |
| 2023/10/4(水) | 30,526.88 | ▲ 711.06 | 米長期金利4.81%で米国株が大幅安 |
| 2023/10/5(木) | 31,075.36 | 548.48 | 米長期金利上昇一服。短期筋買戻し |
| 2023/10/6(金) | 30,994.67 | ▲ 80.69 | |
| 2023/10/10(火) | 31,746.53 | 751.86 | 米金融引き締め観測和らぎ、買戻し |
| 2023/10/11(水) | 31,936.51 | 189.98 | 地政学リスクが高まり米長期金利低下 |
| 2023/10/12(木) | 32,494.66 | 558.15 | 米ハイテク株高受け値がさ株が急伸 |
| 2023/10/13(金) | 32,315.99 | ▲ 178.67 | 市場予想上回る米消費者物価を嫌気 |
| 2023/10/16(月) | 31,659.03 | ▲ 656.96 | 中東緊迫で原油上がり、物価懸念再燃 |
| 2023/10/17(火) | 32,040.29 | 381.26 | 米株高で買い戻し入るが、伸び悩み |
| 2023/10/18(水) | 32,042.25 | 1.96 | |

(注) 備考欄は原則として100円以上の騰落があった場合に記載

**前田昌孝**　まえだ・まさたか

マーケットエッセンシャル主筆。1957年生まれ。79年東京大学教養学部卒業、日本経済新聞社入社。産業部、神戸支社を経て84年証券部。91～94年ワシントン支局。証券部編集委員、ヴェリタス編集部編集委員、日本経済研究センター主任研究員、日本経済新聞社編集委員などを経て、2022年2月より現職。著書に、『株式市場の本当の話』『株式投資2022』『株式投資2023』『深掘り！ 日本株の本当の話』（いずれも日経プレミアシリーズ）ほか多数。

日経プレミアシリーズ｜505

# 株《かぶ》式《しき》投《とう》資《し》2024

二〇二三年一一月九日　一刷

著者　前田昌孝
発行者　國分正哉
発行　株式会社日経BP
日本経済新聞出版
発売　株式会社日経BPマーケティング
〒一〇五―八三〇八
東京都港区虎ノ門四―三―一二
装幀　ベターデイズ
組版　朝日メディアインターナショナル
印刷・製本　中央精版印刷株式会社



ISBN 978-4-296-11923-3　Printed in Japan